本书为教育部创新团队发展计划系列成果之一
CCES当代中国经济研究系列

迈向社会和谐的城乡发展

户籍制度的影响及改革

TOWARD URBANIZATION WITH
SOCIAL HARMONY
HUKOU SYSTEM,
ITS IMPACT AND REFORM

陈钊 陆铭 著

北京大学出版社
PEKING UNIVERSITY PRESS

图书在版编目（CIP）数据

迈向社会和谐的城乡发展：户籍制度的影响及改革/陈钊，陆铭著．—北京：北京大学出版社，2016.1
（CCES 当代中国经济研究系列）
ISBN 978-7-301-26508-6

Ⅰ.①迈… Ⅱ.①陈…②陆… Ⅲ.①户籍制度-体制改革-研究-中国 Ⅳ.①D631.42

中国版本图书馆 CIP 数据核字（2015）第 259938 号

书　　　名	迈向社会和谐的城乡发展：户籍制度的影响及改革 MAIXIANG SHEHUI HEXIE DE CHENGXIANG FAZHAN
著作责任者	陈　钊　陆　铭　著
策 划 编 辑	徐　冰
责 任 编 辑	刘誉阳
标 准 书 号	ISBN 978-7-301-26508-6
出 版 发 行	北京大学出版社
地　　　址	北京市海淀区成府路 205 号　100871
网　　　址	http://www.pup.cn
电 子 信 箱	em@pup.cn　　QQ：552063295
新 浪 微 博	@北京大学出版社　　@北京大学出版社经管图书
电　　　话	邮购部 62752015　发行部 62750672　编辑部 62752926
印 刷 者	北京大学印刷厂
经 销 者	新华书店 730 毫米×1020 毫米　16 开本　15.75 印张　266 千字 2016 年 1 月第 1 版　2016 年 1 月第 1 次印刷
印　　　数	0001—3000 册
定　　　价	42.00 元

未经许可，不得以任何方式复制或抄袭本书之部分或全部内容。
版权所有，侵权必究
举报电话：010-62752024　电子信箱：fd@pup.pku.edu.cn
图书如有印装质量问题，请与出版部联系，电话：010-62756370

序

户籍制度影响着十几亿的中国人。从曾经的收容遣送,到现在的"教育控人";从昔日知青子女的返城之路,到今天大城市的异地高考之争,因为这张不足A4纸一半大小的本子,其间的辛酸与无奈也只有当事人最为清楚了。

我们对户籍制度及其影响的关注,大约始于十年前。本书可以说是我们在此领域已开展研究的阶段性总结。在此期间,我们与不同的学者、政府人员、学生有过种种的释疑与讨论,而我自己很深的一个感触却是,户籍制度的改革不只是经济学家的事。比如,对于人口的自由迁徙权,对于城市中稳定就业者的子女受教育权,如果我们多一些共同的理念,就不必纠结于一个农民工进城落户会给当地政府造成怎样的成本负担。当然,这绝不是说这样的经济学研究毫无价值,恰恰相反,如果从经济学的角度我们能够证明农民工市民化的成本要小于市民化为城市带来的收益,那么就更能够说服城市政府向更多的外来人口提供本地的公共服务。

遗憾的是,社会科学的研究往往跟不上现实的需要,有太多的成本或收益我们很可能还来不及准确衡量。无论是滞留于农村的留守儿童，还是在城里无法接受更好教育的农二代们，他们的未来也恰恰是城市的未来。在不远的将来，当城市的老龄化问题越来越为突出，当城市需要更多的外来人口提供养老服务时，城市的老人们希望面对的是怎样的服务者，又希望他们带着怎样的心态来服务呢？即便是目前，当某些大城市的政府想控制人口规模，减少所谓的"低端"人口时，我们真的以为一个缺少"低端"人口服务的城市会对"高端"人口有足够的吸引力吗？开放的心态不正是城市竞争力应有的体现吗？

除了强调理念的重要性，我的另一个感触是，对户籍制度的讨论，其意义远远超出了户籍本身。我们在本书第一章特别讨论了户籍制度对于中国城市化道路选择、"刘易斯拐点"与产业升级的含义。本书余下各章的内容则是我们在本领域已开展的部分研究的一个呈现。

第一章（代导论）的标题之所以叫"不只是户籍那点事"，是因为我们想强调，全面理解中国的工业化与城市化，不仅需要借助传统刘易斯理论所描述的工业化对农村剩余人口的吸纳过程，更需要知道城乡政策制定的背后有着城市与农村的利益矛盾与冲突。从第二章起，每一章的内容都基于我们已正式发表的研究整理而成，这些章节涉及户籍制度对于中国经济、社会、政治全方面发展的各种影响。在此，我们特别需要感谢与我们共同开展这些研究的合作者们，以及发表这些研究的学术期刊。下面，我们将其按章的顺序列出：

第二章：陈钊、陆铭，2014，"首位城市该多大？——国家规模、全球化和城市化的影响"，《学术月刊》，第5期，第5－16页。

第三章：陈斌开、陆铭、钟宁桦，2010，"户籍制约下的居民消费"，《经济研究》（消费金融专辑），第62－71页。

第四章：陈钊、陆铭、陈静敏，2012，"户籍与居住区分割：城市公共管理的新挑战"，《复旦学报》，第5期，第77－86页。

第五章：汪汇、陈钊、陆铭，2009，"户籍、社会分割与信任：来自上海的经验研究"，《世界经济》，第10期，第81－96页。

第六章：陈钊、陆铭、徐轶青，2014，"移民的呼声：户籍如何影响了公共意识与公共参与"，《社会》，第34卷，第5期，第68－87页。

第七章：Chen, Zhao, Ming Lu, and Le Xu, 2014, "Returns to Dialect: Identity Exposure through Language in the Chinese Labor Market," *China Econom-*

ic Review, 30, 27 – 43.

第八章:Jiang, Shiqing, Ming Lu, and Hiroshi Sato, 2012, "Identity, Inequality, and Happiness: Evidence from Urban China," *World Development*, 40 (6), 1190–1200.

第九章:陈钊、徐彤、刘晓峰,2012,"户籍身份、示范效应与居民幸福感——来自上海和深圳社区的证据",《世界经济》,第4期,第79–101页。

第十章:刘晓峰、陈钊、陆铭,2010,"社会融合与经济增长——城市化和城市发展的内生政策变迁理论",《世界经济》,第6期,第60–80页。

第十一章:陈钊,2015,"面向和谐发展的城乡融合:目标、难点与突破",《国际经济评论》,第3期,第131–146页。

本书也是教育部人文社会科学重点研究基地复旦大学中国社会主义市场经济研究中心(CCES)、上海市高校智库复旦大学中国经济研究中心(RICE)、复旦大学当代中国经济与社会工作室(FLCDS)的系列研究成果之一。最后,我们也感谢国家社科基金(11AZD084,12AZD045,13&ZD015)的项目资助。

陈钊
2015年秋

目录

第一章　不只是户籍那点事　1
1.1　当前中国城市化路径的选择　2
1.2　对"刘易斯拐点"的再认识　7
1.3　中国的产业升级　13
1.4　小结　16

第二章　首位城市该多大？　24
2.1　首位城市人口规模的相关事实　25
2.2　首位城市规模决定：基于跨国数据的计量分析　33
2.3　结论与政策含义　44

第三章　户籍制约下的居民消费　46
3.1　经验事实与文献综述　47
3.2　计量模型与数据描述　50
3.3　实证检验与分析　52
3.4　户籍制度与中国居民储蓄率的上升　55
3.5　结论和政策含义　58
　　附录　61

第四章　户籍与居住区分割：城市公共管理的新挑战　62
4.1　居住区分割的形成：一般机制及户籍的作用　64
4.2　户籍与居住区分割　67
4.3　不同户籍人口的居住差异　71

	4.4 结论	74
第五章	户籍、社会分割与信任	78
	5.1 文献回顾	79
	5.2 户籍制度和信任	80
	5.3 数据描述	82
	5.4 信任决定的模型	86
	5.5 聚居和信任在社区内的"传染"	93
	5.6 结论	97
第六章	移民的呼声：户籍如何影响了公共意识与公共参与？	102
	6.1 城市化进程中的公共意识与公共参与：制度、身份与教育的影响	104
	6.2 公共意识和公共参与：数据、模型与实证结果	108
	6.3 结论	119
第七章	方言的回报	123
	7.1 文献综述	125
	7.2 数据与统计方法	128
	7.3 实证结果	132
	7.4 稳健性检验	142
	7.5 结论	147
第八章	公平与幸福	152
	8.1 文献评论	154
	8.2 数据描述和变量选取	157
	8.3 回归分析	162
	8.4 结论	168
	附录：变量定义和数据描述	173
第九章	户籍身份、示范效应与居民幸福感	176
	9.1 文献评论、制度背景与研究假说	178
	9.2 数据与模型设定	184
	9.3 实证结果	188
	9.4 结论	197

附录　　201

第十章　社会融合与经济增长　　203

　　10.1　文献评论　　204
　　10.2　基本模型　　207
　　10.3　城市公共服务提供的均等化：内生的政策变迁　　215
　　10.4　结论　　222

第十一章　面向和谐发展的城乡融合：目标、难点与突破　　227

　　11.1　国际经验与中国现状：中国会是一个特例吗？　　227
　　11.2　户籍制度改革的两大政策难点　　230
　　11.3　未来户籍制度改革的政策突破口　　234
　　11.4　总结性政策评论　　241

第一章

不只是户籍那点事
——户籍制度、城市化与中国经济发展（代导论）

市场经济最坏的敌人就是阻碍资源再配置的制度障碍。

对于一个大国来说，市场经济最坏的敌人就是阻碍资源在地区间再配置的制度障碍。

对于一个迈向现代化的大国来说，市场经济最坏的敌人就是阻碍资源再配置的制度障碍缺乏公正性。

城市化是发展中国家从农业经济走向现代工业和服务经济的必经之路，同时也是资源在农村和城市间再配置的过程。其中，最为突出的两个现象就是农村人口进城，以及农业用地转为非农业用地。

在中国这样一个地区发展差异较大的大国，城市化并不只是一个简单的提升城市人口占总人口比重的过程，它还必然涉及人口与经济活动的空间布局，这也是资源在地区之间的再配置，是形成合理的城市体系的过程。城市体系的合理化需要以生产要素自由流动为前提，以企业自主选址和劳动者自由迁徙为条件，以市场力量自发地在集聚效应和拥挤效应之间权衡为机制。只有这样，具有不同自然、历史、制度等条件的城市才能都达到最大化劳动生产率的最优规模，从而形成不同规模、不同功能的城市相互分工、相互依存、共同发展的城市体系。

以上述目标为参照，中国的户籍制度，以及与之相关的公共服务门槛在过去构成了事实上的劳动力跨地区流动障碍。即使暂不考虑城市间的劳动力流动数量，仅具体到农民工进城这一现象，中国绝大多数的农民工是跨地区流动的。2014年全年农民工总量为26 894万人，其中，外出农民工16 610万人，本地农民工10 284万人。① 因此，城市化中存在要素流动

---

① 国家统计局，《2014年国民经济和社会发展统计公报》。年度农民工数量包括年内在本乡镇以外从业6个月以上的外出农民工和在本乡镇内从事非农产业6个月以上的本地农民工两部分。

制度障碍的关键矛盾不是农民工在本地进城的问题，而是农民工跨地区进城后如何转为流入城市的市民的问题。

本书是我们有关户籍制度及其影响的一系列研究的阶段性总结。在展开本书的具体内容之前，为了使我们对于户籍制度改革的意义有一个更为全局性的认识，我们在此特别强调，关于户籍制度的研究，其意义早已经不只是户籍那些事了。本章我们先讨论由户籍制度而引申出的三方面重要问题：城市化路径的选择、"刘易斯拐点"的争论，以及产业升级的前景。其中第一方面的问题我们以不同形式进行过较多讨论（可参见：陈钊、陆铭，2008；陆铭、陈钊，2008；陈钊、陆铭、许政，2008；Chen and Lu, 2008；陈钊、陆铭、许政，2009；陆铭等，2011；陆铭，2013）。但对于后两方面的内容，我们的讨论尚为有限。①

1.1 当前中国城市化路径的选择

城市化进程从本质上来说是企业和个人根据收益和成本的比较进行生产地和居住地的理性选择的结果。户籍制度限制了人口向大都市圈的集聚，如果这种制度上的约束与市场效率是相背离的，那么，户籍制度所损害的将是资源在中国城乡与区域间的合理配置，这就不再只是户籍那些事了。然而，无论是从企业还是从劳动力个人发展的角度来看，去沿海地区或大城市仍然是更有效率的选择。

在现代经济增长中，集聚所产生的规模效应对于第二、第三产业的发展均有推动作用。特别是当经济高度开放的时候，接近沿海大港口意味着接近国际市场，而接近区域性大城市则意味着接近国内市场，中小城市的增长速度取决于它到沿海大港口和区域性大城市的距离（许政、陈钊、陆铭，2010）。也就是说，不能人为地割裂大城市和中小城市的经济增长。如果靠行政性的力量削弱大城市的增长来促进中小城市的增长，其结果可能是对中小城市的增长也不利。

从每一年企业数量的变化可以看出，向中西部倾斜的政策并没有使企

---

① 关于刘易斯拐点的讨论，可参见：陈钊，2010；陆铭、陈钊，2012。关于户籍制度与产业升级的一项研究，可参见：陈钊、冯净冰，2015。

业向东部集聚的趋势发生逆转。① 东部企业的数量占比在 2003 年后并没有减少，这一比重从 2003 年的 73.2% 变为 2007 年的 74.1%。在 2002 年到 2009 年期间，东部地区的就业增长率要高于全国平均水平。在一项基于工业企业数据的实证研究中，我们发现，中国制造业向内地的空间转移并没有发生，因为巨大的市场潜能完全超过了成本上升的影响，使东部沿海地区仍然成为企业的集聚地（Bao, Chen and Wu，2013）。

人口向大城市流动的趋势也和户籍制度的现状构成一对矛盾。在现代经济中，知识越来越重要，而知识的生产和传播需要人与人之间进行互动，因此，城市在现代经济发展中的重要性越来越强。相比之下，大城市的人口密度较高，人口规模较大，更有利于人们之间的互动。于是，大城市成为高技能人才的聚集地，其劳动生产率也更高，成为国家和区域经济的增长引擎。当经济进入后工业化时代之后，大城市对于提高服务业的生产率和多样性的正面作用越来越强。发达国家即使已经完成了城市化进程，人口仍然在向大城市集聚，大学毕业生在向大学生众多的大城市迁移（陆铭等，2011；陆铭，2013）。

从中国近几十年的城市发展趋势来看，大学生比例高的城市，其大学生比例提高得更多。在职业方面，高技能职业比重较高的城市，其高技能职业的比例提高得也更多。高技能劳动者向大城市集聚时，也会产生更多对于低技能劳动者的需求，因为他们在同一生产单位内是互补的，同时，高技能劳动者也会产生对低技能劳动者所从事的生活服务业的需求（陆铭，2013）。因此，高技能劳动者的集聚会带动大城市的人口增长更快。一国的城市体系通常呈现这样的格局：大城市更多集中了现代服务业，而中小城市则相对更多地发展占地更多的制造业，并服务于周围的农业。

来自现实的数据表明，在过去 30 年间，大量的人口向东南沿海城市集聚，尤其是长江三角洲和珠江三角洲。广东省吸引了最多的人口转移，占比从 1982 年的 5.23% 提高到 2005 年的 22.37%，转移到长江三角洲的占比也从 11.27% 提高到 20.58%（段成荣和杨舸，2009）。夏怡然（2014）从中国 287 个地市级城市 2000—2010 年的人口普查数据中计算出移居人口数据。从移民的空间分布来看，2000 年之后，人口大量向东南沿海地区集

---

① 需要说明的是，向中西部倾斜的政策不只体现在对大城市人口集聚的控制，政府在土地政策上向内地的倾斜也导致了东部沿海地区的成本上升（陆铭、张航、梁文泉，2015）。由于本书聚焦于户籍制度这个视角，对土地制度及区域性政策暂不作过多讨论。

聚的趋势并没有改变，吸引外来人口最多的省份（或直辖市）仍然是广东、浙江、江苏和上海。

虽然事实上人口仍然在向大城市集聚，但是，户籍制度却仍然在制约人口向大城市集聚。政府的政策导向是重点推进中小城镇的发展，限制特大城市的发展，2014年《国务院关于进一步推进户籍制度改革的意见》提出，"全面放开建制镇和小城市落户限制，有序放开中等城市落户限制，严格控制特大城市人口规模"。而在实际操作中，大城市人口限制政策主要针对的是低技能者，在特大城市的外来人口落户条件上普遍采取了歧视低技能者的措施。有幸的是，就在我们整理此书的时候，政府的一些相关政策表述发生了一些小小的变化，李克强总理在2015年全国人民代表大会上做的政府工作报告中，在讲到城市政策时说，"控制超大城市人口规模"，这个政策表述相比之前还是有变化。但与此同时，我们也注意到，在北京上海这样的沿海特大城市，政府近来正在尝试借助行政手段来减少外来人口数量，这类政策的实际效果值得怀疑，更是与特大城市本应有的引领改革与创新精神背道而驰。

与上述经济规律相悖的是，地方政府盲目做大本地人口，以推进城镇化的名义，规划新建了为数众多的新城新区，这种趋势在中西部地区尤甚。新城新区建设数量过多，规划面积和人口普遍超过现实。截至2013年2月底，中国在建新区达105个，按面积划分，大于1 000km²的新区19个，500—1 000km²的新区10个，100—500km²的新区约40个（方创琳、马海涛，2013）。据国家发改委统计，把全国新城新区的规划人口加起来达34亿。① 与新区的辽阔面积形成对比的是，新城新区的人口数量偏少，远低于规划人口。新城新区人口规模偏小，直接制约了交通、水电、信息、垃圾处理等基础设施建设，同时导致已建成基础设施的利用率低下。很多新城新区的过度建设导致城市无法提供足够的人口和产业进行消化，从而出现类似"空城""鬼城"的现象。

城市的盲目扩张导致人口和土地的集聚远远落后于经济活动的集聚。自20世纪90年代初以来，中国城市间的经济活动集聚度有非常显著的提高，而人口（无论是城市的总人口还是非农业人口）集聚程度均提高有

---

① 数据引自新浪财经的报道"乔润令：我国新城规划人口超现有体制达34亿"，http：//finance. sina. com. cn/hy/20131019/153317045900. shtml。

限。与此同时,由于中国对于建设用地实施指标规划管理,并且禁止开展建设用地指标的跨地区交易和地区之间的农业用地占补平衡,因此,出现了土地城市化和人口城市化严重脱节的现象。如表1.1所示,1990—2006年,所有城市样本建成区面积的平均扩张速度为每年7.77%,而同时期的非农业人口增长速度仅为4.56%,两者相差3.21个百分点。如果将城市样本再进一步区分为东、中、西三个部分,通过对比可以发现,只有在东部城市的人口和土地的城市化相差不多,在中部,建成区土地面积的扩张速度几乎是非农业人口增长速度的2倍,而在西部,则接近3倍。

表1.1 人口城市化与土地城市化的脱节　　　　　　　　　　单位:%

	全国	东部	中部	西部
非农人口增速	4.56	6.80	3.28	3.40
土地扩张速度	7.77	8.60	6.23	8.63
增速差异	3.21	1.80	2.94	5.23

包括户籍制度在内的制度约束除了直接限制东部地区充分发挥集聚效应、人为干预城市化路径选择之外,还造成社会风险加剧、城乡与地区间收入差距难以消除等一系列的经济社会后果。

由于户籍制度的控制,中国的城市常住人口中,有着相当一部分的非本地户籍人口,并且随着城市化水平的提高,这一部分人口的比例在不断提高,这将导致社会风险的加剧。长期以来城乡分割所造成的城乡差距也在城市内部造成了户籍人口和非户籍人口的差距,于是形成了城市内部新的"二元社会"分割。在城市里,因为没有当地户籍,外来人口的收入较低,教育回报较低(Meng and Bai,2007;严善平,2007;Zhang and Meng,2007)。

城市内部的二元社会一旦形成,就会持续存在,并带来一系列的社会问题,不利于城市内部的和谐发展。城市内部的户籍分割会影响到居民的信任水平,用上海数据进行的实证研究发现,非本地户籍人口对小区居民的信任、社会信任以及公共信任的水平更低(汪汇等,2009)。城市户籍人口与非户籍人口之间的收入差距还降低了人们的幸福感(Jiang, Lu and Sato,2012;陈钊、徐彤、刘晓峰,2012)。与此同时,城市的外来人口缺乏有效的利益诉求机制,在公共参与方面,移民表现得更为消极,其中部分的原因是现有制度对他们的公共参与形成制约(陈钊、陆铭、徐轶青,2014)。而这些相对弱势的外来人口还出现了聚居在一起的现象(陈钊、陆铭、陈静敏，2012），这就可能通过社区内的相互影响加剧社会风险。上述由户籍制度所造成的对于社会经济发展所产生的一系列负面影响将在本书的相关章节中加以呈现。

由户籍制度所导致的劳动力流动的不充分，也阻碍了城乡和地区间差距的消除。城乡收入差距始终是中国收入差距巨大的重要因素，而如果进一步把地区间收入差距分解成城乡收入差距和城市内部、农村内部收入差距，我们会发现地区间收入差距与城乡间收入差距大有很大关系，欠发达地区的人均收入低，在很大程度上是因为这些地区农村人口多，而农村人均收入低。数据分析显示，地区间收入差距中的70%—80%可以由城乡间收入差距来解释（万广华，2006）。

由于城市化和经济集聚是与城乡和地区间收入差距同时发生的，因此，很容易引起两者存在因果关系的误解。事实上，根据国际经验，城市化进程中，城乡收入差距会缩小。韩国在1994年基本消除了城乡收入差距，斯里兰卡和中国台湾也在1995年将城乡收入比降至1.4以下（Henderson，2007）。城市化降低收入差距的机制有两条：首先，城市化过程中，农村剩余劳动力转移到生产率更高的城市部门，可以提高其劳动生产率；其次，随着农村剩余劳动力的减少，留在农村的劳动力可以获得更多的人均耕地资源，有利于实现农业规模经营。但是，以户籍制度为代表的城乡分割政策使得劳动力流动受到阻碍，农村劳动力向城市流动的规模不足，流入城市后所获得的收入和所享受的公共服务和城市居民还是有很大差距。另外，耕地资源难以流转，农业规模经营很难实现。这就导致城市化缩小城乡收入差距的两条机制都未能充分发挥作用。实证研究显示，城市化进程本身的确可以缩小城乡收入差距，但由于城市倾向的经济政策的实施[①]，以及经济开放等其他因素有更强的扩大城乡收入差距的作用，使得城乡收入差距未在城市化进程中缩小（陆铭、陈钊，2004；Lu and Chen，2006；陆铭等，2005；Wan et al.，2006）。因此，不能将城乡和地区间的巨大差距归因于城市化，恰恰相反，打破城乡分割、促进城乡要素流动（特别是劳动力的自由流动）是降低城乡、地区间收入差距的必要条件。

[①] 在2001年"三农"问题得到中央更多关注之前，用于农业相关的财政支出比重显著下降。同时，在农村土地征用过程中给予农民的补偿较低。在相当长的一段时间里，城市的公共服务（如教育和医疗）由政府筹资，而农村的相应支出却由自己负担，直到最近若干年才逐步改变。

1.2 对"刘易斯拐点"的再认识

近年来,有关中国经济是否迎来了"刘易斯拐点"的讨论成为学界的一个热点问题。这个问题之所以广受关注,是因为在经典的发展经济学理论中,刘易斯拐点的到来意味着劳动力成本将持续上升,对于中国这意味着廉价劳动力的成本优势将逐渐消失,产业升级将成为日益迫切的需要。在此,我们想说的是,经典的刘易斯二元经济理论,特别是其对于"刘易斯拐点"的讨论,需要经过修正才能被用于理解中国的劳动力市场,而这一修正的关键恰恰在于对户籍制度及由此导致的劳动力流动的制度性障碍的认识。

首先需要澄清的是"刘易斯拐点"这一概念。在刘易斯(Lewis, 1954)关于人口流动与经济发展的二元经济模型中,农村被认为存在大量的"剩余劳动力",这些劳动力离开农业并不会影响农业产量,因而即使城市工业部门对劳动力的需求进一步上升,农村劳动力仍然会在现行的不变工资水平下源源不断地流向城市。只有当边际劳动生产力为零的农村剩余劳动力全部转移完成后,农村劳动力减少将相应减少农业生产,农业边际劳动生产力开始提升,此时,城市工业劳动力需求的增加将与农业部门竞争,从而导致工资的上升。于是,以工资显著上升为特点的"刘易斯拐点"就出现了。

需要指出的是,有经验证据发现,中国劳动工资的上升趋势是随着劳动力的转出而持续发生的(Ge and Yang, 2011),因此,中国经济的特征更接近于舒尔茨的"新古典的二元经济理论"(Schultz, 1964),即农业部门不存在边际生产力为零的阶段。但这并不妨碍我们从刘易斯模型出发去理解中国的劳动力转移。

然而,在中国现实背景下对刘易斯模型的应用需要谨慎。无论是刘易斯理论,还是舒尔茨理论,所刻画的都是一个完全竞争的劳动力市场,不存在劳动力从农村流向城市的制度性障碍,工资完全由劳动力市场的供给与需求曲线共同决定,不存在任何垄断性的市场力量来改变由市场决定的工资水平。相应地,流入城市的劳动力规模也是由市场供求共同决定的。在这一意义上,刘易斯理论和舒尔茨理论并无本质区别。但是,中国二元经济发展中的制度背景有两个关键特征与刘易斯模型的假设不符:其一是城市内部因户籍而存在的社会分割;其二是劳动力市场的非竞争性。这两点恰恰又决定了中国城乡劳动力流动与工资水平变化的特征，也正因为如此，不能简单地将近年来的工资上升现象视作"刘易斯拐点"。①

先看城市内部因户籍而存在的社会分割。在刘易斯模型中，城市内部的产业工人没有类似于户籍这样的身份差异，无论他是城市的原有居民还是来自农村的新移民，拿的都是产业工人的工资。根据这一模型，在出现"刘易斯拐点"之前，城市工业部门的工资是几乎不变的，工业的剩余都成了资本拥有者的利润。然而，长时间以来在中国所发生的事实则是城市户籍人口的工资在不断上升，而外来务工者的收入却没有显著提高，两者的差距不断扩大（Meng and Bai，2007；Zhang and Meng，2007）。另有数据显示，2001—2005 年期间，对于教育水平可比的居民，农民工的平均实际工资（控制了通胀之后）下降了 4%，而本地城镇居民的平均实际工资则增长了 7%。较近的数据显示，2003—2009 年，国家统计局报告的农民工与城市单位工资之比从 76% 下降到了 65%。而中国家庭收入调查（CHIPS）数据显示，农民工工资与城市居民工资之比在 2002 年是 70%，而 2007 年的调查中，这一比率是 63%（Knight，Deng and Li，2011）。中国人民银行上海总部调查统计部课题组（2011）也报告了 2003—2009 年全国年平均工资和农民工全年工资收入之间的比值，这个比值并没有缩小，相反还有扩大的趋势。与上述文献均不同的是，Cai and Du（2011）基于中国城市劳动调查（CULS）的研究发现，在 2001 年、2005 年和 2010 年三轮数据中，户籍对于工资的影响在逐渐减小。但如果把工资分布分成十等分组别，那么，可以看到，在低收入组别，农民工与城市居民之间的工资收入差距有所缩小，而高收入组别有所扩大。② 因此，我们认为这一证据还不能完全否定劳动力市场仍然存在按户籍身份进行的分割。从逻辑上来说，恰恰是较高收入者有可能为获得城市户籍而接受较低的工资，而低收入者则面临着更强的劳动力流动障碍和规模控制，造成事实上的相对供给不足。相比之下，较高收入的农村劳动力更加是与城市居民相互竞争和

---

① Zhang，Yang and Wang（2011）发现，2003 年之后农村劳动力的工资出现了明显的上涨趋势，他们认为，这是"刘易斯拐点"已经到来的证据。本文认为，类似的将工资上涨作为"刘易斯拐点"到来的证据的研究都没有充分考虑中国劳动力市场的制度背景，以及刘易斯理论本身的适用性。

② Knight，Deng and Li（2011）和 Cai and Du（2011）有关工资是否出现收敛趋势的研究出现差异，原因可能在于 CHIPS 调查的移民样本中低收入者的样本偏少，如果这部分样本的收入恰恰增长较快的话，则 CHIPS 得到的结论可能会低估农民工的平均收入增长速度。

替代的,他们之间的收入差距扩大更能反映劳动力市场的分割状态。而低收入组别所面临的问题越来越少地体现在收入上,而主要体现在获得户籍的可能性上。在绝对量上,农民工中低收入组别的人数较多,因此,如果不区别收入组别,户籍的平均效应就可能会越来越小。

从劳动力市场的非竞争性[①]来看,中国的现实是城市政府在单方面地制定不利于提高农民工工资(实际收入)的政策,如在社会保障方面,直到写作此书之时,外来人口在离开工作地和养老保障缴纳地时,能够带走的还仅仅是个人账户里的钱,以及企业为其缴纳的养老保障的一个比例。此外,城市公共服务享有在不同户籍人口间的差异也是人口流动的巨大成本,阻碍了外来人口的流入。在劳动力流动受阻的情况下,农村劳动力未能充分流出,农村的边际劳动生产力被压低,从而进一步压低了进城务工者的保留工资。而在城市劳动力市场上,农民工和城镇户籍劳动力之间是相互竞争的,农民工的工资要求低也影响了城镇劳动力的工资(刘学军、赵耀辉,2009)。也就是说,在中国的劳动力市场上,城市通过各种政策在改变外来人口所能获得的实际工资。

以上两点意味着,用经典的刘易斯理论来理解中国的劳动力市场之前是需要修正的。如果我们修改刘易斯模型的假定,在二元经济模型中考虑城乡分割对于劳动力流动和城市化进程的影响,那么,这将是一个"刘易斯+马克思"的二元经济的政治经济学模型(陈钊、陆铭,2008a)。"刘易斯"这个词表明中国经济是一个二元经济的基本事实,而"马克思"这个词表明,在这个模型中存在城乡两个利益群体之间的政治经济学。[②] 在这个模型中,城市仍然通过资本积累实现经济增长,于是不断有劳动力需求被创造出来,城市化进程不断被推进,同时,城市部门却设置了一个制度性的劳动力流动障碍。在这一过程中,相对于劳动力自由流动的状态,会出现三个明显的结果:第一,劳动力流动规模被压低了,于是,农村劳动力的边际生产力也被压低了,相应地,他们进城务工的保留工资将相应

---

① 需要强调的是,这里的劳动力市场非竞争性是指在城乡间存在劳动力市场分割,并且在城市部门的工资决定和劳资分配方面,农村进城劳动力的影响力很弱。而在农村进城劳动力和城市劳动力之间,却是存在相互竞争的。

② 在陈钊、陆铭(2008a)的模型里,为了使模型易于处理,在农业部门假设了一个柯布—道格拉斯形式的生产函数,这个假设本质上是舒尔茨理论的假设。如果在农业部门假设一个存在边际劳动生产力为零的生产函数,只会加强模型的结论。

降低，而这有利于控制城市部门的劳动力成本；第二，劳动力流动的制度障碍也为城市居民创造了一份由劳动力市场非竞争性所导致的实际收入，这相当于一笔"制度租金"，不利于城乡差距的缩小；① 第三，农村劳动力城市化进程也将滞后于城市经济工业化的进程。在这个模型之下，如果城市政府减少其劳动力流动的制度性障碍，劳动力进一步从农村流出，农村边际劳动生产力将上升，并带动城市部门的工资上升。这种工资上升本质上是政策变化导致的，而不是农村剩余劳动力已经转移完的表现。与上述理论相一致的是，Knight, Deng and Li（2011）也认为，城市内农民工工资上涨和农村劳动力剩余并存的现象是阻碍劳动力流动的城乡劳动力市场的制度性分割导致的，这与刘易斯理论不相符。②

那么，在什么样的条件下，城市政府有可能从城乡分割转向城乡融合的经济政策呢？刘晓峰、陈钊、陆铭（2010）的理论研究对此给出了回答。在他们的理论模型中，城市部门是一个最大化自身利益的决策者，其面临的基本权衡是：如果实施城乡分割政策，那么，其获得的是由劳动力流动的制度障碍带来的租金，相当于"分更多蛋糕"；而其损失有两部分，一是劳动力流动的规模被压低，相应地，城市化进程和经济增长速度也被压低了；二是由于扩大了城市内部移民与城市原居民之间的福利差距而导致的社会不和谐，以及由此导致的资源消耗（如社会冲突、犯罪，以及防止这些发生的社会支出），从而进一步降低资本积累过程和经济增长速度，这两方面的损失相当于"做小蛋糕"。在城市化和经济发展的早期，由于移民规模较小，城乡分割造成的"做小蛋糕"的损失较小，而城市居民"分更多蛋糕"的效应更大，这时，城乡分割政策成为城市政府的选择；而到了城市化和经济发展的一定阶段，随着从农村到城市的移民越来越多，城乡分割的"做小蛋糕"的损失越来越大，将超过城市居民"分更多蛋糕"的效应，这时，从城市分割转向城乡融合，反而是对城市居民有利的政策选择。③ 在这个制度转型的拐点下，城市化进程将加快，劳动工资水

---

① 以边际劳动生产力与工资率的比值来看，农民工的这一比值是 3.86，而本地劳动力的这一比值是 0.805（Knight and Song, 2005, p. 108）。
② Knight and Song（1999，2005）也提供了有关中国劳动力市场城乡分割的分析。
③ 在本质上，城乡分割制度造成城市内部存在户籍身份差异的两个群体，这两个群体之间的社会分割在收入、信任、幸福感等方面均有体现（陈钊，2011）。一个社会在不同群体之间存在的差距是导致制度变迁的动力，这一观点与 Acemoglu and Robinson（2006）是一致的。

平将提高，这一变化也不是仅仅由城市部门的资本积累驱动的"刘易斯拐点"。特别值得一提的是，蔡昉（2010a）注意到政府特别是地方政府在近年来的一系列公共政策转变，并且将这些政策转变视为对劳动力短缺的反应。在一个"刘易斯＋马克思"的分析框架里，不宜简单地将劳动力短缺作为政策转变的原因，或者将工资上升作为"刘易斯拐点"的经验证据，工资水平、劳动力供给和政策转变都是内生的。

与传统的刘易斯模型相比，借助上述"刘易斯＋马克思"的理论模型，也能够为中国二元经济转型中的相关现象提供较为一致的解释（陈钊、陆铭，2008a；刘晓峰、陈钊、陆铭，2010）。①

第一，相对于工业化率而言，中国的城市化率还处于非常低的水平。截至 2008 年年底，根据是否包括了在本乡镇内从事非农产业的移民，分别用小口径和大口径统计的流入城市的农村劳动力数量大约为 1.4 亿和 2.25 亿（盛来运、王冉、阎芳，2009）。以劳动力由农业部门向非农部门转移为标志的二元经济转型在中国正持续进行。然而，这一过程远未结束，中国的农业人口仍占相当比重，即使将非本地户籍常住人口计算在内，中国的城市化率也仍然只有 54.7%（2014 年年底）。② 相比之下，如果以第二、第三产业占 GDP 的比重来计算工业化程度，则中国的工业化程度已经达到 90%。可见，中国的城市化水平远远落后于工业化的程度。

Knight, Deng and Li（2011）通过估计劳动力流动倾向发现，仍然有大量未流动居民可能成为潜在的流动劳动力。他们预测，到 2020 年，农村移民会占到城市就业的 60%，农村劳动力大约比 2005 年的数量少 30%。Golley and Meng（2011）也发现，如果改变城乡分割的制度，那么，通过提高农民工在城市里的时间或农民工的人数（或者两者同时变化），很容

---

① 需要说明的是，与其他文献相比，我们更注重理论和宏观事实的对应。也有一些文献从剩余劳动力规模测算等角度来评论了"刘易斯拐点"论，参见陶然等（2011）、中国人民银行上海总部调查统计部课题组（2011）及其综述的相关文献。事实上，对于剩余劳动力规模的测算是极其困难的，因为这通常需要先估测一个生产函数，从而对边际劳动生产力进行测算（如 Minami and Ma, 2010），而这个生产函数本身就是基于既有制度的，在中国这样一个转型经济中，制度和政策都处于频繁的调整之中。特别是因为国土面积较大，不同地区的经济发展水平差距巨大，而劳动力跨地区流动又不自由，因此，简单地根据劳动力的城乡分布来测算剩余劳动力规模，将极大地忽略劳动力跨地区流动可能释放出的生产力和相应的劳动力供给。这些都使得中国与日本等经济体在相同发展阶段出现的情况不能简单地作类比。

② 根据 2010 年第六次人口普查数据，具体参见：http://www.stats.gov.cn/tjfx/jdfx/t20110428_402722253.htm。

易将农民工的存量从1.5亿提高到3亿。我们的一项研究也发现，调整制约劳动力流动的制度因素，能够大幅度地推动劳动力流动和城市化进程（Chen, et al., 2014）。

有这样一种观察，40岁以上的农村劳动力难以在城市找到工作而大量回流，相应的，人们观察到中国农村未外出的劳动力大量是老人和妇女。实际上，这些现象都是现有制度的结果，而不应被作为给定的事实。如果城乡分割的制度得以改变，农民工进城后能够得到平等的公共服务，那么，农民工的迁移决策就会从短期迁移、单人迁移变为长期迁移、举家迁移。我们自己的研究发现，当控制了其他特征后，年龄对劳动力外出打工概率的影响是先上升再下降的，其转折点出现在大约33岁，这一非常低的年龄转折点体现出了制度对于劳动力流动的制约（Chen, et al., 2014）。事实上，由于劳动力流动的制度障碍作用非常强，尽管工资出现上升，对农民外出打工决策的影响也是有限的。封进、张涛（2010）基于2008年的农户微观调查数据发现，提高工资可以增加农民外出打工的可能性，但对外出持续时间的影响较小，工资每上升1%，男性外出打工时间增加0.40%，女性外出打工时间增加0.68%。从劳动力回流决策来看，子女在城市遇到的教育难题和城市居住条件较差成为增加劳动力回流概率的显著因素（郑华卿，2011）。这些研究表明，改善农民工在城市的生活条件是促进他们外出打工的有效因素，而提高工资已经难以增加打工时间，尤其无法留住人力资本较高的人。① 没有任何证据证明，大龄或女性的农村劳动力无法胜任城市的工作，事实上，城市内部的工作（特别是服务业的工作）特别需要经验积累，女性也有从事服务业的比较优势，因此，由制度制约引起的农民工回流对于城市经济的发展并不利。换句话说，若无制度变革，农民工回流对城市发展的制约作用将日益显现。

第二，城乡收入差距长期的扩大趋势也与刘易斯理论不吻合。除了20世纪80年代和90年代的两次下降外，中国的城乡收入差距总体上呈扩大趋势（蔡昉、都阳、王美艳，2003；陆铭、陈钊，2004）。城乡劳动力市场的持续分化已经使中国成为亚洲最不平等的社会之一，如果考虑了社会服务，那么城乡差距更大（国际劳工组织北京局，2006）。即使考虑到城

---

① 这一点与Cai and Du（2011）的发现在逻辑上是一致的，他们发现，高收入外来劳动力与本地劳动力之间的工资差距更大，并且差距仍在扩大。

镇地区的物价上升速度更快，城乡收入经过城乡各自的 CPI 调整的实际收入比值在 2009 年仍然超过 3 倍（参见图 1.1）。2010 年以来农村人均纯收入增长得比城镇居民人均收入更快，城乡收入差距有所缩小，如果"刘易斯拐点"早在 2004 年就到来，但城乡收入差距当时却没有缩小，这就是值得谨慎考虑的问题了。

图 1.1　中国城乡人均年收入之比（1978—2009）

数据来源：1980—1987 年的数据取自 Ravallion and Chen（2007）。其他数据根据历年《中国统计年鉴》相应数据计算，城乡人均收入已经过 CPI 调整。

第三，在全国范围内，劳动力的短缺和工资上涨并不是同步的。换句话说，在不存在劳动力流动障碍的刘易斯模型里，如果出现"刘易斯拐点"，那就是全国范围内同步出现劳动力短缺和工资上涨，而不会在一个国家的不同地区不同步地出现"刘易斯拐点"。①

1.3　中国的产业升级

最后，我们从产业升级的角度来讨论户籍制度改革的意义。中国的改革开放伴随着轰轰烈烈的全球化进程，随之而来的则是大规模的农村剩余

---

① 在这个意义上，尝试从地区维度来讨论"刘易斯拐点"，说明不同地区在不同时间点上出现"刘易斯拐点"的文献，在本质上都恰恰说明中国的问题是存在地区间的劳动力流动障碍，从而不适用经典的"刘易斯拐点"理论。对此，限于篇幅，我们不再进一步讨论了。

劳动力在中国的东部沿海地区与国际国内资本形成集聚，中国也因此而成为全球的制造业大国。然而，本章前面的讨论表明，围绕户籍制度而形成的制度约束既不利于城市化过程中集聚效应的充分发挥，又可能导致劳动力成本的过快上升。这将意味着中国国际竞争力的下降，可能使中国难以继制造业大国之后进一步成为制造业强国。为此，政府提出了产业转型升级的目标，试图以此提升中国制造业的国际竞争力。但是，一个随之而来的现实问题是：这一目标能够绕开户籍制度改革而顺利实现吗？

我们不妨借助下面的图1.2来回答这一问题。如图1.2所示，在全球化的背景之下，中国的工业化推动了城市化的进程。但是，户籍制度的障碍导致城市化过程中难以同步实现农村转移人口的市民化，而工业化则直接面临实现产业升级的挑战。即使暂时不考虑户籍制度改革这一问题，仅从产业升级来看，作为中国未来产业工人主体的农村转移劳动力，他们能否适应产业升级的需要？能否完成必要的人力资本积累？与技术进步和固定资产的更新相比，这些问题受到较少的关注，但忽视它们的后果却可能是严重的。作为两大重要的生产要素，劳动力中的高技能者与资本更可能是互补的，低技能者与资本更可能是互替的。随着资本品的不断积累，技能型劳动力就会越来越成为瓶颈，缺少了他们，资本积累的边际回报会越来越低，产业升级也就难以实现。同时，如果低技能劳动者不能提升人力资本水平，那么经济增长也必定会伴随收入两极分化的加剧，这也不是我们所希望看到的结果。

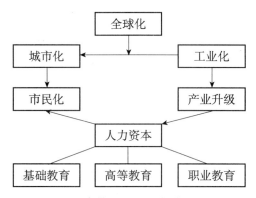

图1.2　户籍制度改革与产业升级

既然农业转移人口的人力资本积累如此之重要，那么我们又应如何从政策上通过加快未来产业工人的人力资本积累来为产业升级提供高技能的劳动力保障呢？如图1.2所示，我们不妨从基础教育、高等教育、职业教育三个方面加以考虑。现有的研究告诉我们，外来人口在进入城市劳动力市场之前，由于城乡和地区间教育资源配置的不均等，人力资本初始禀赋较低（Démurger等，2009）。至于高等教育，一方面，"异地高考"改革的推行在优质教育资源最为集中的特大城市面临较大阻力；另一方面，大学生就业难与技校毕业生短缺并存的现象说明，高校扩招后的大学教育已经与劳动力市场需求产生了结构性脱节。也就是说，即使借助"异地高考"改革让外来人口能够更好地分享大城市优质的高等教育资源，这恐怕也不是使中国制造业人力资本适应产业升级需要的最佳手段。产业升级需要更多面向实际应用的技能型人才，相比之下职业教育更能满足这一现实需要。然而，王海港等（2009）发现农村的职业培训效果并不理想，马立伟、王礼力（2009）也发现农村的职业教育质量并不高。

那么，怎样才能有效地提高外来务工者进入劳动力市场前人力资本的初始禀赋？一个可行的解决方案是让更多的外来人口在成为城市产业工人之前，接受优质的职业教育。陈钊、冯净冰（2015）基于CFPS数据的实证研究发现，在控制了地区间生活成本差异、就业所在地对生产的正外部性、本地人身份、就职行业等因素后，在东部或较发达地区接受高等职业教育者仍然具有显著更高的人力资本回报。该研究认为，职业教育回报在空间上的差异可能由两方面的因素造成：第一，与普通高等教育类似，职业教育资源也存在地区间的配置不均，经济较发达的东部或沿海地区在师资等方面更有优势。第二，经济发达地区产业聚集程度更高，当地职业教育享受信息优势：一方面，教育的供给更接近市场需求，更易于了解现代产业发展对技能的要求，因而能更有针对性地培养适应产业发展需要的职业教育人才；另一方面，职业教育学校与本地产业密切联系，本地产业能够提供具有足够吸引力的就业岗位（刘明兴、田志磊，2014），也能提高需求与供给匹配的效率。这项研究一个直接的政策含义是应当让制造业从业人员的主体——大量的城市外来人口——到东部或经济较发达地区接受职业教育。

然而，目前职业教育的招生却以区域性的本地招生为主，特大城市针对外来务工人员随迁子女在城市接受职业教育的政策还没有完全放开，大部分省份对职业教育外省生源的比例也加以限制，各学校上报的外省生源名额还需征得生源省份的发改委、教育主管部门同意；除此之外，部分地区高等职业院校的自主招生名额只针对本地区的中职学生。虽然北京、上海等大城市已出台相关政策允许外来人口子女就读本地职业教育，但仍然存在一定的限制门槛。例如，上海市出台的《2012年上海市全日制普通中等职业学校自主招收在沪进城务工人员随迁子女方案》，要求随迁子女必须是应届初中毕业生，而且只有在上海完成全日制中职教育学习后，才可以参加上海高职学校的自主招生考试；北京市出台的《2014年进城务工人员随迁子女在京参加高等职业学校招生考试实施办法》则要求随迁子女必须具有北京学籍且父母在北京连续缴纳社会保险已满6年。

上述事实告诉我们，即便仅仅从产业升级的角度加以考虑，户籍身份所造成的受教育权利的差异也应当尽快消除。如果政府能够在政策上及时做出调整，让农村转移劳动力的子女在大城市享有包括职业教育在内的平等受教育权利，那么这些未来的城市产业工人既能够更好地适应产业升级对技能劳动力的需求，也能够因此在城市获得更好的发展前景，从而得以在城市安居乐业，真正实现市民化。这也同时意味着，大城市因此能够补充更多的劳动力供给，缓解劳动力成本的过快上升。

1.4 小结

可以看到，本章重点讨论的城市化路径选择、劳动力成本上升以及产业升级是三个相互关联的主题，而户籍制度改革能够同时对上述三个方面产生影响。从这一意义来说，户籍制度改革是一个能够推动全局的政策切入点，因此，我们所讨论的，不只是户籍那些事儿。

中国的户籍制度的影响远远超过一般人对于这项制度的理解，它不仅仅是人们能够感受到的对于外来人口在社会保障、公共服务和市民权利等各方面的差别待遇，它在本质上是劳动力流动的障碍。理解这样的劳动力流动障碍，并将其与经典的刘易斯理论所得到的推断相对照，中国经济现存的一系列扭曲现象便不难理解了。

户籍制度，既反映了人们对于劳动力流动的意义理解不足，也反映了政府对于劳动力自由流动所带来的问题的恐慌。从经济政策的制定来说，如果仍然不在大城市加快推进户籍制度的改革，那么，不仅劳动力自由流动所带来的统一市场、经济发展、机会均等这一系列收益难以实现，而且，还会相应地产生消费增长不足、区域间资源配置效率受损、城市内部形成新的二元结构等一系列经济和社会问题，严重地威胁了中国经济和社会发展的可持续性。为此，我们希望通过本书中的一系列研究所提供的经验证据，将人们对于户籍制度和相应的劳动力流动障碍对于中国发展的影响提高到一个新的认识水平，并为相应的改革提供智力支持。

本书接下来的内容安排如下：第二章首先通过跨国研究来回答中国的城市人口规模空间分布是否合理这个问题。我们发现，中国的人口首位城市（上海）的规模并没有像很多人所认为的那样"太大了"，控制人口的政策需要审慎对待。第三至六章则分别从经济、社会、政治的层面分析户籍制度造成的影响。

在经济层面，我们通过第三章内容表明，由于户籍制度的制约，即使在同样的收入水平之下，外来移民的消费仍然显著低于本地的城镇户籍人口，这既不利于大量外来移民的安居乐业，也不利于中国增加消费需求。在社会层面，第四至五章的研究表明，传统的城乡二元分割正在转化为城市内部的"新二元结构"。外来移民在居住空间上相对集中，形成了与本地居民之间的"居住区分割"现象，这对城市的公共管理构成新的挑战。在城市内部，相比于本地居民，外来移民对于政府机构、社会公众和社区居民的信任程度较低。第六章的分析表明，当前城市内部也存在着由户籍身份导致的公共参与上的差异。外来移民在公共事务的决策参与上显著地低于本地常住居民。从城市化和市民化的长期目标来看，外来移民在常住地拥有与当地居民同等的政治权利和公共事务决策参与权利，这将是城市化过程中消除二元社会分割的重要标志。

第七章旨在更进一步地说明，在外来移民众多的特大城市，隐性的歧视也不容忽视，外来移民说本地方言的能力正在影响他们从事服务业的机会，不利于他们在职业上融入城市社会。所有与户籍相关的权利差异最终都会表现为户籍身份对外来人口主观幸福感或满意度的不利影响。第八至九章的内容借助个人层面的微观数据对此提供了实证证据。

第十章是一个理论模型，旨在说明即使仅从城市户籍人口的利益出发，也存在着使户籍制度发生改革，让外来人口平等分享城市公共服务的内生动力机制。最后的第十一章则从政策制定的角度系统分析了户籍制度改革的目标、难点以及如何加以突破。

参考文献

蔡昉，2007a，"中国经济面临的转折及其对发展和改革的挑战"，《中国社会科学》，第 3 期，第 4－12 页。

蔡昉，2007b，"中国劳动力市场发育与就业变化"，《经济研究》，第 7 期，第 4－14、22 页。

蔡昉，2010a，"刘易斯拐点与公共政策方向的转变——关于中国社会保护的若干特征性事实"，《中国社会科学》，第 6 期，第 125－137 页。

蔡昉，2010b，"人口转变、人口红利与刘易斯转折点"，《经济研究》，第 4 期，第 4－13 页。

蔡昉、都阳、王美艳，2003，《劳动力流动的政治经济学》，上海：上海三联书店，上海人民出版社。

陈钊，2010，"慎谈中国的'刘易斯拐点'"，《经济学家茶座》，第 6 期，第 9－11 页。

陈钊，2011，"中国城乡发展的政治经济学"，载于陆铭等（主编），《中国区域经济发展：回顾与展望》，上海：上海人民出版社，格致出版社。

陈钊、冯净冰，2015，"应该在哪里接受职业教育：来自教育回报空间差异的证据"，《世界经济》，第 8 期。

陈钊、陆铭，2008a，"从分割到融合：城乡经济增长与社会和谐的政治经济学"，《经济研究》，第 1 期，第 21－32 页。

陈钊、陆铭，2008b，"中国如何在平衡区域发展时实现经济持续增长"，《学习与探索》，第 3 期，第 129－136 页。

陈钊、陆铭、陈静敏，2012，"户籍与居住区分割：城市公共管理的新挑战"，《复旦学报》，第 5 期，第 77－86 页。

陈钊、陆铭、徐轶青，2014，"移民的呼声：户籍如何影响了公共意识与公共参与"，《社会》，第 34 卷，第 5 期，第 68－87 页。

陈钊、陆铭、许政，2008，"中国城市化发展中的四大认识误区"，《瞭望东方周刊》，2008 年 4 月 10 日，第 15 期（总 230 期），第 64－65 页。

陈钊、陆铭、许政，2009，"中国城市化和区域发展的未来之路——城乡融合、空间集聚与区域协调"，《江海学刊》，第 2 期，第 75－80 页。

陈钊、徐彤、刘晓峰，2012，"户籍身份、示范效应与居民幸福感——来自上海和深圳社区的证据"，《世界经济》，第 4 期，第 79－101 页。

段成荣、杨舸，2009，"我国流动人口的流入地分布变动趋势研究"，《人口研究》，第6期，第3-12页。

方创琳、马海涛，2013，"新型城镇化背景下中国的新区建设与土地集约利用"，《中国土地科学》，第7期，第4-9页。

封进、张涛，2011，"农村转移劳动力的供给弹性——基于微观数据的估计"，复旦大学工作论文。

国际劳工组织北京局，2006，"中国境内的劳动力流动：特征和应对措施"，http://www.ilo.org/wcmsp5/groups/public/—asia/—ro-bangkok/—ilo-beijing/documents/publication/wcms_158633.pdf。

刘明兴、田志磊，2014，"中职课题组阶段性研究报告（一）：探寻中职教育发展背后的逻辑"，《北京大学中国教育财政科学研究所简报》，第5-1期。

刘晓峰、陈钊、陆铭，2010，"社会融合与经济增长——城市化和城市发展的内生政策变迁理论"，《世界经济》，第6期，第60-80页。

刘学军、赵耀辉，2009，"劳动力流动对城市劳动力市场的影响"，《经济学（季刊）》，第2期，第693-710页。

刘永平、陆铭，2008，"放松计划生育政策将如何影响经济增长——基于家庭养老视角的理论分析"，《经济学（季刊）》，第7卷第4期，第1271-1300页。

陆铭，2008，"放松生育政策并非应对'未富即老'的良策"，《解放日报》，2008年10月2日。

陆铭，2010，"建设用地指标可交易：城乡和区域统筹发展的突破口"，《国际经济评论》，第2期，第137-148页。

陆铭，2011a，"玻璃幕墙下的劳动力流动——制度约束、社会互动与滞后的城市化"，《南方经济》，第6期，第23-37页。

陆铭，2011b，"建设用地使用权跨区域再配置——中国经济增长的新动力"，《世界经济》，第1期，第107-125页。

陆铭、陈钊，2004，"城市化、城市倾向的经济政策与城乡收入差距"，《经济研究》，第6期，第50-58页。

陆铭、陈钊，2008，"在集聚中走向平衡——城乡和区域协调发展的'第三条道路'"，《世界经济》，第8期，第57-61页。

陆铭、陈钊，2009，"为什么土地和户籍制度需要联动改革——基于中国城市和区域发展的理论和实证研究",《学术月刊》,第9期,第78-84页。

陆铭、陈钊,2012,"当刘易斯遇到马克思——论中国劳动力短缺的制度成因与对策",载于张欣等(主编),《中国沿海地区产业转移浪潮——问题与对策》,上海:上海财经大学出版社。

陆铭、陈钊、万广华,2005,"因患寡,而患不均:中国的收入差距、投资、教育和增长的相互影响",《经济研究》,第12期,第4-14页。

陆铭、陈钊、朱希伟、徐现祥(主编),2011,《中国区域经济发展:回顾与展望》,上海:上海人民出版社、格致出版社。

陆铭、欧海军,2011,"高增长低就业——政府干预与就业弹性的实证研究",《世界经济》,第12期,第3-32页。

陆铭、向宽虎、陈钊,2011,"中国的城市化和城市体系调整:基于文献的评论",《世界经济》,第6期,第3-25页。

陆铭、张航、梁文泉,2015,"偏向中西部的土地供应如何推升了东部工资",《中国社会科学》,第5期,第59-83页。

马立伟、王礼力,2009,"农民职业教育对农民收入影响的实证分析",《农村经济》,第7期,第61-63页。

汝信、陆学艺、李培林(主编),2009,《2010年中国社会形势分析与预测》,北京:社会科学文献出版社。

盛来运、王冉、阎芳,2009,"国际金融危机对农民工流动就业的影响",《中国农村经济》,第9期,第4-14页。

陶然、史晨、汪晖、庄谷中,2011,"'刘易斯转折点悖论'与中国户籍—土地—财税制度联动改革",《国际经济评论》,第3期,第120-147页。

万广华,2006,《经济发展与收入不均等:方法和证据》,上海:上海三联书店、上海人民出版社。

汪汇、陈钊、陆铭,2009,"户籍、社会分割与信任:来自上海的经验研究",《世界经济》,第10期,第81-96页。

王德文、蔡昉、高文书,2005,"全球化与中国国内劳动力流动:新趋势与政策含义",《开放导报》,第4期,第6-12页。

王海港、黄少安、李琴、罗凤金,2009,"职业技能培训对农村居民非农收入的影响",《经济研究》,第9期,第128-139页。

夏怡然，2014，"中国流动人口的流入地城市特征及其变化趋势——基于 2000 年和 2010 年人口普查分县资料的分析"，工作论文。

严善平，2007，"人力资本、制度与工资差别——对大城市二元劳动力市场的实证分析"，《管理世界》，第 6 期，第 4－13 页。

姚洋、余淼杰，2009，"劳动力、人口和中国出口导向的增长模式"，《金融研究》，第 9 期，第 1－13 页。

郑华卿，2011，"社会因素与劳动力回流——来自中国四省的实证分析"，复旦大学硕士学位论文。

中国人民银行上海总部调查统计部课题组，2011，"刘易斯转折点研究：趋势、判断及对策（一）"，《金融发展评论》，第 6 期，第 29－47 页。

Acemoglu, Daron, and James A. Robinson, 2006, *Economic Origins of Dictatorship and Democracy*, Cambridge: Cambridge University Press.

Bao, Chengchao, Zhao Chen, and Jianfeng Wu, 2013, "Chinese Manufacturing on the Move: Factor Supply or Market Access?" *China Economic Review*, 26, 170－181.

Cai, Fang, and Yang Du, 2011, "Wage Increases, Wage Convergence, and the Lewis Turning Point in China," *China Economic Review*, 22 (4), 606－610,

Chen, Zhao, and Ming Lu, 2008, "Is China Sacrificing Growth when Balancing Interregional and Urban-Rural Development?" in Yukon Huang and Alessandro Magnoli Bocchi (eds.), *Reshaping Economic Geography in East Asia*, The World Bank, 241－257.

Chen, Zhao, Shiqing Jiang, Ming Lu and Hiroshi Sato, 2014, "Escaping Low-Level Equilibrium of Urbanization: Institutional Promotion, Social Interaction and Labor Migration," *China Economist*, 9 (1), 68－85.

Chen, Zhao, Xiaofeng Liu, and Ming Lu, 2013, "Beyond Lewis: Rural-to-Urban Migration with Endogenous Policy Change," *China Agricultural Economic Review*, 5 (2), pp. 213－230.

Combes, Pierre-Philippe, Thierry Mayer, and Jacques François Thisse, 2008, *Economic Geography: The Integration of Regions and Nations*, Princeton University Press.

Démurger, S., M. Gurgand, S. Li, and X. Yue, 2009, "Migrants as

Second-class Workers in Urban China? A Decomposition Analysis," *Journal of Comparative Economics*, 37 (4), pp. 610 – 628.

Ge, Suqin, and Dennis Tao Yang, 2011, "Labor Market Developments in China: A Neoclassical view," *China Economic Review*, 22 (4), 611 – 625.

Glaeser, Edward L., 2008, *Cities Agglomeration and Spatial Equilibrium*, New York: Oxford University Press Inc..

Golley, Jane, and Xin Meng, 2011, "Has China Run out of Surplus Labour?" *China Economic Review*, 22 (4), 555 – 572.

Henderson, J. V., 2007, "Urbanization in China: Policy Issues and Options," Reports for the China Economic Research and Advisory Program, download from: http://www.econ.brown.edu/faculty/henderson/Final%20Report%20format1109summary.doc.

Jiang, Shiqing, Ming Lu, and Hiroshi Sato, 2012, "Identity, Inequality, and Happiness: Evidence from Urban China," *World Development*, 40 (6), 1190 – 1200.

Knight, John, and Lina Song, 1999, *The Rural-urban Divide: Economic Disparities and Interactions in China*, Oxford: Oxford University Press.

Knight, John, and Lina Song, 2005, *Towards a Labour Market in China*, Oxford: Oxford University Press.

Knight, John, Quheng Deng, and Shi Li, 2011, "The Puzzle of Migrant Labour Shortage and Rural Labour Surplus in China," *China Economic Review*, 22 (4), 585 – 600.

Lewis, W. Arthur, 1954, "Economic Development with Unlimited Supplies of Labor," *Manchester School of Economic and Social Studies*, Vol. 22, 139 – 91. (刘易斯(Lewis, W. A.), 施炜译, 1989,《二元经济论》, 北京: 北京经济学院出版社。)

Li, Hongbin, and Junsen Zhang, 2007, "Do High Birth Rates Hamper Economic Growth?" *Review of Economics and Statistics*, 89 (1), 110 – 117.

Lu, Ming, and Zhao Chen, 2006, "Urbanization, Urban-Biased Policies and Urban-Rural Inequality in China: 1987—2001," *Chinese Economy*, 39 (3), 42 – 63.

Meng, Xin, and Nansheng Bai, 2007, "How Much Have the Wages of

Unskilled Workers in China Increased: Data from Seven Factories in Guangdong," in Ross Garnaut and Ligang Song (eds.), *China: Linking Markets for Growth*, Asia Pacific Press, 151-175.

Minami, Ryoshi, and Xinxin Ma, 2010, "The Turning Point of Chinese Economy: Comparison with Japanese Experience," *China Economic Journal*, 3 (2), 163-179.

Ravallion, Martin, and Shaohua Chen, 2007, "China's (Uneven) Progress against Poverty," *Journal of Development Economics*, 82 (1), 1-42.

Schultz, T. W., 1964, *Transforming Traditional Agriculture*, New Haven: Yale University Press.

Wan, Guanghua, Ming Lu, and Zhao Chen, 2006, "The Inequality - Growth Nexus in the Short and Long Runs: Empirical Evidence from China," *Journal of Comparative Economics*, 34 (4), 654-667.

Yao, Yang, and Ke Zhang, 2010, "Has China Passed the Lewis Turning Point? A Structural Estimation Based on Provincial Data," *China Economic Journal*, 3 (2), 155-162.

Zhang, Dandan, and Xin Meng, 2007, "Assimilation or Disassimilation? — The Labour Market Performance of Rural Migrants in Chinese Cities," paper presented at the 6th conference on Chinese economy, CERDI-IDREC, Clermont-Ferrand, France, Oct. 18-19.

Zhang, Xiaobo, Jin Yang, and Shenglin Wang, 2011, "China Has Reached the Lewis Turning Point," *China Economic Review*, 22 (4), 542-554.

第二章

首位城市该多大？
——国家规模、全球化和城市化的影响

中国当前很多有关城市发展的争论与对于城市人口合理规模及变化趋势的判断有关。很多人认为，中国的大城市（尤其是特大城市）太大了，这成为主张对大城市人口进行适度控制的理由。但是，类似的主张却没有认真地考虑过：一个国家的大城市有多大是否有某种规律可循。更进一步来说，中国的特大城市与别国大城市相比更大，这是否就意味着中国的特大城市太大了？

对于如何决定一个国家的大城市人口，首先要研究的是其首位城市（即最大城市）人口规模的决定。这是因为按照描述一国人口分布的齐夫法则（Zipf's law），第二大城市人口将是首位城市人口的 1/2，以此类推，第 N 位城市的人口将是首位城市人口的 1/N。如果首位城市有规律可循，而其他城市的人口可以根据首位城市人口和城市的排序相应决定，那么，一个国家的城市体系也就决定了。

本章要说明的一点是，一个国家首位城市的人口规模最为重要且绝对重要的决定因素就是这个国家的总人口规模。令人吃惊的是，在全球 142 个国家（经济体）的样本中，仅仅国家人口规模（对数值）这一个变量便可以解释该国首位城市人口规模（对数值）的 84.64%，国家人口规模增加 1%，首位城市人口规模增长 0.76%。当然，决定一个国家首位城市人口规模的因素还有很多，但是，即使在本章模型中，在控制了更多变量之后，国家人口规模和首位城市人口规模之间的相关系数仍然高达 0.6。而且，如果仅以亚洲样本来看，上海落在国家人口与首位城市人口关系拟合线的 95% 的置信区间里，这意味着，上海的人口规模并没有像很多人所认为的那样"太大了"。此外，本章还发现，城市化水平和经济开放也可能会促使人口向首位城市集中。从这些估计结果来看，在中国这样一个全世界人口最多，并且正处于城市化和全球化进程中的国家，首位城市上海的人口规模也达到全世界最大是符合经济规律的。

借助于本章计量模型对全球首位城市的分析，可以知道"上海人口已经太多了"这样的结论不成立。由于中国是一个长期实施着户籍制度的国家，对人口的流动有较强的制约，尤其是上海等特大型城市，对于外来人口获得本地户籍有非常严格的限制，因此，能够很容易理解上海人口规模低于全球（或亚洲）首位城市人口规模的预测值的现状。如果这个现状不能得到足够的重视，那么可能出现的状况有：第一，上海的人口规模相比合理状态长期偏低；第二，上海的公共服务和基础设施对于人口实际增长估计不足，从而加剧公共服务和基础设施的供需矛盾；第三，户籍政策偏紧，非户籍常住人口比重持续上升，人为地造成城市内部的"新二元结构"。上述可能出现的状况对上海的经济发展与社会和谐均不利，而且由于上海的首位城市地位，这些负面影响可能波及整个国家的发展。

本章分为以下三个部分：第一节基于全球样本回顾首位城市人口规模的决定因素；第二节用计量经济分析工具来研究首位城市人口规模或人口份额的决定因素；第三节是结论。

2.1 首位城市人口规模的相关事实

现代世界各国之间有巨大的差异性，政治体制、经济制度、国家规模、文化传统均各不相同。在给定一个国家国界的条件下，一个国家的首位城市规模本质上是这个国家的总人口在一国内部怎样分布的问题，因此，这其中是有规律可循的。

一个国家的首位城市通常都是这个国家的经济中心，其制造业和服务业的发展水平居于该国领先位置，并且还辐射到该国的其他城市。这种首位城市的功能主要基于规模经济效应，其关键机制是经济集聚发展有利于提高劳动生产率（World Bank，2009；陆铭，2013）。大城市的人口规模会不断增长，直到人口增长所带来的边际正效应低于其边际负效应。从事实上来看，一些国家的首位城市拥有远远高于其面积占比的人口比重。以2012年为例，纽约占美国人口的2.7%，伦敦占英国人口的13.1%，东京都占日本人口的10.3%，巴黎占法国人口的15.9%。在一些人口不多的国家，首位城市人口占比更高，例如，首尔占韩国人口的20.9%，维也纳占奥地利人口的20.8%，利马占秘鲁人口的25.4%。在伦敦、纽约等国际大都市，虽然人口密度已经非常高，但其人口仍然在继续增长。甚至在日本这样总人口增长率为负的国家，其首位城市东京都的人口仍然在缓慢增长。

国家越大，首位城市越大

既然一个国家首位城市的规模本质上是一国人口的空间分布问题，那么，其最为基本的决定因素就是这个国家的人口，因此，首先有必要对国家人口与首位城市人口之间的关系进行分析。图2.1展现了这个关系，令人吃惊的是，两者的对数值呈现出高度的相关关系。如果进行一个简单的相关分析，在全球142个国家（经济体）中，单变量方程的 R^2 高达0.85，这意味着在很大程度上，我们可以较为准确地用一个国家总人口来预测该国首位城市的人口规模。即便考虑到亚洲国家可能存在一定的独特性，将亚洲国家（经济体）的37个样本单独拿出来分析，国家人口规模和首位城市人口规模的对数值仍然显示出高度相关性（参见图2.2），单变量方程的 R^2 仍然高达0.75。

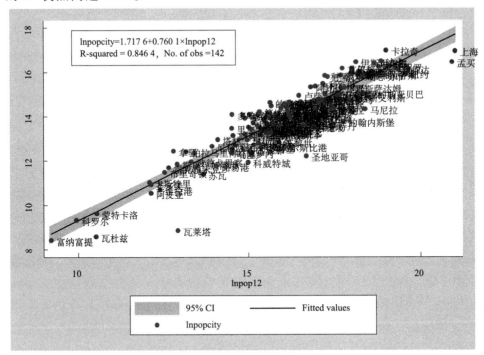

图2.1 国家人口与首位城市人口

数据来源：国家人口规模（lnpop，横轴）来源于世界银行数据库，首位城市人口（lnpopcity，纵轴）来源于维基百科。

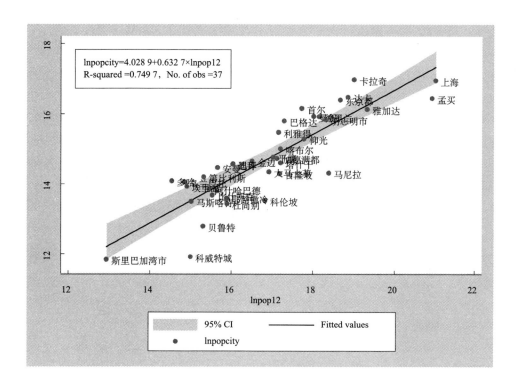

图 2.2　亚洲国家人口与首位城市人口

数据来源：同图 2.1。

国家面积不是使得首位城市人口规模缩小的因素

读者可能会认为，小的国家因为国土面积有限，因此，人口必然集聚在少数大城市；而在国土面积大的国家，人口则可以较为均匀地分布在多个大城市和众多的中小城市，于是，首位城市的人口规模就不需要特别大。那么，事实是不是这样呢？

虽然国土面积大的国家的确有众多城市来吸纳人口，但更应看到，国土面积与人口规模也是正相关的，而正如前文所说的那样，人口规模大的国家就会拥有更大的首位城市。因此，需要从数据上来分析国土面积与首位城市人口规模的关系。通过图 2.3 可以看出，国土面积与首位城市人口规模的对数值之间仍然是正相关的，这意味着，不能将国土面积作为人口分散布局的因素。事实上，特别是中国、俄罗斯和加拿大这几个国土面积大的国家，其国土有大量面积并不适合人类居住，使得这些国家的首位城市人口规模的首要决定因素仍然是总人口，而国土面积的影响较小。在后文中，我们将进一步通过计量经济学模型来分析首位城市人口规模的决定因素，那将再次证明，在控制了国家总人口之后，国土面积不是影响首位城市人口规模的显著因素。

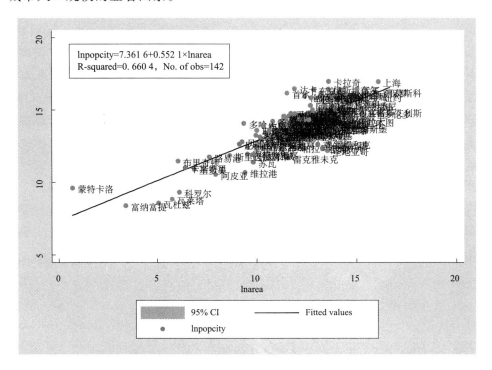

图 2.3　国土面积与首位城市人口规模

数据来源：国土面积数据（lnarea，横轴）来源于世界银行数据库，首位城市人口（lnpopcity，纵轴）来源于维基百科。

城市化和开放进一步加剧人口集聚

在世界各国中，除了国家的人口规模之外，至少还有两个非常重要的因素会促进人口向首位城市集聚。其一，国家的城市化水平。一国的城市化水平越高，其工业和服务业的就业比重就越高，而工业和服务业又具有集聚发展的特征，越大的城市劳动生产率越高，越能够创造就业岗位（陆铭、高虹、佐藤宏，2012），因此，在越来越多的居民从农村转向城市的过程中，一国的首位城市人口规模也在不断扩大。其二，经济的开放度。一国的经济开放度越高，进出口贸易占 GDP 的比重就越高。大多数国家的首位城市都是一国的现代服务业中心，其中不少是贸易中心，尤其是那些海港城市。在本章收集的全部147个国家（经济体）的首位城市样本中，约1/3的城市是海港城市，另有7.5%的首位城市是河港城市。一国经济越是开放，首位城市的现代服务业（特别是贸易、航运、金融等）在一国中的重要性就越高。同时，经济集聚发展有利于提高劳动生产率（World Bank，2009；陆铭，2013），开放度越高，一国就越需要通过经济集聚来提高劳动生产率，劳动力等生产要素就越会向少数大城市集聚。

那么，实际数据怎样呢？让我们换一个角度来看首位城市的人口，计算每个城市在全国人口中的比重，这个比重越高，表示一国的人口越集中于首位城市。从图2.4来看，城市化率的确和首位城市呈现出正相关关系。但从图中可以看到，两者关系的拟合度欠佳，这主要还是因为一个国家的总人口对于首位城市人口比重的影响太强了。一国总人口多，虽然会增加首位城市的人口规模，但如果用首位城市的人口份额，大国的首位城市人口比重却比较低。在图2.4中，每一个样本点的大小表示它所在国家的人口总规模，可以看到，圈比较大的国家大多位于拟合线的下方。同样的道理也适用于亚洲国家的样本，虽然城市化总体上提高了首位城市的人口比重，但大的国家往往首位城市人口比重较低（参见图2.5）。

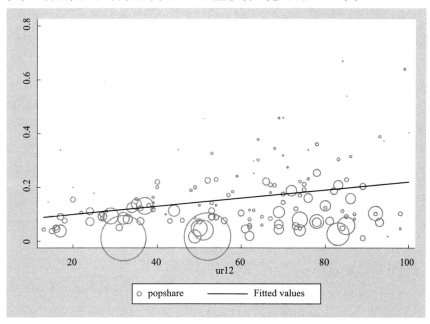

图 2.4　城市化率与首位城市人口份额

数据来源：横轴为2012年城市化率（ur12），纵轴为首位城市人口份额（popshare）。城市化率和国家人口数据来源于世界银行数据库，首位城市人口数据来源于维基百科。

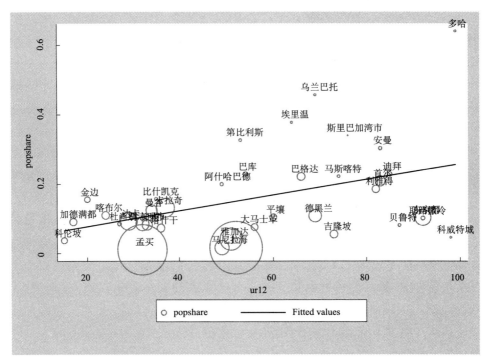

图 2.5　亚洲的城市化率与首位城市人口份额

数据来源：同图 2.4。

类似的道理也反映在贸易开放度与首位城市人口份额之间的关系上。总体上，越开放的国家，其首位城市人口比重也更高（参见图 2.6），但两者关系的拟合度欠佳。人口规模较大的国家，其首位城市的人口比重都偏低，在图中多位于拟合线以下。

首位城市人口增长：东京与上海的比较

从历史上来看，随着经济的发展水平逐步提高，首位城市的人口会经历一段快速增长期，然后增速逐步放缓，这一现象是普遍存在的。以东京都为例，在二次世界大战结束的 1945 年，东京都的人口约为 350 万，到 20 年后的 1965 年，该数字已经增加到 1 087 万，年均增长 36.85 万。而在这之后的 10 年，东京都人口增长到 1 167 万，增速虽然放缓了，年均人口增长仍然达到 8 万。如果以 30 年来计算，这期间年均人口增长仍然达到 27 万。即使考虑到 1940—1945 年战争期间东京都人口的急剧下降，以 1920 年为基期来考察，之后的 55 年间东京都的年均人口增长仍然达到 14.5 万（参见图 2.7）。但是必须指出是，东京都的面积仅为上海的 1/3，如果考虑到这一点，在经济快速增长的时期，上海的年均人口增长达到 45 万就很难说是"过快"了。

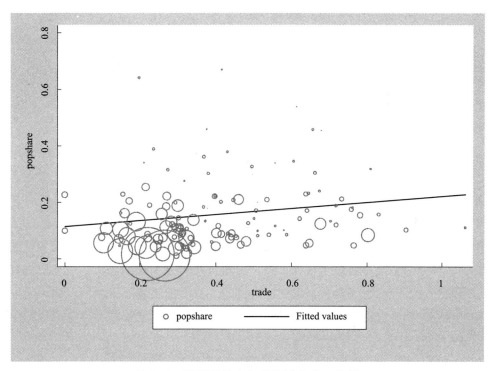

图 2.6　贸易开放度与首位城市人口份额

数据来源：横轴为贸易开放度（trade），纵轴为首位城市人口份额（popshare）。贸易开放度与国家人口数据来源于世界银行，首位城市人口数据来源于维基百科。

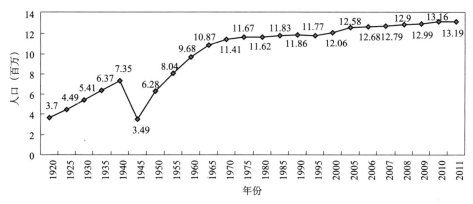

图 2.7　东京都的人口增长轨迹（1920—2011）

数据来源：Ministry of Internal Affairs and Communications；"Population Census" Statistics Division, Bureau of General Affairs, TMG；"Population of Tokyo（estimates）"。

值得注意的是，东京都只是面积相当于上海和苏州之和的东京圈的中心城市，大量东京都的人白天在中心城市上班，而晚上则住在周围的卫星城。这种现象形成了东京都的白天和夜间人口的差异。在过去几十年里，东京都的夜间人口出现过偶尔的下降，但其白天人口自 1965 年来却从未下降过。另一个值得注意的现象是，近年来，由于中心城市的工作和消费功能不可替代，人们又重新回到东京都居住。自 1965 年以来，东京都夜间人口占白天人口的比重从92.5%下降到 1975 年的 87.4%、1985 年的 84.4% 和 1995 年的 80.5%，但是在 1995—2005 年，这一比重又重新回升到 82.9%。①

对比上海的情况又如何呢？上海的常住人口在 1978—2012 年从 1 104 万增长到 2 380 万，年均增长约 39 万（参见图 2.8）。从增长的绝对数量来看的确非常大，但如果对比东京都在相似发展阶段的人口增长数量则没有明显"过快"。另一个值得关注的情况是，如果从非户籍人口的增长速度来看，自 2008 年以来，三年移动平均的非户籍人口增长速度已经出现了下降的趋势（参见图 2.9）。虽然目前还很难说上海人口增长速度放缓将成为长期趋势，但从历史数据来看，这一变化趋势与东京都曾经走过的人口增长轨迹非常相似。如果考虑到户籍制度对大城市人口流入的限制，中国大城市人口增长的潜力应该比图中反映的要更大些。

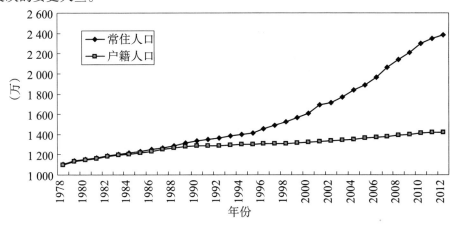

图 2.8　上海市人口增长轨迹（1978—2012）

数据来源：《上海统计年鉴 2012》，第二部分人口和劳动力。参见 http：//www.stats-sh.gov.cn/data/release.xhtml。

---

① 作者根据东京都的人口统计自行计算，原始数据来自 http：//www.metro.tokyo.jp/ENGLISH/PROFILE/overview03.htm。

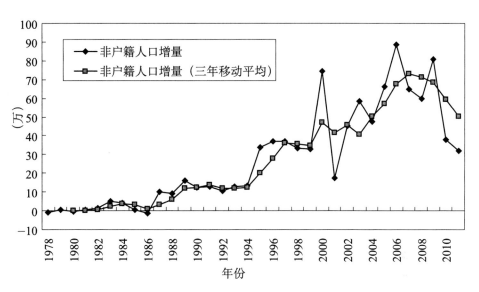

图 2.9　上海市非户籍人口增长轨迹（1978—2012）

数据来源：《上海统计年鉴 2012》，第二部分人口和劳动力。参见 http://www.stats-sh.gov.cn/data/release.xhtml。

2.2　首位城市规模决定：基于跨国数据的计量分析

为了更为科学地评估首位城市人口规模的决定因素，并比较各种因素之间的相对重要性，我们收集了一个覆盖全球 142 个国家（经济体）的数据库，并建立了如下计量模型：

$$\ln(\text{首位城市人口})_i = \alpha + \beta_0 \cdot \ln(\text{国家人口})_i + \beta_1 \cdot \ln(\text{国家面积})_i$$
$$+ \beta_2 \cdot \ln(\text{首位城市面积})_i + \beta_3 \cdot \text{城市化率}_i$$
$$+ \beta_4 \cdot \text{开放}_i + \beta_5 \cdot \text{城市特征}_i + \beta_6 \cdot \text{国家特征}_i + \varepsilon_i$$

在这一模型中，被解释变量是首位城市人口规模的对数值。

在解释变量中，最为重要的是 2012 国家总人口的对数值和国家面积的对数值。理论预期是 β_0 为正，即首位城市人口规模与国家总人口规模正相关。但由于首位城市集聚中也会产生相应的规模不经济（即拥挤、污染、犯罪等问题），会导致人口向首位城市之外疏散，因此，β_0 应小于 1。国家总人口与国家面积存在正相关关系，因此，我们需要在控制国家面积这一解释变量后观察国家总人口的系数如何变化。

一个城市的人口有多少，在一定程度上与这个城市的"承载力"有关，而"承载力"中最为重要的指标就是土地面积。在一定的人口规模下，城市面积越大，人口密度越低，其拥挤程度就越低。因此，面积越大的城市所能够吸纳的人口也就越多，故预期 β_2 为正。

在解释变量中，城市化率和开放是最为重要的两个度量国家发展状态的指标。给定一国总人口，城市化率越高，城市人口越多，首位城市人口也就越多，预期 β_3 为正。开放用2012年进出口总额与GDP之比来度量。经济开放与首位城市人口规模的关系是不确定的。一方面，经济开放度越高，这个国家面临的国际竞争越激烈，如果首位城市人口规模增加有利于提高其竞争力，并且对提升整个国家的竞争力有利的话，那么，经济开放度可能与首位城市人口规模正相关。但是，也存在经济开放度与首位城市人口规模负相关的机制。当关税等贸易保护较弱时，进口商品在国内消费所占比重较高，这时，国内生产者不需要集聚在首位城市来提供消费品，而且集聚在首位城市会面临拥挤成本，于是人口的分布更趋于分散（Krugman and Elizondo，1996）。因此，贸易开放度与首位城市人口规模的关系有待实证检验。

为了提高模型的拟合优度，同时也避免模型存在一些与国家人口规模相关的遗漏变量，我们在模型中控制了衡量首位城市特征和国家特征的一些变量。在城市特征中，我们控制了首位城市是否是首都、是否是海港的哑变量。对于一部分样本城市，我们还收集了其一月和七月的气温数据，并以两者的均值作为气候是否宜居的度量指标。在国家特征中，我们控制了一国海岸线长度的对数值，一国海岸线越长，则该国能够发展国际贸易的港口城市越多，其首位城市人口规模就越小。此外，有研究认为，一个政治上集权的国家首位城市较大，因为人们需要在地理上接近权力中心以便于向掌权者游说（Ades and Glaeser，1995）。为此，我们收集了表征国家权力集中程度的权力距离指数（Power Distance Index），这个指数越高，表示这个国家权力越集中，弱势的组织机构的成员更接受权力集中的制度安排。① 由于权力距离指数只针对一部分样本国家，因此，我们还构建了政府干预指标，用一国2012年的财政支出占GDP的比重来度量，这是大量文献中用于反映政府干预程度的指标，这一指标越高，一国的政府干预

---

① 这个指数是由荷兰社会学家 Geert Hofstede 构建的，具体信息参见 http://www.clearlycultural.com/geert-hofstede-cultural-dimensions/power-distance-index/。

越强。最后，为了控制住一些大洲的特征，我们还以欧洲为参照系，控制了一组表示大洲的哑变量。

在以上变量中，国家级数据（国家人口、国家面积、城市化率、GDP总量以及财政支出占GDP的比重）来源于世界银行指标数据库①，各国进出口总额来源于WTO Time Series进出口数据库②，各国海岸线长度来源于维基百科③，城市级基本特征（包括首位城市人口、城市面积、海港、河港和首都）的数据来源于维基百科④，一月和七月平均气温来源于世界天气信息服务网⑤，以月最高气温与最低气温的平均值表示。

与我们的模型最接近的是Ades and Glaeser（1995）的研究，但我们的工作在以下几方面与其不同：第一，我们的数据库更完整，覆盖了全球142个国家（经济体）；第二，Ades and Glaeser（1995）所选择的控制变量包括了经济发展水平，但由于经济发展水平本身包括的信息太丰富，因此，我们直接控制了含义更为直接的城市化率和开放等指标；第三，我们在后文的分析中，尝试了将首位城市的人口份额作为被解释变量；第四，鉴于亚洲国家的人口密度较高，我们对亚洲国家进行了单独的分析。

表2.1报告了全部样本的分析结果。在方程（1）中，我们仅控制了国家人口的对数值这一个变量，实际上，它就是图2.1的拟合线的方程。可以看到，一个国家的总人口增长1%，首位城市人口增长约0.76%，而且这个单变量方程的拟合优度高达0.846。再次强调，国家人口的系数小于1，这本身就说明，首位城市人口增长慢于国家总人口，因为如果两者同步增长，就会在首位城市的狭小面积上造成过快的拥挤效应，于是人口会向其他城市分散。

一个国家的总人口是一个变化不大的变量，而且不存在首位城市影响国家人口的反向因果关系，因此，我们主要应担心的就是是否存在其他遗漏变量，会使国家总人口的系数被高估。方程（2）和（3）分别加入了国家面积的对数和首位城市面积。可以看到，当加入国家面积后，国家人口的

---

① 网址是http://data.worldbank.org.cn/indicator。
② 网址是http://stat.wto.org/StatisticalProgram/WSDBViewData.aspx?Language=E。
③ 网址是http://zh.wikipedia.org/wiki/%E5%90%84%E5%9B%BD%E6%B5%B7%E5%B2%B8%E7%BA%BF%E9%95%BF%E5%BA%A6%E5%88%97%E8%A1%A8。
④ 网址是http://en.wikipedia.org/wiki/List_of_primate_cities#Africa。
⑤ 网址是http://www.worldweather.cn/ci/ci002.htm。

系数下降到 0.643，这说明，大的国家面积会降低国家总人口的作用。但奇怪的是，国家面积的系数是正的，按道理，国家面积大会增加人口的离散力，其系数应该为负才对。在方程（3）中，进一步加入首位城市自身的面积，结果，国家面积变得不显著了，而首位城市自身的面积则显著为正。这一试验说明，国家面积的系数为正，是因为通常大的国家其首位城市的面积也越大，而面积大的首位城市则更可能容纳更多的人口，国家的总面积则不再起额外的作用。值得注意的是，首位城市面积的系数仅为 0.22，也就是说，首位城市面积增长 1%，其人口仅增加大约 0.22%，这背后的经济学含义是，由于大城市的市中心人口密度远远高于郊区，城市面积的扩张对于人口扩张的作用有限。

方程（4）进一步加入了其他国家和城市特征，并控制了大洲的哑变量，方程（4）的 R^2 已经高达 0.9。结果显示，国家人口和首位城市面积这两个变量的系数变化不大。同时，城市化率的系数正如理论预期那样为正。开放的指标系数显著为正，这一结果与 Ades and Glaeser（1995）的结果相反，我们认为这是可以解释的，数据上的解释是我们的样本更完整，而理论上的解释则是开放度高的国家更需要人口向首位城市集聚以提升其经济的国际竞争力。其他控制变量均不显著，不做更多讨论。值得注意的是，亚洲哑变量显著为正，其系数表明，相对于欧洲国家的首位城市来说，亚洲国家的首位城市人口要多 32%。[①]

不过，对亚洲首位城市人口更多这一结果要谨慎对待，因为在方程（5）-（7）中，当我们控制了首位城市平均气温、权力距离指数或政府干预度这三个指标中的一个之后，亚洲哑变量的系数便不再显著了。在（5）-（7）这三个方程中，样本量均大大减少，但国家人口和首位城市面积这两个变量的系数变化不大。同时，平均气温越高的首位城市的确拥有更多的人口。

鉴于亚洲国家的人口密度较高，可能会导致其首位城市集聚更多的人口，而且表 2.1 的方程（4）的确显示亚洲的首位城市人口更多，因此，我们在表 2.2 中对亚洲国家进行了单独的分析。其中，方程（1）控制了国家人口、国家面积和首位城市面积三个变量，在样本量仅为 37 个的情况

[①] 如果以拟合优度达到 0.900 的方程（4）来做预测，上海在当前的参数值下，人口约是 4 493 万。

表 2.1 首位城市人口规模的决定因素

	(1)	(2)	(3)	(4)	(5)	(6)	(7)
国家人口	0.760***	0.643***	0.625***	0.605***	0.597***	0.598***	0.613***
	(0.030)	(0.048)	(0.045)	(0.059)	(0.098)	(0.076)	(0.065)
国家面积		0.117***	0.017	0.037	0.107	0.056	-0.023
		(0.045)	(0.041)	(0.059)	(0.088)	(0.085)	(0.066)
首位城市面积			0.220***	0.215***	0.229***	0.269***	0.268***
			(0.052)	(0.056)	(0.065)	(0.075)	(0.064)
城市化率				0.008**	0.009**	0.005	0.006*
				(0.003)	(0.004)	(0.005)	(0.003)
开放				0.143**	-0.502	-0.151	0.178**
				(0.069)	(0.414)	(0.489)	(0.084)
海岸线长度				-0.060	-0.101*	-0.090	-0.019
				(0.038)	(0.051)	(0.058)	(0.040)
是否是首都				-0.005	0.064	0.173	-0.005
				(0.185)	(0.250)	(0.211)	(0.207)
是否是海港				-0.072	-0.207	-0.022	-0.113
				(0.128)	(0.157)	(0.184)	(0.144)
北美				0.182	-0.228	-0.055	0.096
				(0.137)	(0.256)	(0.169)	(0.154)
南美				0.032	-0.538	-0.057	0.045
				(0.434)	(0.559)	(0.470)	(0.401)
亚洲				0.323**	-0.265	0.226	0.216
				(0.155)	(0.296)	(0.182)	(0.194)
大洋洲				-0.105	-0.287	0.548	-0.231
				(0.286)	(0.460)	(0.445)	(0.361)

续表

	(1)	(2)	(3)	(4)	(5)	(6)	(7)
非洲				0.214	-0.282	0.099	0.214
				(0.195)	(0.324)	(0.286)	(0.198)
平均气温					0.043**		
					(0.020)		
权力距离指数						0.003	
						(0.004)	
政府干预							-0.404
							(0.691)
常数	1.718***	2.208***	2.415***	2.345***	1.512	2.075*	2.580***
	(0.483)	(0.450)	(0.432)	(0.673)	(1.276)	(1.211)	(0.720)
观测值	142	142	142	105	73	74	98
R^2	0.846	0.856	0.882	0.900	0.886	0.817	0.883

注：括号内为稳健性标准误；*** 表示 $p<0.01$，** 表示 $p<0.05$，* 表示 $p<0.1$。

下，方程拟合优度仍然达到 0.841，而且国家人口和首位城市面积这两个变量的系数与表 2.1 中的系数非常接近。方程（2）去掉了人口密度排名靠前的 6 个国家——日本、以色列、印度、黎巴嫩、韩国和孟加拉，国家总人口和首位城市人口的系数略有下降。方程（3）直接将国家的人口密度（2012 年总人口与国家总面积之比的对数值）作为一个控制变量加入，发现与方程（1）相比国家总人口的系数略有下降，首位城市面积的系数并未变化，而人口密度的系数虽然为正，却不显著。这几个结果表明，人口密度大的国家，的确会有更多的人口向首位城市集中，但这个因素的影响并不大。

表 2.2 的方程（4）-（7）加入了国家和首位城市特征，并在方程（5）-（7）中依次加入了首位城市平均气温、权力距离指数和政府干预这三个指标。结果发现，在方程（4）中，国家人口和首位城市人口的系数都明显高于表 2.1 相应的方程（4），这说明，在亚洲样本中，人口的确更倾向于向首位城市集聚。亚洲国家与其他样本的差异还体现在开放指标的系数是负的，虽然仅在方程（5）中显著。[①] 首都哑变量在方程（4）和（5）中是显著为正的，但是在方程（7）中，当控制了政府干预变量之后，政府干预显著为负，而首都哑变量则不显著了。这说明，在政府干预度较高的国家，首位城市更可能不是首都，政府干预度高会形成资源分散的力量，从而使人口向首位城市之外分布，而这时首位城市如果不是国家的首都的话，首都可能成为第二个大城市。

表 2.1 和表 2.2 都是以首位城市人口作为被解释变量的。表 2.3 中我们将首位城市人口占总人口份额作为被解释变量。在方程（1）中，如果仅控制首位城市的面积份额，其系数是正的，而且系数略大于 1。但是，当加入国家人口之后，面积份额便不显著了。同时，国家人口是高度显著为负的，这非常好理解，越大的国家，首位城市人口占比越小，其含义与表 2.1 和表 2.2 是一样的，国家总人口增长，其首位城市人口增长相对更慢。方程（3）-（6）加入了其他控制变量，大部分均不显著，但城市化率是显著为正的（除了方程（5）中显著性较低），这说明随着城市化率的提高，相对来说，更多的人口向首位城市集中。在方程（5）中，权力距离越大的国家，首位城市人口占比越大，说明权力的集中的确会加强首位城市的相对重要性。

---

① 如果以拟合优度达到 0.904 的方程（4）来做预测，上海在当前的参数值下，人口约是 4 146 万。

表 2.2 首位城市人口规模的决定因素（亚洲样本）

	(1)	(2)	(3)	(4)	(5)	(6)	(7)
国家人口	0.589***	0.533***	0.552***	0.782***	0.823***	0.721***	0.567***
	(0.068)	(0.073)	(0.071)	(0.101)	(0.142)	(0.188)	(0.157)
国家面积	-0.037	0.041		-0.156	-0.164	-0.185	-0.158
	(0.082)	(0.091)		(0.132)	(0.128)	(0.177)	(0.152)
首位城市面积	0.276***	0.236***	0.276***	0.429***	0.493***	0.435***	0.388***
	(0.062)	(0.064)	(0.062)	(0.086)	(0.086)	(0.108)	(0.093)
城市化率				0.001	0.001	-0.003	0.005
				(0.004)	(0.007)	(0.008)	(0.005)
开放				-0.421	-1.189**	-0.740	-1.278
				(0.456)	(0.441)	(1.108)	(0.764)
海岸线长度				-0.121	-0.161**	-0.094	0.003
				(0.080)	(0.057)	(0.103)	(0.064)
是否是首都				0.543*	0.547*	0.419	-0.108
				(0.272)	(0.297)	(0.404)	(0.348)
是否是海港				-0.298	-0.435	-0.429	-1.006***
				(0.266)	(0.341)	(0.294)	(0.328)
人口密度			0.037				
			(0.082)				
平均气温					0.064**		
					(0.023)		
权力距离指数						0.003	
						(0.010)	
政府干预							-5.151**
							(2.070)

(续表)

	(1)	(2)	(3)	(4)	(5)	(6)	(7)
常数	3.534***	3.732***	3.534***	1.406	-0.575	2.897	6.798**
	(1.016)	(1.183)	(1.016)	(1.408)	(1.897)	(4.001)	(2.938)
观测值	37	31	37	26	23	22	23
R^2	0.841	0.825	0.841	0.904	0.921	0.877	0.929

注：括号内为稳健性标准误；*** 表示 $p<0.01$，** 表示 $p<0.05$，* 表示 $p<0.1$。

表 2.3 首位城市人口占总人口份额的决定因素

	(1)	(2)	(3)	(4)	(5)	(6)
面积份额	1.063***	-0.062	0.013	-0.322	0.187	0.161
	(0.251)	(0.257)	(0.401)	(0.469)	(0.455)	(0.575)
国家人口		-0.039***	-0.050***	-0.045***	-0.041***	-0.050***
		(0.006)	(0.007)	(0.012)	(0.011)	(0.009)
城市化率			0.001**	0.002***	0.001	0.001*
			(0.001)	(0.001)	(0.001)	(0.001)
开放			-0.002	-0.034	-0.024	-0.004
			(0.007)	(0.068)	(0.085)	(0.008)
海岸线长度			0.002	0.003	0.001	0.003
			(0.006)	(0.010)	(0.007)	(0.007)
是否是首都			-0.049**	-0.047	-0.030	-0.048*
			(0.024)	(0.032)	(0.025)	(0.027)
是否是海港			0.003	-0.011	0.009	-0.001
			(0.023)	(0.030)	(0.023)	(0.022)
北美			0.035	0.031	-0.029	0.014
			(0.034)	(0.057)	(0.021)	(0.034)
南美			0.068	0.028	0.058	0.047
			(0.046)	(0.058)	(0.053)	(0.049)
亚洲			0.074**	0.056	0.041	0.050
			(0.030)	(0.044)	(0.030)	(0.036)
大洋洲			-0.023	-0.004	0.102**	-0.049
			(0.039)	(0.059)	(0.047)	(0.047)
非洲			0.042	0.051	0.011	0.018
			(0.027)	(0.040)	(0.035)	(0.027)

（续表）

	(1)	(2)	(3)	(4)	(5)	(6)
平均气温				0.003		
				(0.003)		
权力距离指数					0.001**	
					(0.001)	
政府干预						−0.130
						(0.125)
常数	0.146***	0.783***	0.886***	0.705***	0.663***	0.929***
	(0.010)	(0.098)	(0.114)	(0.196)	(0.190)	(0.150)
观测值	142	142	105	73	74	98
R^2	0.081	0.386	0.562	0.510	0.456	0.501

注：括号内为稳健性标准误；*** 表示 $p<0.01$，** 表示 $p<0.05$，* 表示 $p<0.1$。

2.3 结论与政策含义

对于中国的大城市究竟多大算是合理这个问题，必须将其放到世界范围内去看，而且要看到中国经济发展所处的环境和阶段。不能简单地将不同国家、不同发展阶段的城市放在一起比较，轻易地认为中国的城市太大了。本章以首位城市为研究对象，进行了国际比较研究。根据城市体系的齐夫定律（Zipf's Law），如果首位城市的人口规模决定了，则在这一城市体系中的其他城市人口规模也就大致决定了。

本章发现，影响首位城市人口规模的绝对最为重要的因素就是一个国家的总人口。在全球142个国家（经济体）的样本中，仅仅取对数的国家人口规模这一个变量便可以解释该国取对数的首位城市人口规模的84.64%，国家人口规模增加1%，首位城市人口规模增长0.76%。即使考虑到每个城市的面积这样的"自然条件"差异，国家人口规模仍然是影响首位城市人口规模的绝对最为重要的影响因素。在本章模型中，将最完整的控制变量全部控制之后，国家人口规模和首位城市人口规模之间的相关系数仍然高达0.6。如果仅以亚洲样本来看，上海落在国家人口与首位城市人口关系拟合线的95%的置信区间里，这意味着，上海的人口规模并没有像很多人所认为的那样"太大了"。从这些估计结果来看，在中国这样一个全世界人口最多的国家，首位城市上海也成为全球最大的城市并不奇怪。

此外，本章还发现，城市化水平和经济开放都会促使人口向首位城市集中。给定一个国家的总人口，城市化水平提高，城市人口的总数将提高，即使新增的人口均匀分布到各个城市，也将使首位城市人口增长，更不用说经济发展本身就会促使人口向大城市集聚。而全球化会提高一个国家的进出口在GDP中的比重，而这本身需要一个国家的产品具有更强的国际竞争力。人口向大城市的集聚有利于提高一国的劳动生产率和国际竞争力，从而有利于出口。因此，在中国这样一个经济高度开放并且城市化水平不断提高的国家，上海应该更接近于由全国人口规模所决定的首位城市人口规模。

中国的城市发展必须遵循经济规律。对于以上海为代表的中国大城市，无论是简单地将其与过去相比，还是机械地将其与其他国家的大城市相比，都非常容易使人们认为这些大城市人口已经过多。相应地，人们会倾向于对大城市实施控制人口的政策。但是，如果首位城市的人口增长是有规律可循的，那么，当前的限制人口政策就会产生大城市人口偏离经济规律的结果。甚至一个地方的政府会根据低估了的人口增长速度来规划基础设施和公共服务，而如果人口仍然持续迁入的话，则可能出现拥挤和公共服务不足的问题。这里，问题出自政府的公共服务供给相对不足，而不是人口迁移所带来的公共服务需求过高。

本章提醒政策制定者，应该将城市发展政策建立在对城市人口规模的科学估计上。否则，如果错误地采取了不合乎发展规律的限制人口政策，或者未能充分地提供公共服务，那么，这不仅将损失经济增长，而且将引出城市居民身份不同的问题，对于社会和谐也不利。

参考文献

《上海统计年鉴2012》，北京：中国统计出版社。

陆铭，2013，《空间的力量——地理、政治与城市发展》，上海：格致出版社，上海人民出版社。

陆铭、高虹、佐藤宏，2012，"城市规模与包容性就业"，《中国社会科学》，第10期，第47–66页。

Ades, Alberto F., and Edward L. Glaeser, 1995, "Trade and Circuses: Explaining Urban Giants," *The Quarterly Journal of Economics*, 110 (1). 195–227.

Krugman, Paul, and Raul Livas Elizondo, 1996, "Trade Policy and the Third World Metropolis," *Journal of Development Economics*, Vol. 49, 137–150.

World Bank, 2009, *World Development Report* 2009: *Reshaping Economic Geography*, Washington, D.C.: World Bank. （中译本，《2009年世界发展报告：重塑世界经济地理》，北京：清华大学出版社。）

第三章

户籍制约下的居民消费

解释中国家庭消费行为的重要性已经不言自明。对于中国，这是理解经济增长过于依赖投资，而消费占 GDP 比重持续下降的关键所在。对于世界，这是理解中国出口持续增长和国际贸易失衡的起点之一。虽然从国民储蓄的构成来看，除了家庭储蓄外，中国政府和企业储蓄持续增长也是储蓄率上升的重要原因，然而，理解家庭储蓄和消费却是经济学研究更为根本的问题。一方面，我国家庭储蓄大约占国民储蓄的一半，是我国低消费、高储蓄的主要贡献因素；另一方面，我国居民家庭消费率在近年来呈现出快速下滑趋势，是我国内需疲软的主要动因。2000—2007 年，我国居民消费率下降了 11 个百分点，居民储蓄率相应上升了 10.4 个百分点。[①] 2007 年，我国居民消费率仅为 35%，是世界上居民消费率最低的国家之一，居民消费不足已经构成我国国民经济又好又快发展的重要制约因素。

与既有文献相比，本章研究特别强调中国作为一个发展和转型国家的结构因素对于居民消费和储蓄行为的影响。具体而言，我们关注于户籍制度所导致的消费异质性。在户籍制度的影响下，中国的城市化进程已经形成了城市内部的社会分割，即同一城市内部有户籍人口和非户籍人口这样的"新二元结构"。我们的研究发现，城市内部非户籍人口的边际消费倾向比城镇居民低 14.6 个百分点。因此，当这部分人越来越多，同时，他们的收入还在增长的时候，加总的居民消费率就会下降，而储蓄率则相应上升。这项研究在政策上的含义是：如果能够放松户籍管制，将有效地刺激消费，降低储蓄率。如果不考虑政策调整的一般均衡效应，粗略的测算表明：若在 2002 年放松户籍限制，这可能使 2002 年城市移民人均消费水平提高 20.8%，居民总体消费水平提高 2.2%，而这一差异可以补偿 2002—

[①] 数据来源：2005—2009 年《中国统计年鉴》；《中国资金流量表历史资料：1992—2004》。居民消费率是指居民消费与 GDP 的比。

2003年我国居民消费率下降的47.1%。我们进一步估计,如果将同样的参数运用在2000—2005年,那么,被户籍制度制约的移民消费相当于这一期间消费率下降的40.8%—64.2%。

本章的结构安排如下:第一节总结有关中国居民消费率的基本事实和相关解释;第二节介绍模型和数据;第三节报告基本的计量结果;第四节进一步讨论户籍制度对于居民消费总量的影响;第五节是结论和政策含义。

3.1 经验事实与文献综述

改革开放以来,中国年均经济增长率接近10%,创造了"增长的奇迹"。然而,近年来,中国经济结构内外失衡的问题越来越严重,内需相对不足的结构性矛盾日益突出,直接关系到经济增长的可持续性和稳定性。表3.1对世界主要国家2008年居民消费率进行了比较。

表3.1 世界主要国家居民消费率 单位:%

	美国	英国	德国	日本	韩国	印度	巴西	中国
最终消费率	87(2007)	86	75	57	70	66	81	47
居民消费率	71	64	56	56(2007)	55	54	61	34

注:居民消费率是指居民消费与GDP的比;最终消费率是指居民消费率与政府消费率之和。
数据来源:世界银行世界发展指数(WDI)。

从表3.1中可以看出,中国居民消费率远远低于美国、英国、德国等主要西方国家。同时,中国居民消费率也大大低于日本、韩国等其他亚洲国家。事实上,中国居民消费率低于日本和韩国经济发展过程中居民消费率的最低点[①],相应地,居民储蓄率则超过了日本和韩国居民储蓄率的历史最高点(Horika, 2007; Park and Rhee, 2005)。同与中国经济发展水平相当的印度、巴西相比,中国居民消费率也严重偏低。若考虑到中国政府在教育、医疗、养老等公共消费领域投资严重不足的现实,中国居民真实消费水平更低(Aziz and Cui, 2007)。即使在考虑了经济发展阶段、经济增长率、人口学特征、养老保险覆盖情况、政府财政政策、金融发展程度、

---

① WDI数据显示,日本居民消费率最低点出现在1970年附近,为48.2%;韩国居民消费率最低点出现在2000年左右,为49.3%,都高于中国2008年的居民消费率(34%)。

城市化水平、产业结构等方面的因素之后，中国居民消费率仍然低于预期水平超过10个百分点（Kraay，2000；Kuijs，2005等）。

中国居民消费率不仅远远低于世界其他主要国家，更为重要的是，中国居民消费率在近年来呈现快速下降趋势。2000年以来，我国最终消费率和居民消费率逐年下降——最终消费率由2000年的62.3%快速下降至2007年的48.8%，居民消费率则由46.4%下降至35.3%；居民储蓄率在这一时期内则大幅上升，2000年居民储蓄率为27.5%，2007年居民储蓄率则已高达37.9%。如果为1992年以后的居民储蓄率曲线加上一条时间趋势线，其斜率是0.56，换而言之，平均每年储蓄率上升0.56%。如果仅考虑2000年以来的储蓄率变化，则从趋势上来说，平均每年储蓄率上升约1.82%。① 而另一方面，政府消费率（即最终消费率和居民消费率之差）在1992年以来基本没有变化，说明这一期间内政府消费相对于GDP的变化不大，中国消费率下降的主要原因是中国居民消费率的快速下降。

对于中国居民消费不足和居民消费率下降，学术界提出了众多解释。第一种解释以生命周期理论为基础（Modigliani and Cao，2004），认为劳动力人口比例上升将提高居民储蓄率，进而降低居民消费率。然而，这种解释与中国微观家庭消费储蓄行为并不一致：与英美等西方国家相反，中国老年人和年轻人的储蓄率更高（Chamon and Prasad，2010）；另一方面，人口结构变化对宏观数据的解释力也受到了很大质疑（Kraay，2000）。第二种解释以流动性约束理论为基础，认为中国金融市场不发达导致居民和企业更多储蓄、更少消费，降低了中国居民消费率（万广华等，2001；Kujis，2005；Aziz and Cui，2007等）。然而，虽然中国金融体系效率在近年来有所改善，而居民消费率仍在不断下降。第三种解释涉及文化、习惯、家庭偏好等方面的因素（叶海云，2000；杭斌，2009等）。不过，具有很强持续性的文化因素不太可能解释2000年以来中国居民消费率的快速下降。第四种解释主要基于预防性储蓄理论，认为中国养老、医疗、教育和住房体系改革提高了居民收入和支出的不确定性，同时，劳动力市场上的失业风险也有所增加，增强了居民预防性储蓄的动机，导致居民储蓄率上

---

① 根据2005—2009年《中国统计年鉴》和《中国资金流量表历史资料：1992—2004》计算。

升（Meng，2003；Blanchard and Giavazzi，2005；Giles and Yoo，2007；Chamon and Prasad，2008；何立新等，2008；杨汝岱、陈斌开，2009；周绍杰等，2009）。预防性储蓄可能是居民储蓄率高的一个原因。然而，在本轮经济危机之前，劳动力市场的失业率处在较低水平，同时，总体上社会保障的覆盖面也在扩大，尚没有直接证据表明收入和支出不确定性日益增加，并且可以解释大部分的储蓄率上升。第五种解释从收入分配视角研究了居民消费下降的原因，认为居民收入差距扩大是消费不足的重要原因（杨汝岱、朱诗娥，2007；Jin，Li and Wu，2010），但是从收入差距角度做出的解释，其微观行为基础相对欠缺。最近，Wei and Zhang（2009）对中国居民储蓄率上升提出了一个有趣的假说，他们发现，由于中国男女性别比例失衡，男孩所占比重越来越高，使得家庭为提高男孩在婚姻市场上的竞争力而进行更多储蓄。但是，由于性别失衡的问题在中国城市中相对较轻，因此，对于城镇居民消费率的下降仍然需要寻求新的解释。

与既有文献相比，本章研究主要对中国经济转型过程中的重要群体——移民——的消费和储蓄行为进行研究，并将消费者的异质性和中国经济结构调整结合起来。第二次全国农业普查显示，2006年农村外出就业的农民工已达到了1.32亿人，占农村劳动力资源总量的25%左右。如果加上在本地从事非农产业生产的近8000—9000万农村劳动力，则转移到本地非农部门就业的农村劳动力数量大约为2.1亿—2.2亿，已超过农村劳动力资源总量的40%[①]，这部分人虽然没有跨地区流动，也是事实上的城镇人口。由于没有流入地的城镇户籍，外来人口的消费倾向比城镇居民要低，具体来说，至少有以下三个可能的机制造成移民边际消费倾向较低：（1）外来劳动力的社会保障更不健全并且职业更不稳定，所以预防性储蓄动机更高；（2）外来劳动力流动倾向更高，而耐用消费品的移动成本较高，因此，其对耐用品的消费将更少；（3）平均来看，由于职业的不稳定和房产等抵押品较少，外来劳动力在信贷市场上更容易受到信贷约束。[②] 如果无城镇户籍的外来劳动力消费倾向较低，那么，随着外来劳动力数量和收入的增长，

[①] "第二次全国农业普查主要数据公报（第五号）"，http：//www.stats.gov.cn/tjgb/nypcgb/qgnypcgb/t20080227_402464718.htm。

[②] 这些因户籍而受到制约的消费均可以通过数据得以验证，参见Chen，Lu and Zhong（2010）。

在加总的层面上看，总消费的增长速度必然低于总收入的增长，而储蓄率也将不断提高。

3.2 计量模型与数据描述

本章使用的数据来自中国社会科学院经济研究所收入分配课题组2002年城镇居民和城镇移民家庭及个人调查，调查覆盖22个省（市、自治区），调查了6835户城镇家庭和2000户移民家庭，分别涉及20632位城镇居民和5327位移民（具体的数据描述可参考李实、罗楚亮，2007）。基于该数据，可以定量考察各种因素对居民消费的影响。剔除在主要变量（包括家庭消费、家庭收入，户主年龄、教育等）上缺失的样本之后，获得城镇和移民家庭样本数分别为6784和1968个。

我们的主要实证问题是：在控制了影响城镇居民和移民消费行为的主要变量以后，移民家庭的边际消费倾向是否显著低于城镇居民？用 C 表示消费，Y 表示收入，migrant 表示城镇居民和移民（0 表示城镇居民，1 表示移民），X 表示影响消费的一些其他控制变量，ε 为误差项。我们设定如下检验方程：

$$C = \alpha + \beta Y + \theta Y \times \text{migrant} + \gamma \times \text{migrant} + \eta X + \varepsilon \quad (3.1)$$

C 为居民人均消费，定义为家庭消费与家庭人口的比，其中移民家庭人口定义为在本城镇居住的人口数。[①] 根据国家统计局的定义，居民消费包括食品、衣着、家庭设备、医疗保健、交通通信、教育文化、居住、其他八大项。家庭人均收入是本模型中的主要解释变量。[②] 我们最关心的是回归系数 θ，如果 θ 显著为负，则表明移民家庭的边际消费倾向更低。[③] 此外，将 C 对 migrant 求偏导，得到（$\theta Y + \gamma$），如果 θ 和 γ 均为负值，则表示任何收入水平下的移民家庭的消费均低于城镇家庭。如果 θ 为负且 γ 为正，则对于人均收入大于 γ/θ 的移民家庭，其消费更低。

[①] 对于家庭人口数量，如果我们将其换成被问卷调查覆盖的家庭人口数，或者由调查者报告的人口数，均不会影响本研究的结果。如果将样本限制在家庭人口不超过4人的家庭，也不影响结果，参见 Chen, Lu and Zhong (2013)。

[②] 移民调查问卷对移民家庭总收入进行了调查，即 "2002年全家在城镇就业和家庭经营中获得总收入"，城镇居民家庭总收入通过个人年收入加总获得。

[③] 事实上，城镇居民的边际消费倾向为 β，移民的边际消费倾向为 $\beta + \theta$，两者之差为 θ。

根据现有文献对于消费函数的分析（如 Deaton，1992；Carroll，1994；Attanasio and Weber，1995），我们在计量模型中还控制了其他可能影响居民消费的变量。这些变量主要包括户主年龄、受教育年限、健康状况、工作单位所有制性质、工作行业、职业、家庭人均资产等①，我们还控制了省份的虚拟变量，相关变量的定义详见附录。表 3.2 中给出了本文主要变量的描述性统计。从表 3.2 中可以看出，城镇居民收入和消费水平均高于移民，其家庭资产总额更是远远高于移民。同时，移民家庭平均人口数与城镇家庭人口数相近。② 此外，移民家庭户主受教育程度相对较低，平均年龄偏小，反映了我国移民群体以中青年为主且受教育水平相对较低的现实。③

表 3.2　主要变量描述性统计④

	主要变量	变量定义	均值	标准差	最小值	最大值
城镇居民	消费	家庭总消费（元）	18 163	12 844	1 185	211 913
	收入	家庭总收入（元）	24 368	15 313	1 720	179 567
	年龄	户主年龄（岁）	47.9	11.1	21.0	80.0
	教育	户主受教育年限（年）	10.7	3.3	0	23.0
	人口	家庭人口（个）	3.0	0.8	1.0	9.0
	资产	家庭总资产（元）	137 655	162 205	0	4 827 000
移民	消费	家庭总消费（元）	11 552	8 055	300	104 500
	收入	家庭总收入（元）	16 584	16 295	600	300 000
	年龄	户主年龄（岁）	36.0	8.9	20.0	75.0
	教育	户主受教育年限（年）	8.1	2.7	0	18.0
	人口	本城镇居住人口（个）	2.7	1.0	1.0	8.0
	资产	家庭总资产（元）	37 295	129 561	0	4 010 000

---

① 这些变量试图控制影响居民消费行为的其他主要因素，包括生命周期（户主年龄等）、持久收入（户主受教育年限、健康状况等）、预防性储蓄（户主工作单位所有制性质、工作行业和职业等）、流动性约束（家庭人均资产）等。我们也试图控制了其他可能影响家庭消费的变量，比如户主性别、就业身份、民族、婚姻状况、中共党员与否、年龄的平方项等，但发现这些变量对消费的影响均不显著，因此在回归中没有报告。

② 需要说明的是，移民人口定义为在本城镇居住的家庭人口数，而不是移民家庭总人口，移民平均家庭总人口为 4 人。

③ 事实上，在 5 327 个移民样本中，只有 120 个样本受教育年限大于 12 年，换言之，只有 2% 的移民样本接受了高中以上的教育，说明移民家庭主要以教育水平较低的农民工为主。

④ 我们对样本中的异常值进行了剔除，这些样本包括家庭消费或收入水平为 0、家庭人口数超过 10、户主年龄大于 80 或小于 20 以及户主信息缺失的家庭，共删除了 88 个样本。

3.3 实证检验与分析

本部分将对移民和城镇居民的消费行为进行经验研究，检验不同类型居民消费行为的差异。我们首先分别对移民和城镇居民的消费进行回归，考察不同决定因素上的差异，然后再对所有样本进行混合回归。表3.3报告了移民和城镇居民消费方程的回归结果。

表3.3 移民和城镇居民消费行为[1]

被解释变量：居民人均消费

	(1) 移民	(2) 城镇居民	(3) 出生于农村的城镇居民	(4) 出生于农村且教育年限少于10年的城镇居民
家庭人均收入	0.377***	0.510***	0.541***	0.537***
	(0.030)	(0.019)	(0.022)	(0.040)
年龄	8.955	-13.427***	-11.512*	-10.283
	(5.990)	(4.723)	(6.821)	(9.423)
教育年限	74.945***	40.294***	20.419	-68.294
	(20.035)	(14.367)	(21.569)	(53.210)
家庭人均资产	0.000	0.004**	0.004*	0.003
	(0.003)	(0.002)	(0.002)	(0.003)
向农村人均汇款	0.002			
	(0.111)			
常数	1 986.971**	3 955.502***	3 233.546***	3 775.959**
	(986.157)	(619.032)	(1 114.792)	(1 717.492)
样本量	1 968	6 784	1 775	662
R^2	0.582	0.531	0.610	0.565

注：括号内为稳健性标准误，*，**，***分别表示在10%，5%和1%的水平上显著。

从表3.3中可见，移民的边际消费倾向为0.377，远低于城镇居民的边际消费倾向0.51。换而言之，给定收入增加100元，移民只消费37.7元，而城镇居民则消费51元。这意味着，若移民群体边际消费倾向与城镇居民相同，则整体居民消费能力将大大提高，而整体居民储蓄率将相应下降。对于其他控制变量，年龄对移民的影响为正，对城镇居民的影响为负，可能反映了移民和城镇居民人口结构的差异和制度上的差别待

---
[1] 在回归中，控制了户主健康、户主工作所有制性质、职业、工作行业，省份虚拟变量等。限于篇幅，在此没有报告，下文同。

遇，比如说，进城的移民随着年龄增长，遇到生病、子女教育等问题，需要更多的私人支出，而城镇居民则可享受更多的社会保障和政府提供的公共支出。具体情况有待于进一步的研究。户主教育年限对移民和城镇居民的影响均为正，可能反映了收入增长预期和收入稳定性预期对居民消费的正向影响。家庭总资产对城镇居民消费的影响显著为正，反映了财富水平对消费的影响。在移民消费方程中，我们还控制了移民向农村的汇款数量（单位为元），发现汇款的影响并不显著。

城镇居民和移民之间边际消费倾向的差异可能反映了除户籍以外的某些其他不可观察因素的影响（如文化、习惯等）。为了控制这种可能性以尽量识别出户籍政策对居民消费的影响，表3.3的第3列对出生于农村的城镇居民的消费行为进行了回归分析。城镇调查问卷对个人是否原来是城镇户口进行了调查①，因此，我们可以通过比较出生于农村的城镇居民与城镇移民消费行为的差异，分析文化、习惯等不可观察的因素对于居民消费的影响。从第3列中可见，出生于农村的城镇居民边际消费倾向为0.54，远远高于移民边际消费倾向，甚至高于城镇居民总体边际消费倾向。出生于农村的城镇居民与移民可能还存在某些不可观察的差异，比如，出生于农村并通过升学等途径获得城镇户籍的居民与移民在能力和偏好等方面可能存在系统性差异。为了进一步控制这种可能性，表3.3中第4列使用教育年限小于10年的城镇居民作为研究对象②，这类居民与移民存在系统性差异的可能性较小。回归结果表明，出生于农村且教育水平小于10年的城镇居民边际消费倾向为0.537，仍高于移民。这些结果表明：城镇居民与移民之间边际消费倾向的差异并不能简单地用文化、习惯等不可观察的因素来解释，而户籍制度可能是两者边际消费倾向巨大差异背后最重要的原因。

为了定量考察户籍制度对居民消费产生的影响，表3.4使用所有样本进行混合回归，并对其结论进行稳健性检验。从第1列的基本回归中可见，移民和家庭收入的交叉项显著为负，移民的边际消费倾向比城镇居民低14.6个百分点，与之前分组回归得到的边际消费倾向的差异非常接近。为了考察户籍制度对移民家庭总消费的影响，第2列使用总消费作为被解释变量。回归结果表明，移民边际消费倾向比城镇居民低21.5个百分点。为

---

① 调查问题为："如果原来不是城镇户口，后来取得城市户口的途径是什么"，回答此问题则表明该个体原来不是城镇户口，即农村户口。
② 也就是出生于农村且仅完成9年制义务教育的城镇居民。

了降低异方差性对回归结果的影响，我们以居民人均消费的对数值作为被解释变量，发现交叉项的系数依然为负且显著，说明了本文结果的稳健性。[①] 与基准回归不同的是，以人均消费的对数值为解释变量时，移民项系数显著为正。然而，经过简单的计算可以发现，城镇居民和移民消费水平相等的人均收入为 3 600 元，即当家庭人均年收入水平低于 3 600 元时，城镇居民消费水平才会低于移民。在 6 784 个城镇家庭中，只有 846 户城镇居民年平均收入水平低于 3 600 元，也就是说，在其他因素均相同时，绝大部分城镇居民的人均消费水平都高于移民。[②] 向农村汇款可能影响到移民边际消费倾向的估计，第 4 列将移民汇款从家庭收入中剔除，以检验汇款对移民和城镇居民边际消费倾向差异的影响。回归结果表明，即使将汇款在移民收入中剔除，城镇居民边际消费倾向依然比移民高 13.7 个百分点。最后，我们以居民储蓄率作为被解释变量，检验户籍制度对居民储蓄率的影响。[③] 从第 5 列回归结果中可以看出，移民的储蓄率比城镇居民高 12 个百分点，与以消费作为被解释变量的结果相一致。

表 3.4 混合回归与稳健性检验

	(1) 人均消费	(2) 总消费	(3) ln(人均消费)	(4) 从收入中剔除移民汇款	(5) 以家庭储蓄率为被解释变量
家庭人均收入	0.514***	0.523***	0.738***	0.514***	
	(0.018)	(0.019)	(0.011)	(0.018)	
移民	215.863	759.185	1.869***	365.929*	0.120***
	(193.065)	(613.377)	(0.211)	(189.285)	(0.019)
家庭人均收入×移民	-0.146***	-0.215***	-0.228***	-0.137***	
	(0.029)	(0.035)	(0.024)	(0.030)	
年龄	-7.065*	-25.159**	-0.001**	-7.135*	0.003***
	(4.015)	(11.316)	(0.000)	(4.019)	(0.001)
教育年限	46.166***	101.537***	0.007***	46.262***	0.005***
	(12.101)	(33.341)	(0.002)	(12.108)	(0.002)
家庭人均资产	0.004**	0.004**	0.020***	0.004**	0.000***
	(0.002)	(0.002)	(0.004)	(0.002)	(0.000)

---

① 在第 2 列和第 3 列中，我们同样对家庭收入、家庭总资产等变量分别取家庭总值和对数值。

② 事实上，以家庭总消费为解释变量时，移民项的系数为正的一个重要原因是移民家庭平均人口多于城镇家庭，因此其最低消费也相应较高。

③ 与 Wei and Zhang（2009）相同，本文居民储蓄率定义为 ln（家庭收入/家庭消费）。

（续表）

	（1）人均消费	（2）总消费	（3）ln(人均消费)	（4）从收入中剔除移民汇款	（5）以家庭储蓄率为被解释变量
常数	3 748.568***	11 352.273***	2.069***	3 751.286***	−0.061
	(485.245)	(1 347.684)	(0.103)	(483.955)	(0.067)
样本量	8 752	8 752	8 752	8 752	8 752
R^2	0.546	0.547	0.646	0.545	0.062

注：括号内稳健性标准误，*，**，*** 分别表示在10%，5%和1%的水平上显著。

3.4 户籍制度与中国居民储蓄率的上升

本部分将定量分析户籍制度对我国居民消费的总体影响。需要指出的是，有关移民的一些宏观统计都是估计值，而且我们的回归结果是基于一年截面数据而得出的。此外，我们的测算仅仅针对户籍制度对于消费的直接影响。换言之，我们估测的是在一个特定时点上一次性地取消户籍制度将会对消费产生怎样的影响。这个估算没有考虑取消户籍制度对于消费的间接影响，或者说，我们没有考虑取消户籍制度对于消费的"一般均衡"效应。事实上，如果在现实中取消户籍制度可能会对消费产生几个方面的连带效应，或者说一般均衡效应，需要先作些讨论：

首先，取消户籍制度可能明显地提高移民收入，也可能较明显地增加农村向城市移民的数量，并且这部分居民的收入也将得到较大幅度的提高。收入提高的结果是刺激消费，如果他们的消费行为在户籍制度制约条件下接近城镇居民的话，那么，总体的消费率将会进一步提高。

其次，户籍制度改革对城镇居民收入水平的影响不明确。一方面，城镇居民面临的劳动力市场竞争可能会在短期内因为移民的增加而增大，其工资水平有向下的压力。另一方面，城市化进程和城市规模的扩张会对收入增长产生正面的规模经济效应。农村移民进一步增加时，农业的边际劳动生产率将提高，这会增加进城农民的保留工资，从而带来城镇地区的工资上升。因此，从总体来说，户籍制度放开对于城镇居民的收入和消费产生怎样的影响也不确定。

对于户籍制度放开的一般均衡效应已经超过了本章的分析范围，因此，我们将仅分析户籍对于消费制约的直接效应。从表3.4基准模型的回归结果中可以看到，在其他条件相同的前提下，移民的边际消费倾向比城镇居民低14.6个百分点。同时，本文移民样本数据显示，移民家庭2002年的人均收入水平为4 629元。因此，如果放开户籍制度，让移民享受与城镇居民相同的待遇，移民的人均消费水平将上升676元，即移民人均消费水平将提高20.8%。[①]

户籍制度对于中国居民消费率的总体贡献如何？估算户籍制度的总体影响需要有关移民总人口和移民总收入等的宏观数据，然而，国家统计局和相关统计部门并没有与移民相关的宏观变量的统计。根据盛来运（2008）的研究，我国2002年外出劳动力占农村劳动力的比重为21%，同年，我国的乡村人口总数为7.82亿，据此，我们估算移民家庭的人口数约为1.69亿。由于户籍制度导致移民人均消费水平下降了676元，它对居民消费的总体贡献为1 142亿元，占2002年居民总消费的2.2%[②]，即户籍制度导致2002年我国居民整体消费水平下降了2.2%。[③]

对于总体居民消费率，2002年我国以支出法计算的GDP为120 350亿元[④]，户籍制度使得居民消费水平下降了1 142亿元，即消费率下降了0.95%。2002—2003年，我国居民消费率从43.68%下降至41.67%，下降了2.01个百分点。[⑤] 换言之，户籍制度可以抵补这一期间居民消费率下降的47.1%。

为了进一步考察户籍制度的影响，我们对2000—2005年我国移民人均收入、移民人口和移民总收入进行了估算。之所以没有对更早年份的相应情况进行估算，是因为我们的模型是一个利用2002年数据做的截面估计，其参数不宜推广应用到相隔时间太远的年份。首先，我们结合盛来运（2008）关于外出劳动力占农村劳动力比重的数据和我国乡村人口的数据

---

① 在本章研究的样本中，移民的人均消费水平为3 243元，移民人均消费水平提高676元意味着其消费水平提升20.8%（676/3 243）。

② 根据2009年《中国统计年鉴》中支出法国民经济核算数据，2002年我国居民消费额为52 571.3亿元。

③ 需要指出的是，家庭调查的消费数据与国民经济核算中的居民消费存在统计口径上的差异。在支出法国民经济核算中，住房消费、公费医疗、金融保险都被统计在内，但这些消费在居民消费中没有体现。如果考虑到统计口径的差异，户籍制度的影响将高于2.2%。

④ 2009年《中国统计年鉴》。

⑤ 2009年《中国统计年鉴》。2002年支出法GDP和居民消费分别为120 350亿元和52 571亿元；2003年支出法GDP和居民消费分别为136 399亿元和56 834亿元。

估算出我国移民人口数①,估算结果见表3.5第1列。从表3.5中可以看出,中国移民人口数量快速增长,从2000年的1.28亿人增加到2005年的1.8亿人。其次,我们需要移民人均收入的相关数据,由于移民收入数据难以获得,我们只能对其进行估算。根据中国社会科学院经济研究所收入分配课题组在1999年和2002年对移民收入的调查,1999年移民的月均工资为707元,2002年其月均工资为784元,经过通货膨胀调整后,移民真实工资的年均增长率为3.4%。我们以2002年移民人均收入为基准,以3.4%作为移民在2000—2003年的人均真实收入的增长率,可以估算出2000—2003年间移民人均真实收入。赵长保、武志刚(2006)利用我国农村固定观察点数据对2004—2006年间移民收入增长率进行了计算,发现2004年移民工资增长率为2.8%,2005年工资增长率为6.5%,我们据此估算出2004—2005年移民的人均真实收入。基于消费物价指数的数据,我们将2000—2005年真实收入数据转换为以当年价格计算的移民名义收入数据,详见表3.5第2列。基于移民人口和移民人均收入的数据,可以计算出移民总收入的数据,即表3.5第3列。从表中可以看出,移民总收入从2000年的5 536亿元上升到2005年的超过1万亿元,翻了近一倍!移民收入的大幅度上升一方面来自移民人口的不断增加,另一方面则来自移民人均收入的增长。表3.5第4列计算了户籍制度对居民消费的影响,其计算方法为:移民总收入×0.146/居民消费。② 从表中可以看出,2000年,户籍制度导致居民消费下降了1.76个百分点,到了2005年,户籍制度导致居民消费下降了2.07个百分点,户籍制度的影响总体呈现上升趋势。在2000—2005年,由户籍制度制约的消费可以解释这一期间消费率下降的40.8%—64.2%。

表3.5 户籍制度与中国居民消费

年份	(1) 移民人口(万)	(2) 移民人均收入(元)	(3) 移民总收入(亿元)	(4) 户籍制度对居民消费的影响(%)	(5) 户籍制度对居民消费率变化的影响(%)
2000	12 772	4 334	5 536	1.76	64.2
2001	14 958	4 513	6 750	2.00	61.1

---

① 由于盛来运(2008)中外出劳动力占农村劳动力比重的数据截止于2005年,我们没有获得更新的数据,因此我们的估算也截止于2005年;乡村人口数据来源为2009年《中国统计年鉴》。

② 居民消费数据来自2009年《中国统计年鉴》。

(续表)

年份	（1）移民人口（万）	（2）移民人均收入（元）	（3）移民总收入（亿元）	（4）户籍制度对居民消费的影响（%）	（5）户籍制度对居民消费率变化的影响（%）
2002	16 900	4 629	7 822	2.17	47.1
2003	17 906	4 843	8 673	2.22	50.4
2004	18 018	5 173	9 321	2.13	40.8
2005	18 040	5 609	10 118	2.07	54.6

3.5 结论和政策含义

当前中国无城镇户籍的进城农民数量大约有 2 亿人，即便使用较低口径，其数量也超过 1.3 亿人，占中国总人口的 1/10，而且数量还在继续增长。在中国，目前由于受到户籍、土地、社会保障等制度的制约，农民进城后，不少人最终还是不得不回到家乡。与城市居民相比，移民具有更高的流动性，而且缺乏社会保障，面临更强的信贷约束，因此，移民的边际消费倾向比城市居民要低 14.6 个百分点。本章研究的测算表明，放松户籍限制将导致 2002 年移民人均消费水平提高 20.8%[①]，居民总体消费水平提高 2.2%，这一差异可以补偿 2002—2003 年我国居民消费率下降的 47.1%。2000—2005 年，由户籍制度制约的消费可以解释这一期间消费率下降的 40.8%—64.2%。因此，本章研究的政策含义是：应当最大限度地给予已经进城的移民以城镇户籍，或者尽量缩小城镇居民和移民之间在社会保障与公共服务等方面所受待遇上的差异。伴随着城市化和工业化进程的户籍制度改革是促进消费、增强内需的有效手段，关系到中国经济增长方式的转变。当然，户籍制度改革也涉及 2 亿移民的福祉，而且还会影响即将进城的约 4 亿农民的未来，它本身也是一个有关公平的问题。

消费和储蓄长期以来是宏观经济学的重要研究问题，但经济学家却习惯性地用"代表性行为人"的模式来理解消费，鲜有人从消费行为的异质性来思考问题。不管是因为制度还是人口结构等因素，从结构变化的视角来解释总体消费率和储蓄率的变化都是不可忽视的。特别是，在当今世界，越来越多的人是出生地（国）和居住地（国）不同的移民，理解这部分人

[①] 运用 2007 年的 CHIPS 数据，Chen, Lu and Zhong (2015) 发现，移民比本地城市居民的人均消费低 16%—20%。

与原住民之间的行为差异是非常重要的,且无论对于学术研究还是政策制定都是新的方向。

参考文献

杭斌,2009,"习惯形成下的农户缓冲储备行为",《经济研究》,第1期,第96-105页。

何立新、封进、佐藤宏,2008,"养老保险改革对家庭储蓄率的影响:中国的经验证据",《经济研究》,第10期,第117-130页。

李实、罗楚亮,2007,"中国城乡居民收入差距的重新估计",《北京大学学报(哲学社会科学版)》,第2期,第111-120页。

盛来运,2008,《流动还是迁移——中国农村劳动力流动过程的经济学分析》,上海:上海远东出版社。

万广华、张茵、牛建高,2001,"流动性约束、不确定性与中国居民消费",《经济研究》,第11期,第35-44页。

杨汝岱、陈斌开,2009,"高等教育改革、预防性储蓄与居民消费行为",《经济研究》,第8期,第113-124页。

杨汝岱、朱诗娥,2007,"公平与效率不可兼得吗?——基于居民边际消费倾向的研究",《经济研究》,第12期,第46-58页。

叶海云,2000,"试论流动性约束、短视行为与我国消费需求疲软的关系",《经济研究》,第11期,第39-44页。

赵长保、武志刚,2006,"农民工工资收入问题分析",《中国劳动经济学》,第4期,第129-135页。

周绍杰、张俊森、李宏彬,2009,"中国城市居民的家庭收入、消费和储蓄行为:一个基于组群的实证研究",《经济学(季刊)》,第8卷第4期,第1197-1220页。

Attanasio, Orazio P., and Guglielm Weber, 1995," Is Consumption Growth Consistent with Intertemporal Optimization? Evidence from the Consumer Expenditure Survey," *Journal of Political Economy*, 103(6), 1121-1157.

Aziz, Jahangir, and Cui Li, 2007, "Explaining China's Low Consumption: The Neglected Role of Household Income," IMF working paper 07/181. Available at: http://www.imf.org/external/pubs/cat/longres.cfm? sk = 21026.0.

Blanchard, Olivier J., and Francesco Giavazzi, 2005, "Rebalancing Growth in China: A Three-Handed Approach," MIT Department of Economics Working Paper No. 05 - 32. Available at SSRN: http://ssrn.com/abstract = 862524.

Carroll, Christopher. D. , 1994, "How Does Future Income Affect Current Consumption?" *Quarterly Journal of Economics*, 109 (1), 111 -147.

Chamon, Marcos, and Eswar Prasad, 2010, "Why Are Saving Rates of Urban Households in China Rising" *American Economic Journal-Macroeconomics*, 2, 93 - 130.

Chen, Binkai, Ming Lu, and Ninghua Zhong, 2013, "Institutional Constraints, Identity and Household Consumption Heterogeneity in China," in *China's Trade, Exchange Rate and Industrial Policy Structure*, edited by: John Whalley, 121 - 149, Published by World Scientific Publishing Co. Pte. Ltd.

Chen, Binkai, Ming Lu, and NinghuaZhong, 2015, "How Urban Segregation Distorts Chinese Migrants' Consumption," *World Development*, 70 (June), 133 - 146.

Deaton, Angus, 1992, *Understanding Consumption*, Oxford University Press, USA.

Horika, Charles Yuji, 2007, "A Survey of Household Saving Behavior in Japan," Working Paper. Available at: http://ideas.repec.org/p/dpr/wpaper/0684.html.

Jin, Ye, Hongbin Li, and Binzhen Wu, 2010, "Income Inequality, Status Seeking, and Consumption," Working Paper. Available at: http://ideas.repec.org/p/pra/mprapa/22641.html.

Giles, John, and Kyeongwon Yoo, 2007, "Precautionary Behavior, Migrant Networks, and Household Consumption Decisions: An Empirical Analysis Using Household Panel Data from Rural China," *The Review of Economics and Statistics*, 89 (3), 534 - 551.

Kraay, Aart, 2000, "Household Savings in China," *The World Bank Economic Review*, 14 (2), 545 - 570.

Kuijs, Louis, 2005, "Investment and Saving in China," Policy Research Working Paper No. 3633 (Washington, D. C. : World Bank). Available at: http://ideas.repec.org/p/wbk/wbrwps/3633.html.

Meng, Xin, 2003, "Unemployment, Consumption Smoothing, and Precautionary Saving in Urban China," *Journal of Comparative Economics*, 31 (3), 465–485.

Modigliani, Franco, and Shi Larry Cao, 2004, "The Chinese Saving Puzzle and the Life Cycle Hypothesis," *Journal of Economic Literature*, 42 (1), 145–170.

Park, Daekeun, and Changyong Rhee, 2005, "Saving, Growth, and Demographic Change in Korea," *Journal of the Japanese and International Economies*, 19 (3), 394–413.

Wei, Shangjin, and Xiaobo Zhang, 2009, "The Competitive Saving Motive: Evidence from Rising Sex Ratios and Savings Rates in China," Working Paper 15093, National Bureau of Economic Research. Available at: http://www.nber.org/papers/w15093.pdf.

附录

本文所使用的控制变量包括户主年龄、受教育年限、健康情况、户主工作所有制性质、职业和行业等，通过对移民问卷和城镇居民问卷的比较，本文中将这些变量详细定义如下：

户主教育年限：2002年年底以前受教育年数。健康：很健康=1，健康=2，一般=3，不太健康=4，很不健康=5，其他=6。户主工作所有制性质：（中央、省）国有独资=1，（地方）国有独资=2，城镇集体所有制=3，城镇私营（包括合伙企业）=4，城镇个体（企业）=5，中外合资企业=6，外资企业=7，国家控股企业=8，其他股份企业=9，农村私营企业=10，农村个体=11，其他=12。职业：私营企业主和个体户=1，专业技术人员=2，企事业单位负责人=3，办事人员=4，工人=5，商业和服务业人员=6，其他=7。行业：农、林、牧、渔=1，采掘=2，制造=3，电力、煤气及水的生产和供应业=4，建筑业=5，地质勘查业、水利管理业=6，交通运输、仓储及邮电通信业=7，批发和零售贸易、餐饮业=8，金融保险业=9，房地产业=10，社会服务业=11，卫生、体育和社会福利业=12，教育、文化艺术和广播电影电视业=13，科学研究和综合技术服务业=14，国家机关、党政机关和社会团体=15，其他=16。

第四章

户籍与居住区分割：城市公共管理的新挑战

快速的城市化将是中国未来若干年间最为重要的经济和社会现象，而居住区分割（residential segregation）现象则是城市（尤其是大城市）公共管理所面临的一个重要挑战（Cutler, Glaeser and Vigdor, 1999）。

所谓"居住区分割"，是指特定类型（如某一收入阶层或某一族群类型）的人群倾向于选择共同或相近的区域居住的现象。居住区分割会造成不同社区的居民在教育、卫生、治安等方面享有不同数量和质量的公共服务，因此将造成居民之间的福利差距，并通过社区居民的相互影响和代际传承使社会阶层固化。同时，居住区分割也会使社会阶层之间的接触减少，降低社会凝聚力，容易在阶层间的矛盾激化时引发群体性事件。因此，各国政府都在积极应对居住区分割可能带来的社会问题。在美国、荷兰等国家，政府都以不同形式采取社区混居实验（residential mixing experiment）的积极干预政策，力图促进不同收入阶层人群的居住融合。

居住区分割现象在改革开放早期的中国并不是普遍现象。在传统的福利分房体制下，城镇居民住房大多按各自的就业单位集中分布，于是，不同收入以及不同社会地位的人很可能成为邻居（陈钊等，2008）。但是，最近十多年来，伴随着快速的城市化进程以及住房市场的出现，一定程度的居住区分割现象已经逐步显现。一方面，与其他市场经济国家一样，不同收入水平的人相对集中居住已经成为一个明显的现象。而与其他国家不同的是，中国的户籍制度造成大量城市常住人口没有所在地的户籍，而且这部分居民与城市居民所享受的公共服务有着巨大的差异。于是，外来人口的聚居将加剧低收入社区与较好社区之间的福利差距，外来人口大量聚集的"城中村"便是一个较为极端的例子。

当今中国的城市中，非户籍人口的比例已经明显上升，户籍制度也导致人与人之间形成基于身份的各种差异。当前，中国政府虽然意识到户籍制度改革的紧迫性，但在改革方向上，却仍然以放松中小城市的落户条件为主，而事实上，大城市和特大城市都是非本地户籍人口比例更高的城市。以上海为例，2010 年第六次人口普查显示，全市常住人口为 2 301.91 万人，其中外省市来沪常住人口为 897.70 万人，占 39.0%。① 而在广东的一些城市，非本地户籍人口早就超过了常住人口的一半。由于没有所在城市户籍，外来人口在城市受到来自社会保障、义务教育、公共服务和权益保护等各个方面的不同待遇。已有研究发现：相对于城市原有居民而言，不具有城市户籍的外来人口收入更低，不同户籍身份居民间的收入差距降低了人们的满意度（Jiang, Lu and Sato, 2012；陈钊等，2012）；没有本地户籍的居民，更加不信任小区的邻居和社会上的大部分人，对政府的信任水平也更低（汪汇等，2009）。如果居住区分割在中国的城市中逐渐形成，而政策制定者却不及早注意此现象，那么，当前户籍制度所造成的人群之间的身份差距就可能在居住空间这一维度上长期固化。而对这些聚居在一起的相对不快乐、信任度更低的外来人口，一旦有某种触发机制，就极易在相互影响中形成群体事件，对城市的公共管理构成新的挑战，最终不利于城市的和谐发展。

既然居住区分割是城市公共管理需要应对的重要问题，而类似"城中村"这样的个案又预示着中国的城市内部可能出现了与户籍相关的居住区分割的现象，那么为了实现城市的和谐发展，我们需要知道：在中国户籍控制依然较为严格的大城市，怎样的机制会导致居住区分割的形成？在上海这样的大城市，居住区分割的程度究竟怎样？户籍是否已经成为城市居住区分割的重要维度呢？现有研究对上述问题提供的实证解答并不充分。对 2000 年第五次人口普查数据库中以居委会为基本地理单元的上海市数据的社会空间结构因子生态分析法表明，外来人口为第一主因子，其方差贡献率为 14.073%，即在居住区分布的差异中，有 14% 以上的原因来自与"外来人口"这一身份相关的因素。以户籍划分的空间分异度为 0.286，也就是说，如果要实现每一个居住区不同户籍身份家庭的比重均与总人口的这一比重相当，那么外来人口或本地人中有 28.6% 的家庭需要搬迁（李志刚、吴缚龙，2006）。另一项研究表明，空间分异度最高的社会群体是外

---

① 数据来自上海市统计局发布的《上海市第六次全国人口普查主要数据情况介绍》。参见 http://www.stats-sh.gov.cn/sjfb/201105/218818.html。

来人口,其次是体力劳动者群体(农业、工业和服务业从业者)(李志刚,2008)。

地理学家的研究未能充分地讨论居住区分割现象形成的经济学机制及其危害,而本章的内容将弥补这一缺憾。本章将基于一个自己调研的更新的数据来计算以户籍划分的空间分异度,并更为细致地考察不同户籍身份的居民所住小区的特征差异。下面,我们首先从一个基于社会互动(social interaction)的一般均衡理论出发,分析居住区分割的形成机制,然后基于一项上海市小区调查的微观数据进行统计分析,考察中国大城市中与户籍制度相关的居住分割现状及不同户籍人口在居住相关方面的差异。最后是本章小结,讨论本研究对于公共管理的政策含义。

4.1 居住区分割的形成:一般机制及户籍的作用

居住区分割是由特定类型的人群通过选择相同或相近区域的居住场所而产生。更为一般地来说,人和人按偏好、收入、身份等维度分为不同群体的现象被称为群分效应(sorting),而居住区分割是群分效应在居住空间上的突出表现。[①] 因此,我们可以通过考察群分效应在居住空间上如何形成来认识居住区分割形成的一般机制。下面我们分别从个人偏好、公共品提供以及户籍制度的影响对此加以分析。

只要人与人之间存在异质性,并且个人的偏好又与异质性的特征相关,那么群分效应就会产生。假设有两个完全相同的社区,分别住着同样两群不同收入水平的居民。而个人的偏好却与收入相关,具体而言,人们偏好于和相同收入水平的人居住在同一个社区。这时,如果某一个新来的富人选择社区A居住下来,就会使社区A内住户的平均收入高于社区B;这又会使新来的较高收入者都愿意住在社区A,而较低收入者则住在社区B。这就进一步导致不同收入人群在两个社区之间的居住区分割。此外,富人的进入将导致社区A的房价上升,使得社区A内的低收入者选择搬入社区B居住,并且社区B中的较高收入者又将搬入社区A居住。于是,社区A的房价进一步上升,社区B的房价则相对下降。如此反复的结果是,最终

---

① 近年来经济学研究中对非市场互动和群分效应越来越关注,这方面的文献非常丰富,限于篇幅,本书无法完整地引用,详细内容请参见陆铭、张爽(2007)的评述。

社区 A 将成为高收入者聚居的"富人区",而社区 B 则成为低收入者聚居区。

考虑到不同社区在公共品提供上的差异,居住区分割还会进一步加剧。与社区相关的公共品包括教育、医疗、环境、治安等。[①] 以教育为例,居民都希望接受高质量的教育,但高质量的教育又是稀缺资源,于是,收入将成为居民获取稀缺教育资源的重要手段。值得注意的是,如果公共品提供的水平与社区内居民的收入正相关,那么居住区分割本身又会加强公共品提供在社区间的差异。高收入社区的学校教育质量较高,将吸引高收入者搬入,并进一步抬高房价,挤出低收入者,于是,教育市场和住房市场的相互作用就会进一步加剧居住区分割。教育还具有非常强的社会互动特征,教育质量取决于家庭的禀赋(如孩子的能力)和学校学生的总体水平。于是,在学校里一个学生的成绩显著受到同学的平均成绩的影响,这被称为"同群效应"(peer effects)。同群效应的存在也会加强优质教育对高收入家庭的吸引力,进一步加剧居住区分割现象。

居住区分割一旦形成,便会产生多方面的负面影响。首先,居住区分割会对弱势群体造成不利影响。Bayer, MacMillan and Rueben,(2002)的研究表明,因种族因素导致的群分和居住区分割显著地减少了黑人(特别是高收入、高教育的黑人)家庭的公共品消费。居住区分割对于犯罪率、教育、劳动力市场表现等各个方面都会产生影响,而且主要影响弱势群体(Glaeser, et al., 1996; Cutler, et al., 1999)。Williams and Collins (2001) 发现,种族间的居住区分割是种族间健康状况差距的主要成因。Acevedo-Garcia (2000) 进一步指出,在被隔离的居住区里,由于环境状况和医疗条件更差等原因,导致传染性疾病的患病率增加,这可能是居住区分割与健康不平等相关的原因之一。其次,不同居住区在公共品提供(如健康、教育等)方面的不均等,会通过代际传导而降低社会流动性。[②] 例如,Massey, et al. (1987) 发现,相对于白人而言,美国黑人群体内部社会地位较高的家庭居住在资源和设施相对不足的小区,与跟他们社会地位

---

① 事实上,在引入社区公共品之前,完全因为偏好因素形成居住区分割后,居住在"富人区"这样的身份本身就已经成了公共品。换句话说,人们已经从邻居的收入水平中获得了有关自己身份的外部性。

② 社会流动是指不同收入组别的人群相互转化的可能性。流动性越强,社会阶层越不会僵化。

相当的白人家庭相比，他们的居住区相对更穷、更破旧，犯罪率与死亡率更高，他们的子女也只能到以低收入家庭子女为主的公立学校上学，而这些学生在标准化考试中的成绩更差。再次，一旦居住区分割形成，居住在同一社区的居民便会相互影响，降低公共政策的效果。以教育为例，即使通过一些政策鼓励低收入家庭投资于孩子的教育，但由于低收入家庭的相互影响和模仿，他们的教育投入可能陷于某种"低水平均衡"，公共政策的效果将因此而大打折扣。

如果居住区分割与收入之外的诸如身份这样的因素相联系时，社会和谐所面临的危害往往特别严重。已有证据表明，美国种族维度的社会经济分割是城市中居住空间分割的主要因素，其影响比社会阶层还要强烈（Jargowsky，1996）。这种与种族等社会身份相关的居住区分割极易转化为社会矛盾，对城市的和谐发展产生持久的负面影响。在中国的城市中，户籍制度人为地将城市常住人口划分为本地人与外地人，本地人除了享有较好的公共服务外，往往还在心理上拥有较强的优越感。如同前述偏好的作用那样，这种公共服务差异和心理上的因素将加剧不同户籍身份居民的居住区分割。

对居民登记制度作国别比较研究的学者指出，中国的户籍制度是世界上最具有排他性和歧视性的制度形态（Wang，2005）。户籍制度对城市发展的危害包括对城市劳动力市场的分割（蔡昉等，2001）、对城市化进程的阻碍（陈钊、陆铭，2008）、对居民满意度及信任的不利影响（Jiang, Lu and Sato，2012；陈钊等，2012；汪汇等，2009），等等。户籍制度的存在也使外来人口的购房行为面临更为严格的约束。通常，非本地户籍人口在大城市购房需要面临更高首付比例的限制，在大城市普遍限购的今天，非本地户籍人口也可能面临更为严格的限购政策。上述这些来自住房市场的约束都可能导致非本地户籍人口更多地居住于低房价的社区，加剧居住区分割出现。

户籍制度同样也借助公共品提供的机制加剧居住区分割。历史上，中国城市的医院、中小学校等地方公共服务通常按户籍人口数量来配备，这一局面并没有在快速城市化过程中得到根本改变。流入城市的外来人口通常也能在居住地附近医院就诊，但这无疑影响了附近户籍人口的就医便利，使本地人更倾向于搬离这样的社区。外来人口的子女也可能被名额有空缺的附近公立中小学校招收，但通常本地户籍的家长都不太愿意子女的同学有很多来自外来人口家庭。对于招生名额供不应求的优质公立学校，中国的城市往往采取"按片划分、就近入学"的做法来分配名额，但本地户籍通常是招生的一个重要前提，这也进一步强化了教育作为社区公共品的性质。如果学校招生是以户籍所在地划归本学区为条件，而落户又是以拥有房产为前提，那么，高收入家庭就会争购好学校周围的住房，这将抬高周边的房价，于是，低收入家庭将选择搬离好的社区，失去获得优质教育资源的机会。借助住房市场的运作，学校质量在当地房价中的"资本化"就加剧了不同收入群体间的居住区分割。[①] 由于入学资格与户籍挂钩，外来人口自然也就不愿意承担由教育导致的高房价，因而更倾向于选择离开这样的高房价社区。于是，学校质量的资本化也加剧了不同户籍人口的居住区分割。

4.2 户籍与居住区分割

复旦大学社会学系主持开展的一项 2006—2007 年"和谐社区与社会资本研究"的抽样调查，为我们考察大城市的居住区分割提供了很好的数据资料。该调查在上海、深圳两地抽样，大部分样本来自上海。深圳是在改革开放之后伴随大量的人口涌入而形成的新兴城市，"城中村"现象普遍存在，而上海在计划经济年代就已经是大城市了，改革开放前期受传统福利分房制度的影响，居住区分割现象并不明显。早期上海虽然也有一些低收入人口的聚居区（如棚户区），但随着旧城改造，如今此类社区已经大量消失。因此，我们仅使用该调查所涉及的上海地区样本。

上海市样本的具体抽样过程如下：

第一，小区层面的抽样方案。首先，按照经济发展水平把上海市 18 个区分为较发达与较不发达两类，从中各随机抽取 3 个区，最终分别抽中浦东新区、长宁区、黄浦区与闸北区、松江区、杨浦区。其次，在每个区中分别随机抽取 2—3 个街道。再次，使用空间抽样方法在街道的地图上抽取居民小区，然后根据确定的小区找到小区所属的居委会。原则上每个居委会只需要调查一个小区。最后，访问员进入选中的小区进行走访观察，通过居委会和小区居民了解小区边界（从个人的角度而不是从行政规划的角度）。

---

① 冯皓、陆铭（2010）基于上海的数据，提供了教育被资本化于房价的证据。

第二，个人层面的抽样方案。根据上述抽样方案确定小区并明确小区边界（非行政区划边界）后，对小区居民（年满 18 周岁，每家庭 1 人）进行问卷调查。问卷调查的抽样方式为：首先，了解小区内门牌号的分布（即找到小区内所有可能的门牌号），并将门牌号码按照一定原则排序，根据"定距抽样"原则抽取 90 个门牌号码；其次，按照一定原则对抽取的 90 个门牌号排序，并按照等距原则确定 30 个正式样本，60 个备用样本（考虑到目前入户访问的拒访率比较高，在正式样本不够的情况下，使用备用样本代替）。最后，访问员根据样本确定的"门牌号列表"入户调查，如果家庭户愿意接受调查，访问员将根据随机数表在这一家庭户中确定最终被访者，从而保证样本的随机性。

上海的调查样本分布于经济较发达的浦东新区、长宁区、黄浦区与经济较不发达的闸北区、松江区、杨浦区，此研究最终的样本包括 49 个小区的 1 574 户家庭，每个社区的家庭样本数平均大约为 32 个。

此研究对上海的考察更能反映伴随城市化过程以及住房市场的不断发育，居住区分割现象是否已经在大城市产生。在总样本中，对于一个家庭的户籍身份我们用受访者的身份来代表[①]，则有上海市户籍的家庭占 82.7%（1 301 户），没有上海市户籍的家庭占 17.3%（273 户）。根据每户汇报的家庭成员数目计算，那么没有本地户籍的人群占样本总人口数的 16.4%（820 人），有本地户籍的人口占总人数的 83.6%（4 181 人）。根据当时的人口统计，2007 年年末上海市 1 858 万常住人口中没有户籍的比例为 26.9%，明显高于我们样本的相应比例，其中的主要原因是我们的调查对象没有包括特别偏远的郊县及住在集体宿舍（而不是居民小区）的人口。考虑到未被调查覆盖的人口具有更高的外来人口聚居特征，所以，更完整的调查只会加强我们的发现，或者说本章所得到的户籍维度的居住区分割会低估实际情况。

接下来，我们先来看居住区分割程度的度量。度量居住区分割程度的指标有很多，其中最常用的一个系列是分异指数（indexes of dissimilarity），我们采用其最简单的形式：

$$D = 50 \times \sum_{j} \left| \frac{p_{jg}}{p_g} - \frac{p_{jh}}{p_h} \right| \qquad (4.1)$$

[①] 虽然他们有些是户主而有些不是，但由于在上海家庭成员的户籍身份大都一致，所以用受访者身份作为家庭户籍身份不会造成太大的偏差。

其中，p_{jg} 是小区 j 中的 g 类人群（如没有本地户籍的外来人口）的数量，p_g 是样本中 g 类人的总数；p_{jh} 是小区 j 中的 h 类人群（如本地户籍居民）的数量，p_h 是样本中 h 类人的总数。这一指数的取值从 0 到 100[①]，越小表示居住区分割度越低，即每个小区两类人群的比例均与总样本的比例完全一致；越大则表示居住区分割度越高，取值 100 意味着每个小区都只有其中一种人群居住。对这一指数的一种直观理解为：要达到居住区上的完全融合，那么 g（或 h）类人群中有 $D\%$ 的人需要搬家才能实现这一目标。

基于我们的样本计算出的这一指数为 25.02。根据官方数字，美国所有的大都市中，黑人的分异指数最高的城市为 87.9，最低为 31.7；亚洲人分别是 64.0 和 26.8。其他中小城市的分隔指数要远远低于这些大都市，有些低至 10 左右。[②] 而美国被公认广泛存在很高程度的种族间居住区分割，因此我们得到的 25.02 这一数字还是代表了不可忽视的分割程度。如果考虑到我们的调查对象还没有包括特别偏远的郊县及住在集体宿舍（而不是居民小区）的人口，事实上上海市整体的居住区分割很可能高于上述指数所代表的程度。

由图 4.1 可以看出这一指数的具体构成，按照每一小区 $\left| \dfrac{p_{jg}}{p_g} - \dfrac{p_{jh}}{p_h} \right|$ 从小到大排列：横轴是样本中的所有小区，每个小区对应的黑色方块表示该小区非上海户籍的家庭数与总样本中非上海户籍的户数之比，每个小区对应的空心小三角表示该小区上海户籍的家庭数与总样本中上海户籍的户数之比，两者之差即为"差值"，用柱状图表示。在居住区分布绝对平衡，即在户籍维度不存在居住分异的理想状况下，所有差值都应该为零。

除此之外，我们还考虑另一重要的度量指标，接触度（exposure rates）。我们采用 Bayer, et al.（2004）提供的一个框架，这与前述的分异指数的方向是一致的。

我们将 j 类家庭对 k 类家庭的平均接触度（average exposure）定义为：

$$E_{jk} = \sum_i r_j^i R_k^i \Big/ \sum_i r_j^i \qquad (4.2)$$

其中，r_j^i 表示 0－1 变量，当家庭 i 属于人群 j 时取 1，否则取 0；R_k^i 表示

[①] 有的文献将它标准化为 0 到 1，实质是相同的。
[②] 数据来源：美国的 Social Science Data Analysis Network（SSDAN）网站（http://www.censusscope.org）。

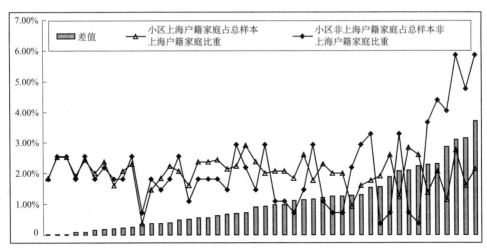

图 4.1　各小区分户籍身份家庭比例及差值分布

家庭 i 所在的小区中 k 类人群的比重。这一指标的简单表达就是将所有 R_k^j 求平均值，衡量某一人群 j 所在小区中人群 k 的平均比重（j 和 k 可以相同）。比如在我们的问题中，假设 j 表示上海户籍家庭，k 表示非上海户籍家庭，那么 $E_{jk} = \overline{R_k^j}$，表示具有上海户籍的家庭所在小区中非上海户籍家庭的平均比重，即表 4.1 中的（A）。

如表 4.1 所示，在我们的总样本中，没有户籍的外地人家庭与有户籍的本地人家庭所占比重分别为 17.34% 和 82.66%。而外地人家庭所在小区的平均非户籍家庭比重为 23.49%，比本地人家庭所在小区的平均非户籍家庭比重 16.06% 高出约一半，比平均比重的 17.34% 也高出 6.15 个百分点。可见在这一维度上，外来人口与自己同户籍类型的家庭可能的接触明显更多，而本地人的相对隔离程度并不那么严重。

表 4.1　本地家庭与非上海户籍家庭的平均接触度

	小区内的平均家庭构成	
	非上海户籍平均比重	上海户籍平均比重
非上海户籍家庭	23.49%（A）	76.51%
上海户籍家庭	16.06%	83.94%（C）
总样本	17.34%（B）	82.66%（D）
本群平均接触度	6.15%（A−B）	1.28%（C−D）

注：最后一行的"本群平均接触度"被定义为每一个人群所在小区的本人群平均比重减去总体样本中的该人群平均比重。

居住区分割反映的事实就是没有上海户籍的人和有上海户籍的人在住房选

择上趋于同类相聚、相对分化的现象。因此,我们构造如下的计量模型,来验证一下这种现象在统计意义上是否显著存在。我们设定如下的回归方程:

$$外来人口比重_{ij} = \beta_0 + \beta_1 X_{ij} + \beta_2 户籍_{ij} + \varepsilon_{ij}$$

上式左边的被解释变量为家庭 i 所在的第 j 小区的外来人口比重,右边的解释变量选取参照了 Bayer,McMillan and Rueben(2005)以及 Gabriel and Rosenthal(1989)的做法,并且我们特别加入了反映第 j 小区第 i 家庭被访者户口状况的变量户籍$_{ij}$。变量的列表和具体解释见表 4.2。

表 4.2 计量模型变量列表

变量名称	变量定义
户主年龄	被访者家庭户主的年龄
孩子数量	被访者家庭中小于 18 岁的成员的个数
人均收入	被访者家庭的人均平均收入取对数
教育年限	按被访者家庭户主教育水平折算而成的受教育年限
本地户籍	被访者有上海本地户口时为 1,其余为 0

模型的 OLS 回归结果如表 4.3 所示。表中可以看到存在居住区分割的进一步证据,即:无论只控制户籍变量,还是同时控制其他变量,没有户口的外来人口家庭都更倾向于住在外来人口比例较高的社区。这一回归仅是非常简单的相关性分析,我们会在下文中更全面地对不同户籍人口与居住相关的特征差异加以比较。

表 4.3 居住小区外来人口比重的影响因素

变量	(1)		(2)	
本地户籍	-0.074***	(0.007)	-0.067***	(0.008)
人均收入			0.004	(0.003)
户主年龄			-0.001**	(0.000)
孩子数量			0.007*	(0.004)
教育年限			0.001	(0.001)
常数项	0.235***	(0.006)	0.204***	(0.027)
样本量	1 574		1 387	
调整后 R^2	0.074		0.076	

注:框号内为稳健性标准误;***,**,* 分别表示在 1%,5% 和 10% 水平上显著。

4.3 不同户籍人口的居住差异

那么,在存在居住区分割的情况下,不同户籍的人口住所是否存在明显的特征差异呢?

如表4.4所示,首先,按照不同房屋类型来划分,非户籍家庭更可能居住于条件较差的棚户/平房及里弄房,而户籍家庭则更可能居住于别墅,以上差别在统计上均显著。其次,从产权类型上看,非户籍家庭更可能居住于从私人租借的住房,而户籍家庭则更可能居住于向单位/国家租借的住房或是自有住房,这些差别在统计上均显著,反映出非本地户籍家庭更依赖于市场化的租房市场,而本地户籍家庭由于历史原因更多受益于传统住房分配体制下的住房福利政策,并且住房自购比率远远高于非本地户籍家庭。

表4.4 不同户籍家庭的住房特征差异(一)

房屋类型	别墅	高层	老式多层	里弄房	棚户/平房	新式多层
本地户籍	0.045	0.120	0.549	0.070	0.018	0.183
非本地户籍	0.011	0.138	0.496	0.104	0.037	0.209
两者差异	0.034***	-0.018	0.053	-0.034*	-0.019**	-0.026
产权形式	向私人租借		向单位/国家租借		自有	
本地户籍	0.060		0.119		0.820	
非本地户籍	0.568		0.061		0.371	
两者差异	-0.508***		0.058***		0.449***	

注:***,**,*分别表示两者在1%,5%和10%水平上有显著差异。

表4.5进一步给出了不同户籍家庭在其他维度上的差异。可以看出,非上海户籍家庭的居住年限显著更短,房屋面积更小,以及卧室和阳台数量显著更少。

表4.5 不同户籍家庭的住房特征差异(二)

	上海户籍	非上海户籍	两者差异
居住年限	13.47	3.86	9.61***
房屋面积	74.39	66.34	8.05**
室	2.06	1.83	0.23***
厅	0.94	0.95	-0.01
阳台	0.97	0.87	0.10**

注:***,**,*分别表示本地户籍家庭的变量均值在1%,5%和10%水平上高于非本地户籍的该变量均值。

由于非本地户籍家庭更多居住于向私人租借的房屋内,下面,我们将小区按样本中向私人租住住房者比例的高低分成两组,即小区家庭住房向私人租借的比例高于样本均值(0.1188)的为高租房组,反之则为低租房组。如表4.6所示,我们可以看到,在私房出租比例较高的小区内,无论是本地户籍还是非本地户籍家庭,家庭所住房屋都表现为更小的房屋面积,更少的卧室、客厅与阳台数量。结合表4.4,这说明通常外来人口所选择的私房出租比例较高小区内,家庭的各方面居住条件相对较差。另外,一个似乎让人有些意外的发现,是上海本地户籍家庭在高租房社区中的居住年限反而显著更长。这可能是因为住在高租房社区的本地居民相对收入较低,因而他们更难以通过更新住房而搬离该社区。通过进一步的样本均值比较,我们的确发现居住于高租房社区的本地居民家庭人均收入要显著低于居住在低租房社区内的本地居民。

表4.6 住房特征与租房比例

	上海户籍			非上海户籍		
	差异	高租房	低租房	差异	高租房	低租房
居住年限	15.77	11.41	4.36***	3.79	3.98	-0.19
房屋面积	54.89	92.64	-37.75***	57.76	81.83	-24.07***
室	1.78	2.31	-0.53***	1.63	2.17	-0.54***
厅	0.74	1.10	-0.36***	0.84	1.13	-0.29***
阳台	0.81	1.10	-0.29***	0.81	0.99	-0.18**

注:***,**,*分别表示高租房组家庭的除居住年限之外各变量的均值在1%,5%和10%水平上高于低租房组的相应均值。

以上发现告诉我们,居住条件较差的租房比例较高的社区,也是非本地户籍人群相对聚居的地方,因而也是城市公共管理需要特别关注的方面。值得注意的是,非户籍家庭总体而言较差的居住条件也反映在了社区居住条件、安全、信任、健康及子女成长环境等方面。我们拥有的问卷中涉及被调查人对信任、安全、健康、子女成长和交往等方面的评价(基本上都由从1到5的主观评分来度量)。在表4.7中,我们将家庭按户主户籍分为两类进行各方面的均值比较,如表4.7所示,两类人群在多个方面体现出显著的差异。平均而言,非上海户籍家庭对自身所在小区的总体评价、对邻居的信任程度更低。在社会互动维度上,非上海户籍家庭在小区内的知心朋友显著更少,经常联系的人也显著更少。[①] 非上海户籍家庭对小区安全感的评价却显著高于本地户籍家庭,这在一定程度上反映出部分本地户籍居民认为移民带来不安定因素的主观心理,说明安全性是一个"公共

---

① 如果我们认为导致这种结果的原因之一是外地人(或本地人)更倾向于和外地人(或本地人)交往,而外地人在总人口中的比例较低,那么这本身也是社会分割的一种体现。

品",且本地户籍家庭对此更为敏感。非上海户籍家庭对健康状况的自我评价显著更高,这易于理解,既有文献也发现移民的健康状况好于原有居民的平均水平(Lu,2008)。进一步对两类人群年龄的比较可以部分地解释这一差异,本地户籍人群的平均年龄为48.15岁,显著高于外来人口(34.97岁)。

表4.7 不同户籍家庭的主观评价差异

问题	非上海户籍	上海户籍	两者差异
对小区的总体评价	3.37	3.47	-0.10*
在多大程度上信任邻居	2.85	2.95	-0.10***
知心朋友在本小区的比例	0.12	0.24	-0.12***
经常联系的人在本小区的比例	0.12	0.26	-0.14***
感觉小区安全	3.68	3.57	0.11**
健康状况的自我评价	3.93	3.61	0.32***

注:***,**,*分别表示两者在1%,5%和10%水平上有显著差异。

4.4 结论

随着城市化过程中大量人口的流入以及货币分房改革以来住房市场的不断发育,居住区分割的现象是否已经在不同户籍身份的居民之间出现?作为一个在计划经济年代就已发展成型的特大城市,上海使我们能够考察回答这一问题。根据本章对上海社区居民的抽样调查数据的分析,我们发现,按户籍身份形成的居住区分割现象已经在上海这样的城市中有所显现,我们计算所得的居住区分异指数也已经接近于美国大城市中亚裔人口的居住区分异指数的较低值。虽然我们的抽样范围没有包括远郊的居民以及住在集体宿舍里的外来人口,但这只会低估居住区分割程度的估计。具体而言,要达到居住区上的完全融合,需要有25.02%的外来人口搬入本地户籍人口比例较高的居民小区。对居住区选择的计量结果也显示,外来人口显著更倾向于选择外来人口比例较高的居民小区居住。当前中国的户籍制度改革方向是进一步放松对于中小城镇入户的限制,但是在那些对外来人口更有吸引力的大城市,户籍制度管理仍较为严格。然而,事实上,在不少沿海省份的大中城市,非户籍常住人口的比重已经超过50%,这一比例还会随着劳动力流动规模的进一步上升而上升,因此,与户籍相关的居住区分割程度很可能会变得越来越严重。

通过对微观数据的统计分析，我们也能发现居住区分割的潜在危害。从居住的条件来看，非户籍家庭更多集中在老式里弄和棚户区里，且更多居住在私人租借房里。非户籍家庭的平均已居住年限更短，居住面积更小，卧室数目更小，而且总体而言对小区的评价更低，更少在小区内进行互动，对邻居的信任感更低。将本章的居住区分割现象与后面几章中将涉及的信任水平与满意度或幸福感联系起来，我们会更全面理解户籍在其中的作用。在两项基于同样数据的实证研究中，我们的确发现，没有本地户籍的居民更加不信任小区的邻居和社会上的大部分人，对政府的信任水平也更低（汪汇、陈钊、陆铭，2009），并且总体而言，外来人口的生活满意度较低，尤其是其中的高教育水平者（陈钊、徐彤、刘晓峰，2012）。Jiang 等（2012）利用 CHIPS 数据也发现，相对于城市原有居民而言，不具有城市户籍的外来人口收入更低，并且对不同户籍身份居民间的收入差距更不满。在对信任水平的研究中，我们还发现，个人对于社会和政府的信任还受到所居住小区内其他居民该信任水平的影响（即存在小区层面的同群效应）。由于非本地户籍人口相对聚居，且非本地户籍人口的信任水平相对更低，同群效应就会放大由户籍带来的社会分割对信任的负面影响（汪汇、陈钊、陆铭，2009）。由此可见，随着外来人口不断进入城市，户籍人口与非户籍人口之间的这些差异将长期存在，而居住区分割所形成的空间上的分隔就会阻碍两类人群的相互融合，对未来的城市和谐发展构成巨大的挑战。城市的公共管理政策应尽早对这一问题予以关注，特别是应当在大城市逐步加快对户籍准入条件的放松，减少不同户籍身份居民之间的公共服务差异，促进常住人口之间的社会融合。

在美国，虽然政府对于黑人的直接歧视政策早已废除，但这些历史上的政策对种族间的居住区分割影响深远，至今仍余阴未散（Cutler，1999）。现在，虽然政府不能再通过法律手段实行直接的歧视政策，但政府采取的一些间接歧视政策仍然在影响着居住区分割（Becker and Murphy，2000）。美国的居住区分割问题较为严重，影响了城市的和谐发展，也影响了公共管理政策的实施效果。对于处在快速城市化进程中的中国，美国的问题应引以为鉴。在本质上，按户籍身份形成的居住区分割将在空间和社会双重意义上固化人群之间的差异，并极易在与身份有关的政策引发社会不满时起到"放大器"的作用，触发群体性事件。如果忽视促进城市内部社会融合的政策，一旦居住区分割转化为社会阶层的固化，其对城市和谐发展的长远负面影响可能会超出我们的想象。

参考文献

蔡昉、都阳、王美艳，2001，"户籍制度与劳动力市场保护"，《经济研究》，第 12 期，第 41 - 49 页。

陈钊、陈杰、刘晓峰，2008，"安得广厦千万间：中国城镇住房体制市场化改革的回顾与展望"，《世界经济文汇》，第 1 期，第 43 - 54 页。

陈钊、陆铭，2008，"从分割到融合：城乡经济增长与社会和谐的政治经济学"，《经济研究》，第 1 期，第 21 - 32 页。

陈钊、徐彤、刘晓峰，2012，"户籍身份、示范效应与居民幸福感——来自上海和深圳社区的证据"，《世界经济》，第 4 期，第 79 - 101 页。

冯皓、陆铭，2010，"通过买房而择校——教育影响房价的实证证据"，《世界经济》，第 12 期，第 89 - 104 页。

李志刚，2008，"中国城市的居住分异"，《国际城市规划》，第 4 期，第 12 - 18 页。

李志刚、吴缚龙，2006，"转型期上海社会空间分异研究"，《地理学报》，第 2 期，第 199 - 211 页。

陆铭、张爽，2007，"'人以群分'：非市场互动和群分效应的文献评论"，《经济学（季刊）》，第 991 - 1020 页。

汪汇、陈钊、陆铭，2009，"户籍、社会分割与信任：来自上海的经验研究"，《世界经济》，第 10 期，第 81 - 96 页。

Acevedo-Garcia, D., 2000, "Residential Segregation and the Epidemiology of Infectious Diseases," *Social Science & Medicine*, 1143 - 1161.

Bayer, Patrick, Robert McMillan, and Kim Rueben, 2002, "The Causes and Consequences of Residential Segregation: An Equilibrium Analysis of Neighborhood Sorting," Working Paper, Yale University..

Bayer, Patrick, Robert McMillan, and Kim Rueben, 2004, "What Drives Racial Segregation? New Evidence Using Census Microdata," *Journal of Urban Economics*, 56, 514 - 535.

Bayer, Patrick, Robert McMillan, and Kim Rueben, 2005. "Residential Segregation in General Equilibrium," NBER Working Papers 11095, National Bureau of Economic Research, Inc.

Becker, Gary S., and Kevin M. Murphy, 2000, *Social Economics: Market Behavior in a Social Environment*, The Belknap Press of Harvard University Press.

Cutler, David, Edward Glaeser, and Jacob Vigdor, 1999, "The Rise and Decline of the American Ghetto," *Journal of Political Economy*, 107 (3), 455–506.

Gabriel, Stuart A., and Stuart S. Rosenthal, 1989, "Household Location and Race: Estimates of a Multinomial Logit Model," *Review of Economics and Statistics*, 71 (2), 240–249.

Glaeser, Edward, B. Sacerdote, and J. Scheinkman, 1996, "Crime and Social Interactions," *Quarterly Journal of Economics*, 111 (2), 507–548.

Jargowsky, P. A., 1996, "Take the Money and Run: Economic Segregation in U. S. Metropolitan Areas," *American Sociological Review*, 61, 984–998.

Jiang, Shiqing, Ming Lu, and Hiroshi Sato, 2012, "Happiness in the Dual Society of Urban China: Hukou Identity, Horizontal Inequality and Heterogeneous," *World Development*, 40 (6), 1190–1200.

Lu, Yao, 2008, "Test of the 'Healthy Migrant Hypothesis': A Longitudinal Analysis of Health Selectivity of Internal Migration in Indonesia," *Social Science & Medicine*, 67 (8), 1331–1339.

Massey, Douglas S., Gretchen A. Condran, and Nancy A. Denton, 1987, "The Effect of Residential Segregation on Black Social and Economic Well-Being," *Social Forces*, 66, 29–56.

Tiebout, Charles M., 1956, "A Pure Theory of Local Expenditures," *The Journal of Political Economy*, 64 (5) (Oct., 1956), 416–424.

Wang, Fei-Ling, 2005, *Organizing through Division and Exclusion: China's Hukou System*, Stanford University Press.

Williams, David, and Chiquita Collins, 2001, "Racial Residential Segregation: A Fundamental Cause of Racial Disparities in Health," *Public Health Reports*, 116 (9–10), 404–416.

Wu, Xiaogang, and D. J. Treiman, 2004, "The Household Registration System and Social Stratification in China: 1955~1996," *Demography*, 41 (2), 363–384.

第五章

户籍、社会分割与信任

随着中国劳动力跨地区流动的加剧,越来越多的非本地户籍人口,特别是外来的农村劳动力到城市就业并长期居留。以上海为例,没有户籍的常住人口已经占到常住人口的1/4以上。由于城市内部各种公共服务的享有需要以本地户籍为前提,于是,城市内部就形成了本地户籍人口与非本地户籍人口之间的分割。那么,这种户籍制度造成的社会分割究竟会对城市居民的信任带来怎样的影响?这是本章要回答的一个重要问题。另外,如果源于户籍制度的社会分割会降低信任水平,那么,我们能否完全寄希望于通过社会和经济的发展来克服这一不利影响?更确切地说,随着城市内部非本地户籍人口收入和教育水平的提高,户籍分割对信任的负面影响是否会逐渐减少并消失呢?这是本章试图回答的另一个问题。

通过对2006—2007年收集的上海市居民抽样入户调查数据的分析,我们发现:(1)不同类型的信任,其决定因素不尽相同;(2)非本地户籍无一例外地显著降低我们所研究的三种类型的信任;(3)收入和教育水平的提高并不能减少户籍分割对信任水平的负面影响;(4)居民的社会信任和公共信任显著地受到其居住小区内其他居民该信任水平的影响,即存在"同群效应"。上述发现意味着,我们不能指望仅仅通过经济的发展就能消除户籍分割对信任的不利影响,事实上,该影响是持续存在的,并且将对城市的和谐发展造成持久的威胁。由于非本地户籍人口在城市内部相对聚居,因此,非本地户籍人口的低信任还会在社区层面上借助同群效应而放大,这就进一步加剧了城市内部社会融合的难度。反过来说,如果政府可以减少由户籍造成的社会分割,促进信任的提高,那么,同群效应也能够放大此类政策的积极效应。

本章接下来的结构如下:第一部分阐释信任的概念和分类,对已有的相关文献进行回顾和评论,并通过比较指出本研究的贡献;第二部分讨论本章分析的户籍制度对信任可能产生的各种影响;第三部分列出数据来源和统计描述;第四部分阐述信任决定的计量模型;第五部分考察信任决定中的同群效应;第六部分是本章小结。

5.1 文献回顾

信任是指在存在不确定性的情况下,对其他经济行为者合作行动的乐观预期(Fafchamps, 2004; Luo, 2005)。根据经济行为者的不同性质,通常把信任划分为个人间的信任和对公共机构的信任(Newton, 1999)。而对于个人间的信任,Durlauf and Fafchamps(2005)根据其产生机制的不同,又进一步将其划分为个人化信任(personalized trust)和一般化信任(generalized trust)。① 前者来自反复多次的人际交往,而后者是那些基于对象群体的构成、动机、教育背景等一般性知识产生的信任。

尽管这三种信任存在很大差异,但现有文献往往只专注于一个方面的研究,很少有文献把三种信任的决定做比较分析。② 另外,由于这三种信任的对象和产生机制的差异,它们在促进中国的城乡融合和推动城市化进程时也扮演着不同的角色。因此,在本章的研究中,我们将分别研究个人化信任、社会信任和公共信任的决定,从而明确地比较不同信任的决定因素和形成机制的差异。

虽然国外学者在信任的决定因素的研究中不可能考虑本地户籍这一具有"中国特色"的变量,但社会分割对信任的影响始终是相关研究的一个关注焦点。Putnam(2000)发现:在美国,最穷阶层比最富阶层的信任水平要低得多;在控制了收入水平后,非洲裔美国人是美国信任水平最低的人群。Alesina and Ferrara(2002)的研究发现,属于一个长期在社会上受到歧视的群体(如黑人、女性),或居住在一个种族混杂、收入不均等的社区内,会显著降低一个人的社会信任水平。也就是说,社会分割所带来的对某一群体的歧视会降低该群体的信任水平,并且在社会分割的条件下,处在异质性程度越高的环境中的人,信任水平就越低。但是,已有的文献

---

① 类似地,Leigh(2006a)将信任划分为本地化的信任(对同一社区的居民的信任,localised trust)和一般化信任。

② Alesina and Ferrara(2002)仅计算了社会信任和公共信任的相关性;Leigh(2006a)分别研究了本地化信任和一般化信任的决定因素,但并未加以比较。

都没有进一步考虑教育和收入水平的提高是否能够缓解社会分割对于信任的负面影响。

目前国内对于信任的研究，涉及企业间的信任（张维迎、柯荣柱，2002）、农村居民的公共信任（Li，2004；陆铭、张爽，2008）、城市内本地户籍居民的社会信任（李涛等，2008）。但所有的这些研究并没有注意到一个对于中国的城市发展意义重大的问题，那就是城市化进程中不同户籍身份的人群之间信任水平的差异。与已有的文献相比，本研究证实了体现社会分割的户籍制度对于信任的负面影响，并且发现，由社会分割导致的信任降低不会因为收入和教育水平的提高而缓解。

另外，对于信任决定中的同群效应，Alesina and Ferrara（2002）做出了可能的机制阐述。他们认为在社会信任的决定中，可能存在着本地互动（local interaction），即人与人之间小范围内的相互影响，这会使得身处低信任水平环境中的人自身的信任水平较低，反之亦然。但是由于他们的样本不是在社区层面抽取的，所以他们也就没能直接对同群效应的存在进行验证。而在本章的研究中，由于我们的样本在小区层面有很好的代表性，我们可以对同群效应进行比较科学的度量，从而研究其对信任的影响。并且，由于发现同群效应和户籍维度上的居住地分割现象的同时存在，我们可以推断，户籍因素对于信任水平的影响会在小区内得到进一步的放大。

5.2 户籍制度和信任

1958年1月9日，中国第一部户籍管理法规《中华人民共和国户口登记条例》开始实施。此后，国家陆续出台了一系列政策和规定，将我国户口管理与劳动用工、住房、医疗、教育、就业、人事关系、社会福利和社会保障等公民权益相挂钩（Zhu，2003）。改革开放以来，全国各地都在逐步推行户籍改革，不断放宽户口迁移、管理限制。2002年6月，上海市对在沪常住引进人才、外来务工人员及其直系亲属实行居住证制度。可是一方面，居住证与本地常住户籍相比在社会福利方面仍有较大差别；另一方面，居住证的审批发放采用计分的方法，大部分外来人口仍然不可能拿到长期居住证。因此，特别是在上海这样的大城市，户籍身份仍然难以由个人自行选择。

户籍制度的存在给中国带来了众多方面的影响，成为中国农民改善自身生活的阻碍（Wu and Treiman，2004），造成城市内部劳动力市场的分割（蔡昉等，2001），扩大了城乡收入差距（陆铭、陈钊，2004；Whalley and Zhang，2007），阻碍了城市化的进程（陈钊、陆铭，2008）。在这些众多的影响中，有一个影响一直被研究者们所忽视，那就是户籍对信任的影响。

根据以往对于信任的研究，我们认为，户籍制度至少从两种渠道影响着非户籍人口在居留地的信任水平。首先，信任理论的一个重要假说，是人们更信任那些有过长期交往的个人和组织，也更愿意信任那些预期要在相当长一段时间内存在交往的个人和组织（Alesina and Ferrara，2002）。信任是一种合作均衡，而合作均衡的条件是存在将来报复不合作者的可能性（Lewicki and Bunker，1995），也就是要以长期的交往为前提。户籍制度造成了中国的城乡分割、地区与地区之间的分割，这也就意味着如果没有居留地户口，外来人口就难以长期居住，与当地居民、社会和政府的长期交往也就难以维系，信任水平就会降低。

另一方面，根据国家和地方的一系列政策和规定，户籍管理与各种公民权益紧密相连。在这样的情形下，没有城市户籍者就会受到各种制度性的歧视。[①] 而对于信任的来源，有研究认为，信任是对过去生活经验的一种总结（Inglehart，1999；Putnam，2000）。在过去的生活中，受到公正和慷慨对待的人，比那些在生活中遭受歧视、排斥的人，更信任他人（Delhey and Newton，2003；Alesina and Ferrara，2002）。在中国，没有本地户籍的人在所在城市受到政策的严重歧视，或者受到本地人的不友好的对待（蔡昉等，2001；Wang，2005；陈钊、陆铭，2008），在这样的情况下，无本地户籍者对于小区居民、社会以及政府的信任水平会相应下降。

有学者认为，中国的户籍制度是当今世界上存在的最重要的歧视性制度（Wang，2005）。在这种歧视性制度下，社会人群被人为地分割成有本地户籍人口和无本地户籍人口两类。现有文献已经发现社会分割会降低信任水平。从宏观上看，社会分割越严重、收入分配越不平等和种族异质性

[①] 此类文献相当之多。例如，Wu and Trieman（2004）的实证研究表明，其他条件不变，在14岁时没有城镇户籍的人比14岁时拥有城镇本地户籍的人在教育年限上少半年。Whalley and Zhang（2007）通过对经济模型进行数值模拟，得到结论：中国的户籍制度显著阻碍了收入的平均分配。严善平（2007）利用上海市的4次大型调查数据发现，1995—2003年，外来劳动力与本地居民的人力资本收益率上升速度不同，两者的差距甚至有扩大的趋势。Zhang and Meng（2007）对比1999年和2002年两年的数据也表明，农村移民和城市居民的工资差距在扩大，并且主要是由民工的教育回报下降导致的。

越大的国家，信任水平就越低（Knack and Keefer，1997；Leigh，2006b）；从微观上看，社会分割下被歧视的群体，如在美国的低收入阶层和黑人，其信任水平较低（Putnam，2000）。因此我们认为，在户籍制度下，被歧视的非户籍人口的信任水平会相对较低。

当然，我们也应当看到，非户籍人口的低信任水平并不完全是由户籍制度带来的。但是，也应当看到，户籍在一定程度上甚至也能够反映诸如语言和文化上的差异对信任水平的影响。例如，在本章研究的上海，非本地户籍人口更可能不会说上海的本地方言。

5.3 数据描述

本研究的数据同样来自复旦大学社会学系2006—2007年"和谐社区与社会资本研究"抽样调查数据库，我们在本书第四章中对此数据已有较详细的说明。本章所涉及的有效样本包含了分布在上海市6个区的48个小区的1 393户家庭在2006年或2007年的相关信息，即包括48个社区级层面和1 393个家庭层面的横截面数据，每个社区的家庭样本数平均约为29个。

我们对信任的度量是从三个方面进行的。首先是人与人之间的个人化信任，由于我们主要想研究的是外来人口的本地融合问题，因此，我们在研究中具体采用的是"对于所在小区居民的信任"。在问卷中，被访者给予"对小区居民的信任"的评价从低到高分别为：很不信任、不太信任、比较信任和很信任，我们相应地用相对指数从1到4来表示对小区居民的信任水平（residence），指数越高信任度越高。其次是社会信任，与文献中常用的社会信任变量度量方法相似（参见Alesina and Ferrara，2002；李涛等，2008），本研究的社会信任变量（strust）为虚拟变量，当被访者表示对社会上大多数人可以信任时，赋值为1；当其表示认为社会上大多数人不可信任、相处时要越小心越好或不知道时，赋值为0。[①] 值得一提的是，我们对回答为"不知道"的受访者的处理与Alesina and Ferrara（2002）以及李涛等（2008）的做法相同，把他们归类为社会信任较低的一类，这是

---

① Glaeser, et al.（2000）用实验经济学的方法证明，在问卷调查中被访者表示的对他人的信任程度，实际上真正度量的是被访者本人值得信任的程度，而非被访者对他人的信任程度。

一种相对保守的处理方法。Alesina and Ferrara（2002）指出，人们会更倾向于回答自己是信任水平高的人，尽管事实可能并非如此，因此，按照人们的原始答案，研究会高估人们的信任水平，那么，把回答为"不知道"的受访者处理为社会信任较低的一类，就是一种减少这种高估的方法。最后是对于公共机构的信任，即公共信任，本研究采用的指标是"对政府的信任"（gov）。与"对小区居民的信任"相类似，该信任度从 1 到 4 分别表示：很不信任、不太信任、比较信任和很信任。通过统计，我们发现，在接受调查的 48 个小区的 1 300 多位居民中，有 66.23% 的人认为大多数人是可以信任的，对于小区居民和政府信任的平均水平都是"比较信任"（分别为 2.920 和 3.020）。

上述三种信任在同一个体上存在着较大差异。基于对本研究所用的数据库的分析，我们发现三种信任的相关度并不高（相关系数在 0.12—0.20），如果用主成分分析法，即使选取两个主成分也只能反映原指标 74.07% 的信息量。因此，我们完全有必要对三个维度的信任逐一加以研究，对这三种信任水平的决定因素的比较也将变得颇有意义。

表 5.1 显示了不同群体的平均信任水平比较。在该表中，有本地户籍的群体，对小区居民和政府的平均信任都显著高于没有本地户籍的群体。而在社会信任水平的维度，尽管本地户籍居民的平均信任水平更高，但是这种差异在统计上并不显著。

表 5.1　不同群体的信任水平比较

	对小区居民的信任			社会信任			对政府的信任		
	样本比例	均值	均值之差	样本比例	均值	均值之差	样本比例	均值	均值之差
本地户籍	0.833	2.943	0.138***	0.834	0.665	0.016	0.836	3.041	0.130**
非本地户籍	0.167	2.805		0.166	0.649		0.164	2.911	

注：*** 和 ** 分别表示两组样本的均值之差在 1% 和 5% 水平上显著异于 0。

表 5.2 列出了本章计量模型中解释变量的名称和定义。其中，户籍特征对于信任的影响是我们关注的重点。在研究中，本地户籍用是否为上海市本地户籍的哑变量来度量，有上海市本地户籍的记为 0，没有的记为 1。

除此之外，我们还控制了其他一些已有研究发现的影响信任的重要变量，分为两类：居民的个人客观因素和社区层面的客观因素。在居民的个人客观因素层面上：人的社会经验会随着年龄的增长而变化，因而年龄的增长会影响居民的信任水平（Mishler and Rose，2001）；与男性相比，女

表 5.2 解释变量列表

	变量名称	变量定义
个人客观因素 X_i	hukou	被访者无上海本地户籍 = 1，其余 = 0
	age	被访者的年龄
	age2	被访者年龄的平方
	male	当被访者为男性 = 1，为女性 = 0
	marr	被访者已婚 = 1，未婚、离异及丧偶 = 0
	primary	被访者教育水平为小学及以下 = 1，其余 = 0
	junior	被访者教育水平为初中 = 1，其余 = 0
	senior	被访者教育水平为高中或中专 = 1，其余 = 0
	college	被访者教育水平为大专、本科及以上 = 1，其余 = 0
	PRC	被访者为中共党员 = 1，其余 = 0
	lnhinc	被访者家庭人均收入的对数
	lnhinc2	被访者家庭人均收入对数的平方
社区客观因素 Z_i	stability	所在小区内其他被访者已经和将要居住的年限之和的平均值
	lnghinc	同一社区内其他被访者平均收入水平的对数
	lnghinc2	同一社区内其他被访者平均收入水平对数的平方
	gini	所在社区的基尼系数
	hetehukou	所在社区的户籍异质性指数

性在历史上长期处于弱势地位，因此女性的信任水平可能较低（Alesina and Ferrara，2002）；婚姻形成的家庭，一方面为居民提供了抵御外部社会风险的机制，可以提高其信任水平（李涛等，2008），另一方面减少了居民与社会外界互动的强度，可能降低其信任水平（Alesina and Ferrara，2002）；较高的受教育程度提高了居民的认知分析能力和风险控制能力，进而影响其信任水平（Cole，1973；Mishler and Rose，2001；Alesina and Ferrara，2002）；居民较高的收入会提高其在社会上被尊重和平等对待的可能性，并且较高的收入也会增强其对不恰当的信任决策所造成损失的承受能力，因而可能提高其信任水平（Alesina and Ferrara，2002；Delhey and Newton，2003）。另外，在中国，党员作为一种特殊的政治身份，可能会提高居民的信任水平（陆铭、张爽，2008）。因此，在居民的个人特征

(X_i)中,我们控制了:被访者的年龄,年龄的平方,被访者的性别,婚姻状况,受教育水平(用四个哑变量来表示,分别为小学及以下、初中、高中和大专、本科及以上),是否为中共党员,被访者的家庭人均收入的对数,家庭人均收入对数的平方。

在社区客观因素的层面上:Alesina and Ferrara(2002)的实证研究发现,较高的社区人口流动率会显著减少信任,他们指出,信任来自人们对于未来长期互动的期望,人口流动会降低人们对于未来合作的期望,从而减少信任;陆铭、张爽(2008)发现生活在较富裕的村庄的人们对公共机构有着更高的信任度,而 Alesina and Ferrara(2002)发现社区的平均收入对社会信任的影响呈倒 U 形;以种族异质性和收入差距来衡量的社区异质性都会显著降低居民的社会信任水平(Alesina and Ferrara,2002)。因此,我们控制的社区特征(Z_i)包括:社区层面人口的流动性(该小区其他被访者已经和将要居住的年限之和的平均值),同一社区内其他被访者平均收入水平的对数,平均收入水平对数的平方,社区内的基尼系数[①],社区的户籍异质性指数。仿照 Alesina and Ferrara(2002)对社区内种族分割指数的构造,此处户籍异质性指数 $hetehukou = 1 - \sum_k S_{ki}^2$,其中 $k = 1, 2$。S_{1i} 为第 i 个小区内被访者中有本地户籍的比例,S_{2i} 为第 i 个小区内被访者中没有本地户籍的比例。

表5.3用本研究样本中的1393个个体数据对模型中的变量进行了统计描述。除了样本整体外,我们还按照户籍将样本分为有本地户籍的群体和没有本地户籍的群体。通过比较这三组数据,我们可以看出,在有本地户籍和没有本地户籍的样本群体之间有显著差别的是:(1)无本地户籍的群体平均来看更加年轻,单身的比例更高;(2)无本地户籍的群体平均来看,接受大专以上高等教育的概率和家庭人均收入水平都更高;[②](3)无本地户籍的群体往往居住在户籍异质性更高的社区中,在本研究中,由于每个小区的外来人口比重都不超过50%,所以较高的户籍异质性也就意味着较高的外来人口比重。

[①] 基于小区内的被访者的收入计算所得。
[②] 这可能是由上海的特殊政策导致的,上海控制户籍非常严,对受过高等教育者也存在户籍控制,这就造成尽管受高等教育者更愿意选择在上海生活和工作,但并不意味着他们就能够得到户籍。

表 5.3　模型中变量的统计描述

变量	总体		有本地户籍		无本地户籍		两组样本均值之差
	均值	标准差	均值	标准差	均值	标准差	
age	46.514	17.145	48.713	16.866	35.443	13.992	−13.270***
male	0.475	0.500	0.478	0.500	0.463	0.500	−0.015
primary	0.076	0.264	0.075	0.263	0.079	0.270	0.004
junior	0.211	0.409	0.213	0.409	0.206	0.405	−0.006
senior	0.304	0.460	0.321	0.467	0.215	0.412	−0.107***
college	0.409	0.492	0.391	0.488	0.500	0.501	0.109***
PRC	0.174	0.379	0.182	0.386	0.132	0.339	−0.050*
marr	0.723	0.448	0.746	0.435	0.605	0.490	−0.141***
hinc[(1)]	2 040.579	3 552.293	1 919.698	3 160.875	2 672.785	5 099.234	753.087***
stability	36.812	9.477	36.827	9.343	36.733	10.144	−0.095
gm_hinc[(2)]	2 170.676	1 777.104	2 189.220	1 844.527	2 077.302	1 388.412	−111.918
gini	0.381	0.089	0.380	0.092	0.390	0.077	0.011
hetehukou	0.256	0.127	0.242	0.126	0.331	0.101	0.090***

注：*** 和 * 分别表示两组样本的均值之差在 1% 和 10% 水平上显著异于 0；[(1)] 家庭人均的月收入水平；[(2)] 居住小区内所调查样本中平均的家庭人均月收入水平。

5.4　信任决定的模型

本研究建立了如式（5.1）与式（5.3）所示的 ordered probit 模型来分别考察对小区居民和对政府的信任的决定因素，以及如式（5.2）所示的 Probit 模型来考察社会信任水平的决定因素。具体的模型如下：

$$P(\text{residence}_{ij} = k) = \Phi(\alpha_k - \beta_1 - \beta_2 X_{ij} - \beta_3 Z_{ij}) - \Phi(\alpha_{k-1} - \beta_1 - \beta_2 X_{ij} - \beta_3 Z_{ij}) \tag{5.1}$$

其中，$k = 1, 2, 3, 4$；$\alpha_0 = -\infty$；$\alpha_k \geq \alpha_{k-1}$；$\alpha_3 = +\infty$。

在式（5.1）中，$P(\text{residence}_{ij} = k)$ 表示第 j 个小区里的第 i 个被访者表达其对小区内居民信任水平为 k 的概率，即

$$P(\text{strust}_{ij} = 1) = \Phi(\beta_1 + \beta_2 X_{ij} + \beta_3 Z_{ij}) \tag{5.2}$$

在式（5.2）里，方程左边的 $P(\text{strust}_{ij} = 1)$ 表示在第 j 个小区里的第 i 个被访者认为社会上大多数人可以信任的概率。右边的解释变量见表 5.2。

$$P(\text{gov}_{ij} = k) = \Phi(\alpha_k - \beta_1 - \beta_2 X_{ij} - \beta_3 Z_{ij}) - \Phi(\alpha_{k-1} - \beta_1 - \beta_2 X_{ij} - \beta_3 Z_{ij}) \tag{5.3}$$

其中，$k = 1, 2, 3, 4$；$\alpha_0 = -\infty$；$\alpha_k \geq \alpha_{k-1}$；$\alpha_3 = +\infty$。

式（5.3）的解释与式（5.1）类似。根据式（5.1）、（5.2）、（5.3），

表 5.4 信任的决定因素

解释变量	对小区居民的信任				社会信任		对政府的信任		
	(1) 系数	(2) 系数	(3) 系数	(4) 系数	(5) 系数	(6) 系数	(7) 系数	(8) 系数	(9) 系数
hukou	-0.328***	-0.240**	-0.524	-0.043	-0.197*	-0.002	-0.202**	-0.167*	0.606
age		0.009	0.010		0.000	-0.005		-0.029**	-0.032**
age2		0.000	0.000		0.000	0.000		0.000 3**	0.000 3***
male		0.007	0.010		-0.130*	-0.123		-0.093	-0.093
junior		0.138	0.071		0.129	0.293*		-0.029	0.063
senior		0.036	-0.047		0.145	0.273		0.044	0.154
college		-0.075	-0.164		0.285	0.394**		-0.087	0.009
PRC		0.089	0.089		0.302***	0.313***		0.257***	0.258***
marr		-0.071	-0.069		0.124	0.142		0.115	0.117
lnhinc		0.084	0.096		0.036	0.025		0.134	0.126
lnhinc2		-0.009	-0.010		-0.001	-0.002		-0.014	-0.012
stability		0.010**	0.010**		0.013***	0.013***		0.013***	0.013***
lnghinc		2.137*	2.066*		9.772***	9.560***		5.584***	5.644***
lnghinc2		-0.130**	-0.125**		-0.606***	-0.593***		-0.352***	-0.357***
gini		0.784	0.773		-1.477***	-1.444**		-1.160**	-1.127**
hetehukou		-0.209	-0.207		-0.077	-0.082		-0.387	-0.380
inc_hukou			-0.008			0.061			-0.045
jun_hukou			0.284			-0.879**			-0.444
sen_hukou			0.386			-0.714*			-0.558
col_hukou			0.408			-0.604			-0.476
constant				0.414	-38.791***			-37.858***	
number of obs.	1 362	1 225	1 225	1 371	1 230	1 230	1 344	1 209	1 209
pseudo R^2	0.006 8	0.023 7	0.024 5	0.000 1	0.052 9	0.056 2	0.002	0.028 8	0.030 1

注：***，**，* 分别表示在 1%，5% 和 10% 水平上显著。为了节省篇幅，我们没有报告系数的标准误。

我们构造了包含 X_i 和 Z_i 的回归，回归结果见表 5.4。[1]

为了检验是否存在重要的遗漏变量导致的内生性偏误，我们在表 5.4 的第（1）、（4）、（7）列报告了只放"户籍"这一变量的结果，通过比较可以发现，加入本研究已经考虑的其他重要的控制变量之后，户籍的影响作用并没有显著改变。因此可以认为，即使存在可能的遗漏变量，这些变量的加入也不会对本研究结论的影响太大。根据表 5.4 的回归结果，下面我们来对三种信任的决定因素进行逐一的分析。

个人化信任

首先来看人与人之间的个人化信任。表 5.4 的第（2）列是对小区居民的信任的 ordered probit 回归结果。在 ordered probit 模型中，对于居中的被解释变量取值（在此处，对居民的信任水平取 2 或 3），系数的符号并不总是与特定的解释变量取值下某个解释变量的边际效应的方向一致（Wooldridge，2002），因此，为了能够更为直观地获得每一种因素对对居民的信任水平的影响，我们基于表 5.4 第（2）列计算了每一种显著的影响因素的边际效应，结果参见表 5.5。其中，"基准"这一行给出了一个作为参照的"典型"个人分别报告四种不同信任程度的概率，以下各行则给出了某一特定变化后分别报告四个不同信任程度的概率。

表 5.5　对小区居民的信任水平决定因素的边际效应

（基于表 5.4 第（2）列中的显著因素）

	对居民的信任水平			
	很不信任	不太信任	比较信任	很信任
基准	0.004 8	0.122 3	0.763 8	0.109 2
由拥有本地户籍变为没有本地户籍[2]	0.009 3	0.174 6	0.7454	0.070 6
社区稳定性＝社区稳定性均值−1	0.004 9	0.124 2	0.763 6	0.107 3
社区稳定性＝社区稳定性均值−10	0.006 3	0.142 6	0.759 4	0.091 7
社区平均收入减少 10%	0.005 0	0.125 4	0.763 4	0.106 2
社区平均收入减少 50%	0.007 5	0.155 7	0.754 6	0.082 3

注：（1）作为参照的基准是基于年龄、收入、社区稳定性、社区平均收入水平、社区基尼系数和社区的户籍异质性均取均值，其他哑变量取 0。（2）划线的数值表示相对于基准有所下降。

---

[1] 考虑到三种信任水平决定的回归方程的残差项很有可能是相关的，因此作为一项稳健性检验，我们通过 seemingly unrelated regression 的方法对三个方程加以联立估计。结果表明，前面的估计结果是稳健的，变量的系数与显著性均无大的变化。限于篇幅，这里没有报告 SUR 方法的回归结果。

[2] 现实中可能出现的情况是赋予外来常住人口本地户籍。此时，该政策变化对信任水平的影响可以近似地理解为从表中第二行数值（户籍从有到无）变成表中第一行作为基准的信任水平。

对于所在小区居民的信任水平,根据表5.4第(2)列和表5.5,我们有如下发现:

第一,相对于个人客观层面的因素,社区层面因素的影响更为显著。个人化信任和一般化信任的最根本差别在于它们的产生机制。社会信任是对任何随机选择的个体的行为方式有多大可能是诚实的、值得信任的信念,是一种事先的信念,而个人化的信任则是一种事后形成的对于认识的个体的声誉评价(Durlauf and Fafchamps,2005)。因此,对于小区居民的信任水平,相对于信任主体的自身因素,受到被信任对象的客观因素的影响更为显著。本章研究显示,住在稳定性更高的社区(所有被访者已经和将要在该小区居住的时间平均来看更长的社区)的居民,对小区居民的信任水平更高;在平均收入水平较高的小区,居民对小区居民的信任水平也更高。这两个结果都与现有研究指出的个人化信任的特征相一致。例如,Lewicki and Bunker(1995)提出了一个信任关系形成与演化的三阶段模型,他们指出:重复博弈形成的声誉机制,是稳定的信任关系的基础。因此,对于稳定性更高的居民,重复博弈的可能性就更大,那么他们的声誉评价乃至信任水平也就更高。[①] 另一方面,在目前的中国社会中,较高的收入,往往意味着较高的社会地位,那么,对于高收入的邻居,居民对他们的声誉评价在一般意义上也就更高,并会由此产生更高的信任水平。

第二,尽管其余的个人客观因素对于"对居民的信任水平"没有显著的影响,但我们所重点关注的本地户籍变量对居民信任水平的影响无论从统计上还是系数上都很显著。我们可以从表5.4看出,没有本地户籍对居民的信任的降低作用远远超过其他因素。降低对居民信任水平的作用排序是:"由拥有本地户籍变为没有本地户籍"强于"社区平均收入减少50%",强于"社区稳定性=社区稳定性均值-10",强于"社区平均收入减少10%",强于"社区稳定性=社区稳定性均值-1"。

社会信任

接下来,我们再看社会信任的决定因素。表5.4的第(5)列是对社会信任的probit模型的回归结果。由于probit模型是非线性的,系数并不能直接反映偏效应的大小,所以我们应用Stata中的mfx命令以及一些手动计

---

① Alesina and Ferrara(2002)也有类似的论述和发现。

算,得出了表 5.6。

表 5.6　社会信任水平决定因素的边际效应
(基于表 5.4 第 (5) 列中的显著因素)

变量	hukou	male[(1)]	college	PRC	stability	ghinc1[(2)]	ghinc5[(3)]	gini
边际效应	−0.073*	−0.047*	0.102*	0.105***	0.005***	0.086***	0.135***	−0.538***

注:***,**,* 分别表示在 1%、5% 和 10% 水平上显著。[(1)]对于 hukou、male、PRC 等哑变量,边际效应即是其从 0 到 1 所带来的概率的变化;[(2)]此处为手动计算在其他变量处于基准水平上,社区平均收入增加 10% 的边际效应;[(3)]此处为手动计算在其他变量处于基准水平上,社区平均收入增加 50% 的边际效应。

根据表 5.4 第(5)列和表 5.6,我们可以发现:

本地户籍、性别、教育、党员身份、社区平均稳定性、小区平均收入和小区收入的异质性都会对居民的社会信任水平产生显著影响。在其他条件不变的情况下,没有本地户籍的居民,表示信任社会上大多数人的概率,比有本地户籍的居民低 7.3%。① 女性更加信任他人,这一点与其他国家已有文献的结论有很大不同,例如,Delhey and Newton(2003)对七个国家的数据分析发现性别对于社会信任的影响不显著,而 Alesina and Ferrara(2002)发现在美国,女性的社会信任水平更低。关于这种差异,我们认为可能是由于女性地位的不同而造成的,中国女性社会地位相对较高,更可能出现我们所发现的这一结果。② 大专、本科及以上的高等教育,会显著地提高居民的社会信任水平。党员比非党员的社会信任水平要高。居住在越稳定的社区,其社会信任水平也越高。小区平均收入对居民社会信任水平的影响呈倒 U 形,根据表 5.4 第(5)列,我们可以计算出平均收入对社会信任水平影响的拐点为小区平均的家庭人均月收入 3 174 元。而我们的样本中,小区平均收入为 1 722 元,增加 10% 后为 1 894 元,增加 50% 后为 2583 元,因此在表 5.6 的分析中,平均收入增加对社会信任水平的边际效应为正。小区收入的异质性越高,居民的社会信任水平越低。Alesina and Ferrara(2002)也有类似的发现,他们认为造成这种现象的原因可能有两点:一是人们往往更信任和自己社会经济状况相似的人;二是收入异质性高往往意味着低收入者比例也相对较高。另一方面,低收入者

---

① 需要指出的是,本文的结果表明拥有本地户籍有利于增加对社会的信任,但这并不必然意味着,在全国范围内,上海户口拥有者的社会信任程度最高。

② 陆铭、张爽(2008)在中国农村居民的公共信任研究中也发现男性信任更低,而在本文的城市居民的政府信任决定中,男性的系数不显著为负。

的信任水平较低（在他们的数据库中），而一个居住在平均信任水平低的环境中的人，自身的信任水平也会下降。

公共信任

最后，我们要关注的是公共信任，在本章中具体是指"对政府的信任"。表5.4的第（8）列是对政府的信任的ordered probit回归的系数，这里的系数同样不能表示出每个解释变量的具体的边际效应，因此我们采取了类似表5.5的处理，结果见表5.7。

表 5.7 对政府的信任水平决定因素的边际效应
（基于表5.4第（8）列中的显著因素）

	对政府的信任水平			
	很不信任	不太信任	比较信任	很信任
基准	0.016 7	0.099 3	0.543 2	0.340 8
由拥有本地户籍变为没有本地户籍	0.025 6	0.128 8	0.567 2	0.278 4
年龄＝均值＋1	0.016 9	0.100 2	0.544 2	0.338 7
由党员变为非党员	0.032 5	0.148 1	0.575 1	0.244 4
社区平均稳定性减少10年	0.023 2	0.121 5	0.562 8	0.292 6
社区平均收入减少10%	0.017 6	0.102 4	0.546 6	0.333 4
社区基尼系数增加0.1	0.021 7	0.116 6	0.559 3	0.302 4

注：（1）基准是基于年龄、收入、社区稳定性、社区平均收入水平、社区基尼系数和社区的本地户籍异致性均取均值，党员取1，其他哑变量取0。（2）划线的数值表示相对于基准有所下降。

对于对政府的信任水平，根据表5.4第（8）列和表5.7，我们有如下发现：

本地户籍、年龄、党员身份、社区的平均稳定性、社区内平均的家庭人均收入和社区内的基尼系数都会对公共信任水平产生显著的影响。没有本地户籍会显著地降低对政府的信任水平。年龄对于公共信任的影响呈U形，根据表5.4的第（8）列，我们可以发现，控制住其他因素后，公共信任最低的年龄为48岁。在48岁之前，居民随着年龄的增长，对政府的信任程度逐年降低；而在48岁之后，这一信任水平又开始逐渐升高。由于我们计算的边际效应是基于平均年龄水平的，而我们样本中的平均年龄为47岁，因此边际效应在这里的符号为负，且绝对值很小。党员身份对于公共信任的作用显著为正，这与陆铭、张爽（2008）对于中国农村的公共信任的研究发现是一致的。社区内的家庭平均月收入的影响是显著的，呈现出一种倒 U 形关系，拐点为月收入 2 784 元。由于我们对边际效应的计算是基于所有社区平均水平的平均，在样本中为 2 170 元，减少 10% 后为 1 953元，位于拐点以前，因此边际效应为负。与对社会信任的影响相似，小区收入的异质性越高，居民的公共信任水平越低。从数量上来看，如果没有本地户籍对于信任的影响要明显超过社区稳定性下降 10 年、社区基尼系数增加 0.1 或社区平均收入减少 10% 的负效应。

从以上三种不同信任决定的分析可以看出，对于我们重点想研究的个人户籍身份对于信任的影响，在信任的三个维度上的作用都是显著的，在其他条件保持不变的情况下，没有本地户籍的居民更加不信任小区的邻居和社会上的大部分人，对政府的信任水平也更低。

如果无本地户籍的人口信任程度更低，那么，在社会经济发展过程中，随着这部分人的收入和教育程度提高，户籍身份的负面影响是否能够得到缓解甚至被抵消呢？一个可能的猜想是，高教育水平或收入者更不在意没有城市户籍，或者说，不拥有城市户籍的事实对收入较高者或教育程度较高者的信任水平的降低作用要轻微得多。对此，我们尝试通过构造教育或收入和户籍身份的交互项来进行检验。如果对于收入较高、教育背景较好的居民，非本地城市户籍对他们的信任水平的降低作用较小，那么，在存在收入和户籍的交互项，以及教育水平和户籍的交互项的回归中，交互项的系数应当与户籍本身的系数相反。以社会信任为例，如果我们把加入交互项后的模型写为如下的式（5.4），则 β_4 和 β_5 的符号应该显著为正。

$$P(\text{strust}_{ij}=1) = \Phi(\beta_1 + \beta_2 X_{ij} + \beta_3 Z_{ij} + \beta_4 \text{inc\_hukou}_{ij} + \beta_5 \text{edu\_hukou}_{ij})$$

(5.4)

其中，inc_hukou_{ij} 是第 j 个小区第 i 个被访者的收入和户籍的交互，edu_hukou_{ij} 是第 j 个小区第 i 个被访者的教育和户籍的交互（实际是三个表示教育水平的虚拟变量与本地户籍的交互）。

表 5.4 的第（3）、（6）、（9）列是对加入交互项的式（5.4）的回归结果。从中我们可以发现，加入的交互项基本都不显著，而且符号也不稳定。因此，我们可以说，对于收入、教育水平不同的人而言，户籍身份对信任的负面影响没有显著的不同。也就是说，较高的收入和学历并不能弥补没有本地户籍给居民带来的不信任感。这就提醒我们，不能期待社会经济发展过程中个人收入或教育程度的提高能自动地缓解户籍身份所造成的社会分割对信任的负面影响。

5.5 聚居和信任在社区内的"传染"

在人类行为中广泛存在着"同群效应",也就是说,一个人的行为会受到周围人群的影响。如果是这样的话,社群成员之间的相互影响就会产生"社会乘数"(social multiplier)(Glaeaer, et al., 2003),一个政策的效果就会被社会乘数放大,就好像大家的行为相互传染一样。在信任的决定研究中,同群效应也是学者感兴趣的话题,Alesina and Ferrara(2002)阐述了信任的同群效应可能的形成机制。他们认为,在社会信任的决定中,可能存在着本地互动(local interaction),这就使得身处在低信任水平中的人自身的信任水平也会较低,反之亦然。但是由于他们的样本是在 MSA/PMSA[①] 层面抽取的,每年每个 MSA/PMSA 内的样本数在 40 以下,而城市作为相互影响的"社群"显然太大了,所以他们也就没能直接对同群效应的存在进行验证。而在我们的样本中,由于有基于社区层面的数据,每个社区的样本平均在 30 个左右,并且从抽样方法上保证了样本的随机性,因此我们可以用被调查者的信任水平的平均来代表整体小区的平均信任水平,从而得出关于信任的同群效应的结论。

信任在社区内的"传染":对同群效应的检验

为了考察信任决定中同群效应的影响,我们可以将式(5.1)、(5.2)、(5.3)改写为以下形式:

$$P(\text{residence}_{ij} = k) = \Phi(\alpha_k - \beta_1 - \beta_2 X_{ij} - \beta_3 Z_{ij} - \beta_4 \overline{\text{residence}_{ij}})$$
$$- (\alpha_{k-1} - \beta_1 - \beta_2 X_{ij} - \beta_3 Z_{ij} - \beta_4 \overline{\text{residence}_{ij}})$$

其中,$k = 1, 2, 3, 4$;$\alpha_0 = -\infty$;$\alpha_k \geqslant \alpha_{k-1}$;$\alpha_3 = +\infty$。 (5.5)

$$P(\text{strust}_{ij} = 1) = \Phi(\beta_1 + \beta_2 X_{ij} + \beta_3 Z_{ij} + \beta_4 \overline{\text{strust}_{ij}}) \quad (5.6)$$

$$P(\text{gov}_{ij} = k) = \Phi(\alpha_k - \beta_1 - \beta_2 X_{ij} - \beta_3 Z_{ij} - \beta_4 \overline{\text{gov}_{ij}})$$
$$- \Phi(\alpha_{k-1} - \beta_1 - \beta_2 X_{ij} - \beta_3 Z_{ij} - \beta_4 \overline{\text{gov}_{ij}}) \quad (5.7)$$

[①] 在美国,MSA 是"大都市统计区"(metropolitan statistical area)的简称,人口至少在 10 万人以上;PMSA 是"主要大都市统计区"(primary metropolitan statistical area)的简称,人口至少在 100 万人以上。

其中，$k=1,2,3,4$；$\alpha_0=-\infty$；$\alpha_k \geq \alpha_{k-1}$；$\alpha_3=+\infty$。

其中，式（5.5）、（5.6）、（5.7）右边的 X_{ij}，Z_{ij} 的具体变量和解释仍和表 5.4 保持一致。而 $\overline{\text{residence}_{ij}}$、$\overline{\text{strust}_{ij}}$ 和 $\overline{\text{gov}_{ij}}$ 表示第 j 小区内居民内除了第 i 居民外的小区平均信任水平 =（小区被调查者信任水平之和 − 本人信任水平）/（小区内被调查总人口 − 1）。

对于式（5.5）、（5.6）、（5.7）的回归结果，如表 5.8 所示。

表 5.8 信任的决定因素（考虑同群效应）

解释变量	对小区居民的信任	被解释变量 社会信任	对政府的信任
	（1）系数	（2）系数	（3）系数
X_i	已控制	已控制	已控制
Z_i	已控制	已控制	已控制
m_residence[1]	−0.112		
m_strust[2]		1.632***[4]	
m_gov[3]			0.608***
constant		−17.282	
number of obs.	1 225	1 230	1 209
pseudo R^2	0.023 8	0.075 5	0.033 2

注：***、**、* 分别表示在 1%、5% 和 10% 水平上显著。[1] 社区除被访者外的其他被调查居民对小区居民的平均信任水平；[2] 社区除被访者外的其他被调查居民社会信任的平均水平；[3] 社区除被访者外的其他被调查居民对政府的平均信任水平。[4] 这里的系数看似与同群效应小于 1 的条件矛盾，但事实是 probit 模型的系数并不能代表边际效应，而根据 mfx 命令计算出的边际效应为 0.59，是小于 1 的。

根据表 5.8 中的结果，没有证据显示在对居民的信任决定中存在着同群效应，但同群效应显著存在于对政府的信任和社会信任水平的决定中。对于这种差异，我们认为可能的解释是：对政府和社会的信任，其信任对象对大多数居民而言都是直接接触机会较少的，因此所依据的判断信息就更多的来自非自身经验的其他渠道，如居民之间的口口相传；而对小区居民的信任，则可以自己在互动中对对象进行直接的判断，受他人的间接影响就比较少。所以，社区平均信任在对政府和社会的信任水平的影响中显著为正，而对居民信任的决定没有显著的影响。

目前的结果表明，社会信任和对政府的信任受到个人因素、社区因素及社区内平均信任的影响。不过，在同群效应的识别中，我们还应当进一步区分情境效应和关联效应（Manski，1993）。情境效应（contextual/exogenous effects）是指社区内所有人受到社区特征的共同影响，如比较和谐的社区环境、比较可靠的保安，因而大家都会表现出较高的信任水平。关联效应（correlated effects）是指社区内居民的趋同表现是因为他们有着相似的但却不可观测的个人特征，如有我们模型中未能控制的因素导致更高（或更低）信任水平的人居住在同一个小区内。这两种效应使得个人信任看起来受到小区平均信任水平的影响，但这并不是真的生于个人的信任水平直接受小区平均信任水平的影响，因而都不是我们所说的同群效应，但是这两种效应的存在会对同群效应是否存在的判断带来干扰。对于情境效应，由于我们使用的是非线性模型（Brock and Durlauf，2001），并且在回归中包含很多关于社区特征的信息（Bramoullé, Habiba and Fortin，2007），这种效应就得到了最大可能的控制。而关联效应实际上反映了遗漏变量带来的内生性问题，可以采用工具变量的方法处理（Evans, Oates and Schwab，1992）。

我们采用"近12个月来，小区内除本人以外，平均而言其他被访者的房屋曾经被入室盗窃或肆意破坏的次数"（cm_crime），作为小区平均信任水平的工具变量。对于该工具变量的可能怀疑是：它是否会不通过影响被工具变量（小区平均信任水平）而直接影响被解释变量（本人的信任水平）？如果的确如此，那么当我们把该工具变量（cm_crime）和被工具变量同时放入回归方程中，cm_crime的系数仍然应该是显著的。但在我们对三种信任水平的回归结果中发现，cm_crime的系数均不显著，p值在0.5左右。因此，我们可以认为，小区内其他人的平均房屋被窃或破坏的次数，总是通过影响小区的平均信任水平而间接影响本人信任水平。第一阶段回归表明小区内被访者平均的房屋被窃和破坏次数与平均信任水平高度相关（见表5.9）。F值分别为：13.38、23.15和42.81，因此，不存在弱工具变量的问题。[①]

表5.9 第一阶段回归（小区平均房屋被窃和破坏次数对平均信任水平的影响）

	被解释变量					
	小区除本人外其他被访者对小区居民的平均信任水平 (1)		小区除本人外其他被访者的社会信任的平均水平 (2)		小区除本人外其他被访者对政府的平均信任水平 (3)	
解释变量	系数	F值	系数	F值	系数	F值
cm_crime	-0.045***	13.38	-0.083***	23.15	-0.146***	42.81
X_i与Z_i	已控制		已控制		已控制	

[①] 对于只处理一个内生变量的工具变量做回归，第一阶段F值大于10，等价于弱工具变量检验值大于Cragg-Donald统计量的临界值，表示不存在弱工具变量问题（Stock and Yogo，2002）。

(续表)

	被解释变量		
	小区除本人外其他被访者对小区居民的平均信任水平 (1)	小区除本人外其他被访者的社会信任的平均水平 (2)	小区除本人外其他被访者对政府的平均信任水平 (3)
Number of obs.	1 202	1 206	1 186
R^2	0.224 0		0.306 8

注：***，**，* 分别表示在1%，5%和10%水平上显著。

但是，如表 5.10 所示，第二阶段 Hausman 检验和 Wald 检验的结果拒绝了原有估计结果与 IV 估计结果存在显著差异的假设。这就意味着我们可以接受原先得到的结论：在社会信任和政府信任的决定中存在同群效应。

表 5.10 信任的同群效应（与工具变量法估计结果的对比）

	被解释变量					
	对小区居民的信任		社会信任		对政府的信任	
解释变量	OLS[1] 系数	IV 系数	Probit 系数	IVProbit 系数	OLS 系数	IV 系数
hukou	−0.101**	−0.092**	−0.195*	−0.188	−0.115*	−0.121*
其他 X_i	已控制	已控制	已控制	已控制	已控制	已控制
Y_i	已控制	已控制	已控制	已控制	已控制	已控制
cm_residence	−0.048	0.629				
cm_ptrust			1.635***	3.055*		
cm_gov					0.384***	0.801
_cons	−1.251	−1.742	3.528	−17.132 8**	−7.775**	−4.258
number of obs.	1 202	1 224	1 206	1 229	1 208	1 186
adj. r^2	0.004 8	0.022 2			0.056 1	0.045 7
	Hausman	0.998 4[2]	Wald-test	0.462 9[3]	Hausman	0.995 3

注：***，**，* 分别表示在1%，5%和10%水平上显著；[1] 因为 ordered probit 不能用 IV，所以回归结果报告了 OLS 和工具变量法对政府信任的回归结果；[2] Hausman 检验的 P 值；[3] Wald 检验的 P 值。

聚居行为对信任的影响

那么，对于外来人口而言，他们的邻居又是哪些人群呢？我们将看到，结合本章的发现，这个问题的答案会放大非本地户籍对信任的不利影响。

我们在第四章中已经说明，改革开放后，随着劳动力的流动和住房的市场化，以户籍划分的空间分异逐渐在上海这样的大城市呈现出来，即外来的非城市户籍人口更倾向于住在一起。①

结合前面发现的"同群效应",我们可以推断,除了前面已经发现的户籍对信任的直接影响以外,户籍还会通过聚居和同群效应的共同作用而对信任产生进一步的间接影响。我们可以用图 5.1 来更加直观地表示没有本地户籍对于信任水平的直接和间接影响。前面我们已经发现,其他条件不变,非本地户籍人口的社会信任与公共信任水平显著更低,这是户籍对信任的直接影响(图中用虚线箭头表示)。户籍的居住地分隔则意味着非本地户籍人口家庭所居住的社区的平均信任水平也更低。这些信任水平相对较低的、没有本地户籍的外来劳动力聚居在一起,通过同群效应的影响,他们的信任水平会进一步降低。于是,我们不难发现,在居住区按户籍分异与同群效应的共同作用下,非本地户籍对信任(社会信任和公共信任)的不利影响将在社区内得到进一步的放大。

图 5.1 户籍对社会信任和公共信任水平的影响机制

5.6 结论

本研究通过在上海收集的 2006—2007 年"和谐社区与社会资本研究"数据库,分析了上海市居民对小区居民的信任、社会信任以及公共信任(对政府的信任)这三种信任的决定因素。研究发现,对于不同维度的信任,其决定因素不尽相同:在更加依赖于个人经验的社区居民的信任决定中,社区的特征是主要决定因素;而在社会信任和公共信任的决定中,社区特征和个人特征的作用都是显著的。但是,户籍身份对于上述三种信任

---

① 对 2000 年第五次人口普查数据库中以居委会为基本地理单元的上海市数据的社会空间结构因子生态分析法表明,外来人口为第一主因子,其方差贡献率为 14.073%。以户籍划分的空间分异度为 0.267(李志刚、吴缚龙,2006)。并且,通过对三个社区的具体实证研究,李志刚、吴缚龙、卢汉龙(2004)也发现,没有上海本地户籍的外来人口,其选择"蕃瓜弄"这样的外来人口比重较高的社区的可能性更大。

的影响都是显著的，在其他条件相同的情况下，不拥有本地户籍将显著降低这三种信任水平。并且，无本地户籍对信任水平的负面影响并不会随着收入和教育水平的提高而减少或消失。另外，研究还发现，对于社会信任和政府信任的决定，存在着显著为正的同群效应，即个人的信任水平还受到所在小区其他人的信任水平的影响。由于非本地户籍人口相对聚居，同群效应会放大由户籍带来的社会分割对信任的负面影响。

信任有利于提高政策的执行效率，有利于公共品的提供，有利于社会的融合，促进合作与和谐，有利于提高个人对生活的满意度（Delhey and Newton，2003），因此信任在促进城市的和谐与可持续发展方面有着不容忽视的作用。本研究告诉我们，要想提高居民的信任水平，从而促进城市的社会和谐与可持续的发展，一个根本的措施就是要消除户籍制度形成的城市内部社会分割，并且尽可能地防止城市内部与户籍相联系的居住区分隔现象的加剧。本章的研究也提示我们，收入和教育水平的提高并不能自发地解决户籍分割导致的信任下降。换句话说，社会融合有利于经济的可持续发展，但经济发展却不能自动地消除社会分割的不利影响。因此，我们必须主动地在政策上实现由社会分割向社会融合的转变。

最后需要指出，本章的研究也存在一些不足。例如，由于数据的限制，我们无法考察户籍获得的时间长度和获得途径对各种信任水平的影响。此外，本研究也没有进一步区分非本地户籍人群内部存在的差异，如"农民工"与"外来市民"在信任决定上的不同。这些也是值得进一步研究的话题。

参考文献

蔡昉、都阳、王美艳，2001，"户籍制度与劳动力市场保护"，《经济研究》，第12期，第41－49页。

陈钊、陆铭，2008，"从分割到融合：城乡经济增长与社会和谐的政治经济学"，《经济研究》，第1期，第21－32页。

李涛、黄纯纯、何兴、周开国，2008，"什么影响了居民的社会信任水平？——来自广东省的经验证据"，《经济研究》，第1期，第137－152页。

李志刚、吴缚龙，2006，"转型期上海社会空间分异研究"，《地理学报》，第2期，第199－211页。

李志刚、吴缚龙、卢汉龙，2004，"当代我国大都市的社会空间分异——对上海三个社区的实证研究"，《城市规划》，第 6 期，第 60－67 页。

陆铭、陈钊，2004，"城市化、城市倾向的经济政策与城乡收入差距"，《经济研究》，第 6 期，第 50－58 页。

陆铭、张爽，2008，"劳动力流动对中国农村公共信任的影响"，《世界经济文汇》，第 4 期，第 77－87 页。

严善平，2007，"人力资本、制度与工资差别——对大城市二元劳动力市场的实证分析"，《管理世界》，第 6 期，第 4－13 页。

张维迎、柯荣柱，2002，"信任及其解释：来自中国的跨省调查分析"，《经济研究》，第 10 期，第 59－70 页。

Alesina, Alberto, and E. L. Ferrara, 2002, "Who Trusts Others," *Journal of Public Economics*, 85 (2), 207－234.

Bayer, J. Patrick, Robert McMillan, and S. Kim Rueben, 2004, "An Equilibrium Model of Sorting in an Urban Housing Market," NBER Working Paper No. 10865.

Bramoullé, Yann, Habiba Djebbari, and Bernard Fortin, 2007, "Identification of Peer Effects through Social Networks," IZA Discussion Paper No. 2652.

Brock, A. William, and N. Steven Durlauf, 2001, "Discrete Choice with Social Interactions," *The Review of Economic Studies*, 68 (2), 235－260.

Cole, L. Richard, 1973, "Toward as Model of Political Trust: A Causal Analysis," *American Journal of Political Science*, 17 (4), 809－817.

Delhey, Jan, and Kenneth Newton, 2003, "Who Trusts? The Origins of Social Trust in Seven Nations," *European Societies*, 5 (2), 93－137.

Durlauf, N. Steven, and Marcel Fafchamps, 2005, "Social Capital," in Philippe Aghion and N. Steven Durlauf, (eds.), *Handbook of Economic Growth* (ed. 1). Amsterdam: Elsevier.

Evans, N. William, E. Wallace Oates, and M. Robert Schwab, 1992, "Measuring Peer Group Effects: A Study of Teenage Behavior," *Journal of Political Economy*, 100 (5), 966－991.

Fafchamps, Marcel, 2004, *Market Institutions in Sub-Saharan Africa: Theory and Evidence*, Cambridge, MA: MIT Press.

Glaeser, L. Edward, I. Bruce Sacerdote, and A. Jose Scheinkman, 2003,

"The Social Multiplier," *Journal of the European Economic Association*, 1 (2-3), 345-353.

Glaeser, L. Edward, D. Laibson, A. Jose Scheinkman, and C. Soutter, 2000, "Measuring Trust," *Quarterly Journal of Economics*, 65, 811-46.

Inglehart, Ronald, 1999, "Trust, Well-being and Democracy," in E. Mark Warren, (eds.), *Democracy and Trust*, Cambridge: Cambridge University Press.

Knack, Stephen, and Philip Keefer, 1997, "Does Social Capital Have an Economic Payoff? A Cross-Country Investigation," *Quarterly Journal of Economics*, 112 (4), 1251-1288.

Leigh, Andrew, 2006a, "Trust, Inequality and Ethnic Heterogeneity," *The Economic Record*, 82, 268-280.

Leigh, Andrew, 2006b, "Does Equality Lead to Fraternity?" *Economics Letters*, 93 (1), 121-125.

Lewicki, R. J., and B. B. Bunker, 1995, "Trust in Relationships: A Model of Trust Development and Decline," in B. B. Bunker and J. Z. Rubin, (eds.), *Conflict, Cooperation and Justice*, San Francisco: Jossey-Bass Press.

Li, Lianjiang, 2004, "Political Trust in Rural China," *Modern China*, 30 (2), 228-258.

Luo, Jar-Der, 2005, "Particularistic Trust and General Trust: A Network Analysis in Chinese Organizations," *Management and Organization Review*, 1 (3), 437-458.

Manski, F. Charles, 1993, "Identification of Endogenous Social Effects: The Reflection Problem," *The Review of Economic Studies*, 60 (3), 531-542.

Marcuse, Peter, and Ronald Van Kempen, 2000, *Globalizing Cities: A New Spatial Order?* Oxford: Blackwell.

Mishler, William, and Richard Rose, 2001, "What are the Origins of Political Trust? Testing Institutional and Cultural Theories in Post-Communist Societies," *Comparative Political Studies*, 34 (1), 30-62.

Newton, Kenneth, 1999, "Social and Political Trust," in Russell J. Dalton and Hans-Dieter Klingemann, (eds.), *Critical Citizens: Global Support for Democratic Government*, Oxford: Oxford University Press.

Putnam, R., 2000, *Bowling Alone*, New York: Simon and Schuster Press.

Stock, H. James, and Motohiro Yogo, 2002, "Testing for Weak Instruments in Linear IV Regression," NBER Working Paper No. T0284.

Wang, Feiling, 2005, *Organizing through Division and Exclusion: China's Hukou System*, California: Stanford University Press.

Whalley, John, and Shunming Zhang, 2007, "A Numerical Simulation Analysis of (Hukou) Labour Mobility Restrictions in China," *Journal of Development Economics*, 83 (2), 392–410.

Wooldridge, M. Jeffrey, 2002, *Econometric Analysis of Cross Section and Panel Data*, Massachusetts: MIT Press.

Wu, Fulong, and A. Gar-on Yeh, 1997, "Changing Spatial Distribution and Determinants of Land Development in Chinese Cities in the Transition from a Centrally Planned Economy to a Socialist Market Economy: A Case Study of Guangzhou," *Urban Studies*, 34 (11), 1851–1879.

Wu, Xiaogang, and J. Donald Treiman, 2004, "The Household Registration System and Social Stratification in China: 1955~1996," *Demography*, 41 (2), 363–384.

Zhang, Dandan, and Xin Meng, "Assimilation or Disassimilation? ——The Labour Market Performance of Rural Migrants in Chinese Cities," paper presented at the 6th *conference on Chinese economy*, *CERDI-IDREC*, *Clermont-Ferrand*, *France*, Oct. 18–19, 2007.

Zhu, Lijiang, 2003, "The *Hukou* System of the People's Republic of China: A Critical Appraisal under International Standards of Internal Movement and Residence," *Chinese Journal of International Law*, 2 (2), 519–565.

第六章

移民的呼声：户籍如何影响了公共意识与公共参与？

在建设现代化国家的进程中，逐步实现公民之间基本权利的平等是必需的。回顾西方国家的历史，民主化的进程是一个边缘人群（如女性和少数族裔）不断享有公平的公民权的过程。公民权普及和民主化进程与资本主义的兴起、重商主义及城市化密切相关（Marshall，1950；Turner，1986；Lipset，1963，Moore，1966）。

而在中国这样一个发展中大国，城市公共服务的分享和公共参与的权利又与户籍身份紧密相连，这就形成了有中国特色的"市民权"问题。随着劳动力跨地区流动的规模日益增大，以农民工为主体的大量非本地户籍常住人口（以下简称"移民"）在其常住地不拥有平等市民权的问题就越来越突出。甚至有西方学者认为，户籍制度造成的市民权不平等实质上是进城农民在城市没有获得正常的公民权，国家和市场这两股力量都没有帮助他们去获得居住地的平等权利（Solinger，1999）。

在中共十八大之后，推进城镇化和移民的市民化被提到了国家战略的高度。面对移民的市民化可能遇到的阻力，国家推动应在打破地方利益中起到至关重要的作用。随着户籍制度改革的推进，中国政府正在努力让越来越多的进城农民获得常住地的城市户籍。但是，不能否认的是，截至目前，户籍身份与市民权挂钩的局面并无实质性的变化。同时，相对于大约2.6亿无常住地户籍的外来人口数量来说，通过改变户籍来给予市民权的进展仍然非常缓慢。

无论是在国外还是在国内，对于移民与本地原居民之间的社会融合过程来说，政治上的融合是重要的维度（Gordon，1964；孙秀林，2010）。[①]如何使移民在常住地获得平等的市民权，特别是拥有制度化的利益诉求机

---

① 在文献中，政治融合被称为"民主性融合"，社会融合过程的其他方面包括文化适应、结构融合、婚姻同化、认同性融合、态度接受和行为接受（Gordon，1964）。

制,仍然考验着我们的国家。制度变迁是一个政治和经济的互动过程。如果一个国家的不同群体享有不对等的公民权,那么,就极易形成不同身份群体之间的冲突,而这种冲突又将成为制度变迁的推动力(Acemoglu and Robinson,2006)。在中国,不同户籍身份的人群之间的收入差距已经成为降低人们幸福感的重要因素(Jiang, Lu and Sato,2012;陈钊、徐彤、刘晓峰,2012),同时,移民在社会信任、对社区居民的信任和对政府的信任等方面也均显著低于本地户籍人口(汪汇、陈钊、陆铭,2009)。如果不主动、适时地进行改革,与户籍相关的不平等也可能激化社会矛盾,使中国城市内部二元社会分割制度的改变不得不付出更高的代价。

当权利本身成为一种利益诉求的时候,相关的制度变革就显得更为必需。在本章所讨论的问题中,"市民权"的平等实现如果不是以社会矛盾的激化来完成,就需要社会的自我反省与纠偏。在这一渐进的过程中,移民群体的共同呼吁(voice)应当是一股重要的力量,而这又需要移民群体具备相应的公共意识并且以各种公共参与的行动来促成。但是,现有研究对于移民的公共意识和公共参与还缺乏较为全面的实证依据。于是,本章下面将要回答的问题就显得重要了。首先,除了显而易见的不同户籍身份的城市居民之间在公共服务和社会保障等方面的差异之外,户籍是否也影响了人们的公共参与?其次,如果户籍身份使居民有公共参与的差异,那么这种差异又是因何产生的?是因为户籍身份的差异导致了不同的公共意识,从而又体现为行为的不同,还是因为不同户籍身份的群体并没有不同的公共意识,只是移民群体在公共参与中受到了户籍制度的制约?最后,我们还想知道,对于那些并非生来就是本地城市户籍的人群,他们的公共意识与公共参与和其他人群相比有何不同?这能够更好地让我们知道户籍身份的转换对于公共意识与公共参与的作用。

本章的一个基本发现,是户籍差异仅对居民的公共意识造成微弱的影响,但是对非本地户籍人口在公共参与方面的行动明显造成制约,特别是在那些与制度限制有关的方面。这说明,在不同户籍身份的城镇常住人口之间,主要不是人的意识差异,而是身份的差异通过其他的机制(可能是制度或对行动结果的预期等)才导致了公共参与行为的差异。

在最新的研究中,教育被认为是推进制度变迁的重要因素。受教育程度更高的人更可能首先对制度的不合理进行"抱怨"(Botero, Ponce and Shleifer,2012;Xu,2012),从而成为制度变革的推动者。本章研究发现,教育程度较高的居民的确有更强的公共意识，但教育对于公共参与行为的影响并不明显。更重要的是，教育的作用在不同户籍人口之间也没有明显的差异。换句话说，户籍身份对于移民公共意识或公共参与的影响，并没有因为移民教育程度的提高而有所改变。这一发现说明，由于制度所造成的身份歧视特别明显，并且教育本身也是在既有制度之下形成的，所以教育所起到的推动制度变迁的作用也受到了局限。此外，本章还考虑了收入上升对公共意识与公共参与行为的影响及其在不同户籍人口间的异质性表现，总体而言，与教育的情况相类似，我们发现，收入的上升能够增强城市居民的公共意识，但对于各类公共参与的影响基本不显著，且这种影响也没有体现出在不同户籍身份群体中的异质性作用。

本章接下来的第一部分将建立一个分析框架，讨论制度、身份与教育三个因素如何相互作用，从而影响居民的公共意识与公共参与；第二部分将为这一理论分析框架提供相应的实证依据；第三部分是结论和相应的政策讨论。

6.1 城市化进程中的公共意识与公共参与：制度、身份与教育的影响

在中国，快速的城市化伴随着户籍制度所造成的城乡分割，以及城市内部的"新二元结构"现象。2012年年底，全国外出打工的农民工数量已经达到2.6亿，成为城市移民的主要构成部分。在这一城市化进程中，进城农民群体对社会公共品的需求相比农村居民已经发生了巨大的变化。与此同时，有一部分农村居民在读完大学之后留在城里工作，但并未获得当地户籍。即使是城市居民，在发生跨城市的迁移之后，他们很可能仍属于非本地户籍人口。这些城市新移民均在不同程度上面临着户籍身份所带来的公共服务待遇上的差别。

在城市新移民中，来自农村的移民正在从农村的熟人社会进入城市里的陌生人社会。在农村，同一家族的成员和同村的村民之间能够起到相互帮助、相互借贷和相互保险的作用。相比农村而言，进入城市之后的移民面临的社会分工程度更高，工作和生活所需要的金融支持更多，面临的社会风险（如犯罪、事故等）更大。而在陌生人社会中，移民却较少获得社会支持，其在社会信任、对社区居民的信任和对政府的信任等方面均显著低于本地户籍人口（汪汇、陈钊、陆铭，2009）。农民进城后所面临的社

会生活形态发生变化,将使其产生对于城市公共服务的需求。根据 2010 年中国普通社会调查（CGSS），受访者被问到问卷中罗列的哪些社会问题在当前中国是最为重要的,从农村居民和进城农民对这些问题的看法的差异中,可以看出移民所面临的社会生活形态的变化。在表 6.1 中,我们给出了留在农村的农民以及进城后的农民对不同社会问题的重视程度及其差异。我们可以看到,与留在农村的农民相比,进城后的农民更多地认为教育、犯罪、环境是最为重要的社会问题,同时较少认为经济或贫困是最重要的问题。

表 6.1 进城农民与农村农民对社会问题的重视程度比较

	进城的农民	农村的农民	均值差异
医疗保健	24.50%	27.14%	−2.64%
教育	28.68%	23.04%	5.64%***
犯罪	10.36%	6.19%	4.17%***
环境	7.37%	3.19%	4.18%***
经济	12.15%	15.76%	−3.60%**
贫困	15.74%	23.13%	−7.40%***
总样本量	1098	502	

数据来源：作者根据 CGSS 2010 年的数据计算。
注：***,** 分别表示系数在 1% 和 5% 的水平上显著。

在城市的陌生人社会无法满足人们在寻求帮助、金融支持和分散风险这些方面的需求的时候,城市提供的公共服务成为提高生活质量的关键。然而,正如人们所熟知的,移民在就业、社会保障、教育等方面仍然未能获得与城市居民平等的公共服务（参见陆铭（2011）的介绍）。当前,阻碍外来移民获得平等公共服务的主要是城镇本地居民的既得利益。本地居民认为,如果让移民获得平等的公共服务,就意味着对于自己利益的分享,而相关政策的制定权又掌握在当地政府手里。从长远来看,如果这种状况不得以改变,劳动力自由流动的结果就无法实现,从而对经济增长和社会和谐起到持久的负面影响（陈钊、陆铭,2008;刘晓峰、陈钊、陆铭,2010）。在这样的制度背景下,要消除公共服务中的户籍歧视,移民自身的公共参与就特别重要。那么,当前在城市里的移民的公共参与与其户籍身份的关系如何呢？在展开经验分析之前,我们先用一个简单的图示来刻画制度、身份与教育（或收入）之间的互动关系如何影响到公共意识和公共参与（见图 6.1）。

公共参与是一种行动,在行动之前,具有公共参与的主观意识是必要的条件。公共意识的形成主要受环境和需求的影响。从理论上来说,在控

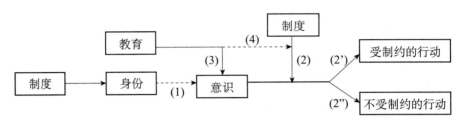

图 6.1 公共意识与行动的影响

制住个人特征之后,移民与本地居民面临的环境和需求是一样的,因此,两类人群的公共意识应该没有统计上的显著差异。但实际上,可能有三个方面的因素会导致移民的公共意识与本地居民不同:第一,城市移民大多数来自农村,他们在农村的生活中并不需要面对城市生活中出现的各类问题,因此,公共意识可能较弱。第二,与本地居民相比,移民在城市里相对缺乏社会关系网络的支持,因此他们对于通过公共参与来改善生活可能有更为迫切的需求,从而可能会具有更强的公共意识。第三,外在的制度形成了对于移民的歧视,移民难以融入城市,可能不利于其形成公共意识。在以上几个机制的共同作用之下,移民和本地居民之间是否有显著的公共意识的差异,是一个需要通过经验研究来回答的问题(见图 6.1 中的关系(1))。

如果户籍身份的差异让移民与本地居民之间有显著不同的公共意识,则他们在公共参与的行动上也将不同。但是,即使公共意识与户籍身份无关,他们的公共参与行动也可能因户籍身份而不同。这是因为,在既有制度之下,一些与居民争取切身利益相关的制度安排也是与户籍挂钩在一起的。例如,政府的听证制度是由政府部门来选择出席听证会的代表,一些地方政府的听证会公告明确指出,只有本地户籍人口才能参加听证会。又如,居委会的选举资格也通常会与户籍身份挂钩。此外,即使某些方面的公共参与并不直接受户籍制度的制约,户籍制度仍可能对其产生间接的影响,例如,与本地居民相比,外来人口可能更不信任当地政府及陌生人,从而更少参与公共事务。在既有的研究中,孙秀林(2010)利用上海市的调查数据发现,非上海户籍人口的确更少地参与区人大代表的选举。① 但

---

① 值得一提的是,孙秀林(2010)发现,外来人口更多地拥有社会参与网和讨论网,有助于减少其户籍身份对于政治参与的负面影响。其中,社会参与网是指参与到同乡、校友、战友聚会、居委(物业)组织的会议(活动)、宗教聚会、兴趣群体的聚会、志愿者活动的频率加总,而讨论网是指个人生活中遇到某些问题(如工作、家庭、感情等方面的问题),需要找人商量的人数。不同的是,在本文中,社会参与的频率本身就是被解释变量。

这篇文章中非上海户籍人口样本较少，被解释的变量也仅限于区人大代表的选举。彭君华、彭琳（2012）在对上海郊区一个村委会的案例研究中发现，本村人有强烈的动机阻止外地人插手本村选举。与上面两项研究不同的是，熊易寒（2012）在上海市展开的案例研究表明，户籍并没有对中产阶层的政治参与造成显著的影响。当然，他也认为，在小区层面举行的活动（如业委会选举）更多地是为了争取业主福利而不是行使民主权利。因此，移民的公共参与行动是否受到制度的制约仍然有待经验数据的检验。

如果说移民受到了户籍身份的制约，从而在某些方面表现出较少的公共意识和公共参与，那么，是否其中的较高教育程度者会较少地受到户籍身份的制约呢？换句话说，教育能否成为一种力量，来推动制度变革，从而削弱户籍身份的影响呢？教育对于公共意识和公共参与的影响分为直接和间接两个效应。首先，教育直接影响公共意识和公共参与（图 6.1 中的关系（3））。政治参与是公共参与的重要方面，既有的文献发现，教育水平提高能够增加政治参与（例如：Brady，Verba and Schlozman，1995；Finkel，2002）。[①] 教育影响政治参与的机制有三方面：第一，教育能够提升一个人的政治知识和技能；第二，教育能促进社会流动，改变一个人的政治资源和利益诉求，通常，受更高教育的人对公共品提供或公共服务有更高的需求，因此也有更多参与公共事务的意识和行动；第三，政治社会化（political socialization），教育尤其是公民教育影响个人的价值观和政治态度，如支持民主的价值倾向或者形成权威型人格。[②] 在一项运用上海市样本进行的研究中，没有发现教育水平对于投票选举区人大代表有影响（孙秀林，2010）。而在全国范围的"公民参与"的研究中，教育水平更高的人的确有更高的公民参与频率（陈福平，2009）。[③]

另外，教育也可能通过推动制度环境的变化而间接地影响人们的行为（图 6.1 中的关系（4）和（2））。Botero，Ponce and Shleifer（2012）认为，公民对于政府不当的做法进行抱怨能够改进制度质量，因为政府官员

[①] 也有文献认为，教育与政治参与之间只有统计上的相关性，而并非提高教育就会增加政治参与的因果关系（Kam and Palmer，2008）。

[②] 感谢熊易寒博士的讨论。

[③] 在这项研究中，因变量主要通过对几个问题进行因子分析后得到公民参与因子而形成。其中，公民参与的活动包括健身体育活动、娱乐文艺活动、同学同乡同行联谊活动、宗教信仰活动、有助于培养教育子女能力的活动、有助于提高个人技能技术的活动、公益义务活动。

害怕受到处罚。高教育程度的人会更多地报怨,有三点原因:第一,教育程度高的人更加有社会公益(pro-social)的倾向,对不公正的容忍度更低;第二,受教育的人更不怕被政府官员报复,因为他们更知道法律规则;第三,教育程度高的人知道如何更为有效地抱怨。如果以此为理论依据,教育是可以削弱户籍身份对公共意识和公共参与的制约。但是,在中国的制度背景下,教育推动制度变革的作用却未必一定很强,这要看我们所讨论的教育和制度是什么样的制度。如果我们所讨论的制度是一个足够强的制度,而在这个制度下,有相当数量的人是得益于这个制度的,以至于得益群体有足够强的动机和足够多的人去维护既有制度,那么,教育推动制度变革的作用就可能被抵消。同时,如果移民群体中的教育程度较高者所受的教育并未使其具有更强的公益倾向,那么,他们也不会成为制度变革的推动者。在本章中,我们也将检验受教育程度是否能够削弱户籍对公共意识和公共参与的制约作用。要检验这一点,就需要在经验模型中加入教育水平与户籍身份的交互项。因为教育和收入水平通常是高度相关的,因此,收入水平以及收入水平和户籍身份的交互项也应在模型中同时控制。

6.2 公共意识和公共参与:数据、模型与实证结果

本研究采用的数据是中国综合社会调查(CGSS)2010年的数据。本次调查采取的是分层抽样方法,将调查总体分为两大类:一是必选层,该层总体为入选大城市的市辖区家庭户;二是抽选层,该层总体为去除必选层市辖区以外全国所有家庭户。本次调查的最终接触样本量为17 664,其中必选层4 000,抽选层13 664。在本研究中,我们剔除了极少量的蓝印户口、军籍与没有户口的样本后,进一步将研究对象限定于7 240个城市居民样本。

本研究的经验研究模型采取如下形式:

$$Y_i = c + \beta_1 \cdot nonlocal_i + \beta_2 \cdot nonlocal_i \cdot rich_i + \beta_3 \cdot nonlocal_i \cdot univ_i \\ + \beta_4 \cdot newlocal_i + \beta_5 \cdot newlocal_i \cdot rich_i + \beta_6 \cdot newlocal_i \cdot univ_i \\ + \beta_7 \cdot rich_i + \beta_8 \cdot univ_i + \gamma \cdot X_i + \varepsilon_i$$

其中,nonlocal表示"非市民",newlocal表示"新市民",rich指属于高收入组,univ指属于大学或以上学历。模型的被解释变量Y_i在本章研究中包括公共意识或公共参与两大类。反映公共意识的变量由一系列主观自评指标构成,体现为以下三方面的内容(括号中表示缩写):第一,对自

我能力的判断，如对自己参与政治的能力评估（参政能力）、与别人讨论政府工作或做法时对自己的信心（议政信心）。第二，主观上对公共参与的效果的预期，如认为自己对政府的决定没有任何影响（对政府无影响）、政府官员不太在乎我在想什么（官员无视我的想法）、政府官员不会重视我对政府的态度和看法（官员无视我对政府态度）。第三，体现公共意识的个人主观态度，如认为政府不应干涉公共场所发布批评政府的言论（支持言论自由）、政府税收政策必须征求老百姓意见（征税应征求民意）、不能容忍政府侵占个人利益（不容忍利益侵占）、政府官员应为老百姓服务（官员服务于民）、老百姓不应该服从政府（不服从政府）、纳税人有权讨论政府怎么花钱（纳税人权利意识）。上述变量取值均为从1到5，依次表示更高的能力、信心或更高的认同程度。

反映公共参与行为的变量由一系列反映客观行为的变量构成，具体可分为以下五个方面：第一，参与居委会选举；第二，参与业委会选举；两者分别包括是否参与投票以及不参加投票的原因；第三，各种体现公共参与的社区活动参与情况；第四，是否参与了群体性事件；第五，议论时事、容忍政府不公对待以及阻止破坏绿化的行为。

常住人口的身份被分为三种类型：原市民、新市民以及非市民。在本章中，将所有农业户口，以及户口不在本县（市）的非农业户口样本定义为非市民。剩下的两类即原市民与新市民，其中新市民的非农业户口是后天获得的，而原市民的非农业户口是生来就有的。以原市民为参照，根据本章的假说，在那些直接受到户籍制约的公共参与方面，非市民的符号应显著为负，对于其他方面的公共参与，这一系数的符号及显著性仍有待检验。

我们根据被访者的受教育水平，将样本中受过大学及以上教育的定义为"大学教育"，否则为"非大学教育"，并以"非大学教育"为参照。这样划分教育水平是因为移民获得大学学历后，他们就更容易融入城市。[①]根据本章的假说，大学教育的符号应为正，反映出教育促进公共意识和公共参与的作用。根据被访者的收入水平，我们将收入低于中位数（含收入

---

① 在审稿人建议之下，我们也将教育程度分为初中及以下、高中和大学及以上，教育与户籍的交互项增加为高中乘户籍和大学及以上乘户籍两个，这样做了之后结果仍是稳健的，大学及以上教育程度的一次项及其与户籍的交互项的系数没有发生明显的变化。为节省篇幅，我们仍然仅报告更为简洁的以大学为界来划分教育水平的结果。

为零或未报告收入）的样本定义为"低收入"，否则为"高收入"。

我们还分别控制了非市民（或新市民）和教育的交互项。根据本章的假说，如果这一交互项的符号为正，表明教育起到了削弱户籍对公共意识和公共参与的制约作用，或者说，非市民（或新市民）的公共意识或公共参与受教育水平提高的影响效果更强。如果这一符号不显著，则说明教育对非市民（或新市民）与原市民的公共意识或公共参与的促进作用并没有差异，因而户籍对非市民（或新市民）公共意识或公共参与可能存在的不利影响也就无法通过教育程度的提高而改变。为了考察收入对于不同身份群体公共意识及公共参与的异质性影响，我们还控制了非市民（或新市民）与收入的交互项。

X_i 是个体层面的社会经济特征，在本研究中，我们控制了个人的性别、年龄、是否是少数民族、有无宗教信仰、党员身份一系列变量。因为篇幅所限，在本文中，我们均未报告这组个体特征的系数。对三种不同身份人群的主要特征的描述性统计见表6.2。表6.3则给出了主要解释变量的描述性统计。

表 6.2 描述统计：移民与市民

	全样本	非市民	新市民	原市民
观测值数	7 240	2 373	1 265	3 602
年收入（万）	2.92	2.84	3.10	2.90
高于市中位收入区间	0.35	0.31	0.37	0.38
教育年限	10.10	8.87	10.60	10.80
大学教育	0.24	0.16	0.30	0.27
男性	0.47	0.46	0.44	0.50
年龄	48.30	44.60	45.90	51.70
汉族	0.93	0.92	0.92	0.93
无宗教信仰	0.87	0.84	0.89	0.88
党员	0.17	0.09	0.19	0.20

数据来源：作者根据CGSS 2010年的数据计算。

表 6.3 样本描述统计

被解释变量	观测值数	均值	标准差	最小值	最大值
参政能力	7 154	2.71	1.17	1	5
议政信心	7 098	3.13	0.99	1	5
对政府无影响	7 137	3.48	1.11	1	5
官员无视我的想法	7 129	3.52	1.08	1	5
官员无视我对政府态度	7 101	3.18	1.08	1	5

(续表)

被解释变量	观测值数	均值	标准差	最小值	最大值
相信言论自由	7 206	2.87	1.21	1	5
征税应征求民意	7 187	4.09	0.89	1	5
容忍利益侵占	7 153	3.63	1.23	1	5
官员应服务民众	7 208	4.33	0.78	1	5
民众应服从政府	7 194	2.26	1.06	1	5
纳税人权利意识	7 141	3.68	1.07	1	5
在居委会选举中投过票	7 209	0.37	0.48	0	1
未投票原因：不知道有选举	4 490	0.53	0.50	0	1
未投票原因：不知如何投票	4 490	0.05	0.22	0	1
未投票原因：不了解候选人	4 490	0.07	0.25	0	1
未投票原因：无资格	4 490	0.10	0.30	0	1
未投票原因：没时间	4 490	0.23	0.42	0	1
未投票原因：不想投	4 490	0.08	0.27	0	1
在业委会选举中投过票	1 086	0.37	0.48	0	1
未投票原因：不知道有选举	678	0.42	0.49	0	1
未投票原因：不知如何投票	678	0.09	0.28	0	1
未投票原因：不了解候选人	678	0.09	0.29	0	1
未投票原因：无资格	678	0.07	0.26	0	1
未投票原因：没时间	678	0.28	0.45	0	1
未投票原因：不想投	678	0.09	0.28	0	1
参加居委会、业委会工作	7 211	0.08	0.28	0	1
向居委会、业委会提意见建议	7 210	0.13	0.33	0	1
参加集体上访	7 188	0.01	0.12	0	1
参加写联名信	7 164	0.01	0.09	0	1
向媒体反映小区问题	7 178	0.02	0.13	0	1
向政府反映小区问题	7 176	0.04	0.19	0	1
抗议或请愿	7 157	0.01	0.09	0	1
参加群体性事件	1 108	0.23	0.42	0	1
经常议论时事	7 178	0.16	0.37	0	1

(续表)

被解释变量	观测值数	均值	标准差	最小值	最大值
容忍政府不公正对待	597	0.71	0.45	0	1
阻止儿童破坏绿化	7 213	0.75	0.43	0	1

本研究对模型的估计方法是最小二乘法（OLS），使用这一估计方法主要基于两点考虑：第一，相对于 ordered probit 模型，OLS 估计可以直接由系数得到边际效应，比较直观和简洁。第二，本研究的模型包含交互项，相对于 ordered probit 模型，OLS 模型能够更为便捷地得到包括交互项的模型的边际效应。表 6.4 中的被解释变量都是被访者个人自评的体现其公共意识的主观变量。在回归方程（1）、（6）、（9）、（11）中，非市民的回归系数显著为负，这体现出非市民的确对自我能力缺乏信心，并且在某些方面表现出较弱的公共意识。在上述四个回归方程中，新市民的系数大部分不显著，或虽然同样显著为负，但绝对值比非市民的系数有所减小。这就说明，户籍身份的确对移民的公共意识造成一定的负面影响，但是事后的户籍身份转换可以在一定程度上减轻甚至消除这一负面影响。教育程度与收入水平的大多数回归系数显著。总体而言，更高教育程度或收入水平的居民，具有显著更强的自评参政能力及议政信心，主观上对公共参与效果的预期更为消极，并且具有更强的公共意识。但是，在绝大多数维度上，教育并没有显著改变不同户籍身份群体间公共意识的差异。仅有的差异是，在非市民中，教育程度高的居民更倾向于认为"政府不应干涉公共场所发布批评政府的言论"（方程（6））和"老百姓不应该服从政府"（方程（10））。

接下来，我们考察反映公共参与方面的客观行为表现。表 6.5 的被解释变量是是否参加过居委会投票，以及没有参加投票者是因为何种具体的原因而未参加投票。表 6.5 中，非市民一次项系数在方程（1）中显著为负，说明与原市民相比，他们的确更少参加居委会选举，新市民的情况也是如此，而其系数的绝对值有所减小。比较方程（5）可知，非市民较少参加居委会选举原因之一是他们更难以获得参选资格，但新市民并非如此。这说明，户籍身份的确影响了城市居民的公共参与，并且，现有制度约束是导致这一结果的重要原因。令人疑惑的是，高教育、高收入者更不可能参加居委会投票（方程（1）），尽管参选资格确实是随收入及教育程度提高而更可能获得的（方程（5）），但高收入者更会因为不了解候选人而不投票（方程（4）），而高教育者则更因为没时间而不投票（方程（6））。

第六章　移民的呼声：户籍如何影响了公共意识与公共参与？

表 6.4　自评公共意识

解释变量	参政能力 (1)	议政信心 (2)	对政府无影响 (3)	官员无视我的想法 (4)	官员无视对政府态度 (5)	支持言论自由 (6)	征税应征求民意 (7)	不容忍利益侵占 (8)	官员服务民众 (9)	不服从政府 (10)	纳税人权利意识 (11)
非市民	−0.13*** (0.05)	0.01 (0.05)	−0.04 (0.04)	−0.05 (0.04)	0.02 (0.04)	−0.16*** (0.05)	−0.03 (0.04)	0.00 (0.06)	−0.07** (0.03)	0.02 (0.04)	−0.11*** (0.03)
非市民×高收入	−0.05 (0.07)	0.02 (0.06)	0.15** (0.06)	0.15*** (0.06)	0.07 (0.07)	−0.04 (0.07)	−0.04 (0.06)	0.09 (0.07)	0.05 (0.05)	−0.02 (0.06)	−0.05 (0.05)
非市民×大学教育	0.08 (0.10)	−0.01 (0.08)	−0.07 (0.07)	0.09 (0.07)	0.10 (0.08)	0.19** (0.09)	−0.02 (0.07)	−0.07 (0.07)	−0.03 (0.05)	0.18** (0.09)	0.10 (0.06)
新市民	0.00 (0.05)	0.02 (0.04)	−0.07* (0.04)	−0.10* (0.05)	−0.06 (0.04)	−0.13** (0.06)	−0.02 (0.04)	0.11 (0.07)	−0.04 (0.03)	0.02 (0.05)	−0.11** (0.04)
新市民×高收入	−0.02 (0.08)	−0.04 (0.06)	0.06 (0.07)	0.02 (0.09)	0.04 (0.09)	0.22** (0.09)	−0.06 (0.06)	0.02 (0.08)	0.03 (0.05)	0.12 (0.07)	0.06 (0.07)
新市民×大学教育	0.10 (0.07)	−0.01 (0.08)	0.01 (0.07)	0.03 (0.07)	0.08 (0.09)	−0.06 (0.08)	−0.01 (0.08)	0.07 (0.09)	−0.03 (0.06)	−0.00 (0.08)	−0.05 (0.08)
高收入	0.15*** (0.05)	0.06* (0.03)	−0.07* (0.04)	−0.04 (0.04)	−0.07* (0.04)	−0.03 (0.05)	0.06* (0.03)	0.05 (0.05)	0.01 (0.03)	0.00 (0.04)	0.11*** (0.03)
大学教育	0.40*** (0.04)	0.23*** (0.05)	−0.16*** (0.04)	−0.09** (0.04)	0.05 (0.04)	0.21*** (0.04)	0.07* (0.04)	0.04 (0.06)	0.03 (0.03)	0.29*** (0.05)	0.23*** (0.04)
被解释变量均值	2.71	3.14	3.48	3.52	3.18	2.87	4.10	3.63	4.33	2.26	3.68
城市固定效应	x	x	x	x	x	x	x	x	x	x	x
观测值个数	7 111	7 056	7 094	7 086	7 058	7 145	7 133	7 109	7 150	7 137	7 097
R^2	0.15	0.06	0.06	0.05	0.05	0.07	0.04	0.07	0.06	0.12	0.07

注：括号中为聚集在市的稳健性标准误。所有回归都控制了性别、年龄、是否是少数民族、有无宗教信仰、党员身份。*、**、*** 分别表示系数在 10%、5% 和 1% 的水平上显著。

但是，在绝大多数情况下，教育或收入并未削弱户籍身份对公共参与的影响，仅仅会降低非市民因为无资格而不投票的概率（方程（5））。

表 6.5 居委会选举

解释变量	投过票	未投票原因					
		不知道有选举	不知如何投票	不了解候选人	无资格	没时间	不想投
	(1)	(2)	(3)	(4)	(5)	(6)	(7)
非市民	-0.08**	-0.04	-0.02*	-0.02	0.08***	0.03	-0.03**
	(0.03)	(0.03)	(0.01)	(0.01)	(0.02)	(0.02)	(0.01)
非市民×高收入	0.00	-0.08**	0.02	-0.02	0.00	0.10***	0.00
	(0.02)	(0.04)	(0.01)	(0.01)	(0.03)	(0.03)	(0.02)
非市民×大学教育	-0.03	0.06	-0.01	-0.00	-0.05**	-0.04	0.03
	(0.03)	(0.04)	(0.02)	(0.02)	(0.02)	(0.03)	(0.03)
新市民	-0.04*	0.04	0.00	0.00	-0.02	-0.02	-0.01
	(0.02)	(0.03)	(0.01)	(0.01)	(0.02)	(0.02)	(0.02)
新市民×高收入	0.06	0.04	0.00	0.01	0.03	-0.00	-0.02
	(0.04)	(0.04)	(0.02)	(0.02)	(0.02)	(0.03)	(0.02)
新市民×大学教育	0.02	-0.08	-0.02	-0.02	0.05*	0.00	0.01
	(0.04)	(0.05)	(0.02)	(0.02)	(0.03)	(0.04)	(0.03)
高收入	-0.06***	0.01	0.00	0.02*	-0.02*	-0.02	-0.00
	(0.02)	(0.02)	(0.01)	(0.01)	(0.01)	(0.02)	(0.01)
大学教育	-0.10***	0.01	0.00	0.01	-0.03***	0.05**	0.00
	(0.03)	(0.03)	(0.01)	(0.02)	(0.01)	(0.03)	(0.01)
被解释变量均值	0.37	0.53	0.05	0.07	0.10	0.23	0.077
城市固定效应	x	x	x	x	x	x	x
观测值数	7 154	4 459	4 459	4 459	4 459	4 459	4 459
R^2	0.17	0.11	0.09	0.05	0.10	0.08	0.04

注：括号中为聚集在市的稳健性标准误。所有回归都控制了性别、年龄、是否是少数民族、有无宗教信仰、党员身份。*，**，*** 分别表示系数在 10%，5% 和 1% 的水平上显著。

在表 6.6 的业委会选举方程中，非市民或新市民的一次项系数情况与表 6.5 中的情况类似，同样反映出户籍制度对公共参与的制度性约束。高教育者仍然更不参加业委会选举，也没有表现出教育程度提高会减少户籍身份对于业委会选举参与度的负面影响。

表 6.6 业委会选举

解释变量	投过票	未投票原因					
		不知道有选举	不知如何投票	不了解候选人	无资格	没时间	不想投
	（1）	（2）	（3）	（4）	（5）	（6）	（7）
非市民	-0.13**	-0.07	0.02	0.07**	0.10***	-0.09*	0.02
	(0.05)	(0.07)	(0.02)	(0.03)	(0.04)	(0.05)	(0.04)
非市民×高收入	0.01	0.09	-0.09*	-0.07	-0.05	0.16**	-0.12
	(0.07)	(0.09)	(0.05)	(0.05)	(0.07)	(0.07)	(0.07)
非市民×大学教育	0.07	0.09	0.04	0.02	-0.06	-0.08	0.01
	(0.07)	(0.11)	(0.04)	(0.05)	(0.05)	(0.08)	(0.07)
新市民	-0.09*	0.09	0.00	0.02	0.06	-0.06	0.08*
	(0.05)	(0.08)	(0.04)	(0.05)	(0.05)	(0.07)	(0.04)
新市民×高收入	0.11	-0.06	-0.02	-0.03	-0.03	0.10	-0.14**
	(0.07)	(0.10)	(0.05)	(0.05)	(0.09)	(0.11)	(0.07)
新市民×大学教育	-0.05	0.03	-0.05	0.07	0.01	-0.07	-0.02
	(0.06)	(0.13)	(0.04)	(0.06)	(0.07)	(0.10)	(0.07)
高收入	-0.05	-0.04	0.02	0.02	0.05	-0.08	0.06*
	(0.04)	(0.05)	(0.04)	(0.03)	(0.03)	(0.08)	(0.04)
大学教育	-0.06*	-0.16*	0.02	0.07*	-0.05	0.09	0.04
	(0.03)	(0.09)	(0.03)	(0.04)	(0.04)	(0.07)	(0.05)
被解释变量均值	0.37	0.42	0.08	0.09	0.07	0.28	0.09
城市固定效应	x	x	x	x	x	x	x
观测值数	1 063	665	665	665	665	665	665
R^2	0.16	0.21	0.44	0.17	0.15	0.21	0.11

注：括号中为聚集在市的稳健性标准误。所有回归都控制了性别、年龄、是否是少数民族、有无宗教信仰、党员身份。*，**，*** 分别表示系数在10%，5%和1%的水平上显著。

问卷中，受访者也被问到，在过去一年中是否参加过所处社区的一系列活动。这些活动包括：参加居委会或业委会工作，向居委会或业委会提建议或意见，参加集体上访，参加写联名信，向媒体反映小区问题，向相关政府部门反映小区问题等。表6.7给出受访者参加相关社区活动的影响因素的回归结果。其中，非市民一次项在部分回归方程中显著为负，这同样体现出户籍身份对居民公共参与行动的不利影响。但是，在相应的回归方程中，新市民一次项的回归系数要么变得不显著，要么虽然仍显著为负，但绝对值有所下降，这说明户籍身份的转换能够在一定程度上起到促进公共参与的作用。

当然，我们难以进一步提供证据说明背后的原因，除了户籍的制度性限制之外（如对于参加居委会、业委会工作），一个可能的原因是：非市民相对缺乏对所在社区的归属感，相对本地户籍人口而言其在社区居留的时间也相对短一些，因而移民就会较少参与上述的社区活动。此外，与前面的发现相类似，高教育和高收入者更少参加居委会和业委会工作，而且教育或收入并没有显著削弱户籍身份对于公共参与的负面影响。

表6.7 其他政治参与

解释变量	参加居委会、业委会工作	向居委会、业委会提意见建议	参加集体上访	参加写联名信	向媒体反映小区问题	向政府反映小区问题	抗议或请愿
	(26)	(27)	(28)	(29)	(30)	(31)	(32)
非市民	−0.04***	−0.04***	−0.00	−0.00	−0.00	−0.01	−0.01*
	(0.01)	(0.01)	(0.00)	(0.00)	(0.01)	(0.01)	(0.00)
非市民×高收入	0.02	0.02	−0.01	−0.01	−0.01	0.00	0.00
	(0.02)	(0.02)	(0.01)	(0.00)	(0.01)	(0.01)	(0.01)
非市民×大学教育	0.01	0.02	0.00	−0.00	0.00	−0.01	0.01
	(0.02)	(0.02)	(0.01)	(0.01)	(0.01)	(0.01)	(0.01)
新市民	−0.00	−0.02*	0.00	0.00	−0.00	−0.01	0.00
	(0.01)	(0.01)	(0.01)	(0.01)	(0.01)	(0.01)	(0.01)
新市民×高收入	0.00	0.02	−0.00	−0.00	0.00	0.01	0.01
	(0.02)	(0.02)	(0.01)	(0.01)	(0.01)	(0.01)	(0.01)
新市民×大学教育	0.02	0.04	−0.00	−0.01	−0.00	0.01	−0.01
	(0.02)	(0.03)	(0.01)	(0.01)	(0.01)	(0.02)	(0.01)
高收入	−0.02*	0.01	0.00	0.00	0.01	−0.00	−0.00
	(0.01)	(0.01)	(0.00)	(0.00)	(0.01)	(0.01)	(0.00)
大学教育	−0.04***	−0.03	−0.00	0.00	−0.00	0.00	−0.00
	(0.01)	(0.02)	(0.00)	(0.01)	(0.01)	(0.01)	(0.00)
被解释变量均值	0.08	0.12	0.013	0.008	0.016	0.035	0.008
城市固定效应	x	x	x	x	x	x	x
观测值数	7 150	7 151	7 134	7 120	7 132	7 127	7 114
R^2	0.11	0.09	0.07	0.02	0.06	0.03	0.03

注：括号中为聚集在市的稳健性标准误。所有回归都控制了性别、年龄、是否是少数民族、有无宗教信仰、党员身份。*，**，*** 分别表示系数在10%，5%和1%的水平上显著。

问卷中还问到受访者对一些群体性活动或行动的参与情况。这些活动涉及联合抵制不合理收费、串联起来反对征地或拆迁、集体抵制某些项目的上马、集体请愿、集体上访、集体罢工、集会、游行、示威等。如果在过去三年中受访者组织、参与或提供了物质或道义支持，我们则将其定义为参与了群体性事件。问卷还问到上述群体性事件对于受访者而言，是维护或增加其利益，损害其利益还是与其无利害关系。

在表6.8的回归结果中，方程（33）是全样本的回归，并且没有控制反映利益相关类型的哑变量，方程（34）则进一步控制了该群体性事件与受访者本人之间的利益相关类型，方程（35）至（37）则按群体性事件与受访者利益相关类型进行了分样本回归。上述回归结果基本一致，即非市民或新市民与原市民相比，在介入群体性事件上并无显著差异，并且教育或收入及其与户籍身份的交互项也基本上都不显著。与表6.7中的那些被解释变量反映的内容相比，群体性事件显然影响面更广，背后所反映的矛盾或问题也更为严重或突出，因此，我们认为，表6.8的这一结果说明，在这些影响重大的群体性事件上，户籍身份并没有对原市民以外人群的公共参与构成制约。

表6.8 群体性事件

解释变量	全样本	全样本（控制利益相关类型）	维护本人利益	有损本人利益	无利害关系
	（33）	（34）	（35）	（36）	（37）
非市民	-0.05	-0.05	-0.06	-0.14	-0.02
	(0.05)	(0.04)	(0.13)	(0.55)	(0.03)
非市民×高收入	-0.01	-0.01	0.07	0.12	-0.02
	(0.07)	(0.04)	(0.19)	(0.79)	(0.04)
非市民×大学教育	0.06	0.06	0.24	1.31	-0.03
	(0.06)	(0.06)	(0.21)	(1.30)	(0.05)
新市民	-0.01	-0.05	0.06	-0.32	-0.03
	(0.05)	(0.04)	(0.13)	(0.53)	(0.02)
新市民×高收入	0.06	0.06	-0.21	0.65***	0.07
	(0.08)	(0.07)	(0.22)	(0.21)	(0.06)
新市民×大学教育	-0.04	-0.02	0.16	1.05	-0.03
	(0.07)	(0.06)	(0.22)	(1.08)	(0.06)
高收入	-0.01	0.01	0.08	0.00	-0.01
	(0.04)	(0.03)	(0.14)	(0.00)	(0.02)

					（续表）
解释变量	全样本	全样本（控制利益相关类型）	维护本人利益	有损本人利益	无利害关系
	(33)	(34)	(35)	(36)	(37)
大学教育	-0.10**	-0.05	-0.15	-1.33	0.00
	(0.04)	(0.03)	(0.11)	(1.51)	(0.03)
被解释变量均值	0.23	0.23	0.60	0.43	0.06
城市固定效应	x	x	x	x	x
观测值数	1 098	1 094	314	56	724
R^2	0.15	0.42	0.31	0.56	0.20

注：括号中为聚集在市的稳健性标准误。所有回归都控制了性别、年龄、是否是少数民族、有无宗教信仰、党员身份。*，**，*** 分别表示系数在10%，5%和1%的水平上显著。

最后，我们还考察了与公共参与行为有关的三方面内容，分别是：近一年来与他人议论时事话题的频率；近一年中如受过政府有关部门或工作人员的不公正对待，是否容忍；社区有小孩破坏绿化时是否会阻止。

表6.9 议政、容忍、公益心

解释变量	经常议论时事	容忍政府不公正对待	阻止儿童破坏绿化
	(38)	(39)	(40)
非市民	-0.03**	0.04	-0.04**
	(0.01)	(0.08)	(0.02)
非市民×高收入	-0.03*	-0.10	-0.03
	(0.02)	(0.10)	(0.03)
非市民×大学教育	0.01	0.06	0.03
	(0.02)	(0.12)	(0.03)
新市民	-0.01	-0.05	-0.02
	(0.01)	(0.10)	(0.02)
新市民×高收入	0.04	-0.11	0.02
	(0.03)	(0.14)	(0.03)
新市民×大学教育	0.06**	0.17	0.08***
	(0.03)	(0.13)	(0.03)
高收入	0.06***	0.02	0.05**
	(0.01)	(0.06)	(0.02)
大学教育	0.07***	0.01	-0.09***
	(0.02)	(0.07)	(0.02)

（续表）

解释变量	经常议论时事 （38）	容忍政府不公正对待 （39）	阻止儿童破坏绿化 （40）
被解释变量均值	0.16	0.72	0.75
城市固定效应	x	x	x
观测值数	7 131	592	7 154
R^2	0.11	0.18	0.13

注：括号中为聚集在市的稳健性标准误。所有回归都控制了性别、年龄、是否是少数民族、有无宗教信仰、党员身份。*，**，***分别表示系数在10%，5%和1%的水平上显著。

方程（38）中，被解释变量取值从1到5依次表示更高的议事频率。方程（39）中，采取容忍行为的取值为1。方程（40）中，会阻止破坏绿化行为的，取值为1。从表6.9的回归结果可知，非市民的确比原市民更少议论时事或阻止社区毁绿行为，而经过户籍身份转换的新市民在上述两方面则与原市民相比无显著差异。但是，在是否容忍政府的不公正对待上，非市民或新市民的行为与"原市民"并无明显差异。我们对此的理解与群体性事件相似，即政府的不公正对待对个人而言有较为严重的影响或后果，因此个人的反应不受户籍身份的影响。此外，非市民比原市民更少议论时事或阻止社区毁绿行为，这一点并没有因为个体教育水平的提高而有显著的不同。而在新市民中，则高教育者会更积极地议论时事或阻止社区毁绿行为。

6.3 结论

城市化进程使大量居民从农村迁移到城市，除了已经在城市里获得当地城镇户籍的新市民之外，仅跨地区流动的农民工群体便超过2.6亿人。同时，在城市常住人口中也有一部分居民是其他城市迁移而来的人口。这两类居民在城市里属于常住人口，但却没有所在城市的户籍，也就是本章所说的非市民，其中，农民工群体占到大多数。农村人口进入城市后，收入水平有明显的提高，同时，又日渐脱离了传统乡村的熟人社会和风险分担机制，于是，对社会保障和公共服务的需求提升，也产生了融入城市社会、享有合理的市民权的诉求。与留在农村的居民相比，进入城市的居民有更强的公共服务需求，但是，他们的公共参与却受到了户籍制度的限制。

本章的发现可以总结为四点：第一，户籍身份对移民的公共意识产生了一定的负面影响，并且这种影响并没有随着移民收入或教育程度的提高而明显减弱。第二，公共参与方面，在居委会或业委会的选举中，移民更可能因为不具备资格而没有参加投票，这体现出现有制度对移民公共参与的制约。但是，在那些没有明显受制度限制的方面，如社区活动的参与上，移民也表现得较不积极。第三，在群体性事件参与、面对政府不公正对待的态度方面，各类身份人群之间却没有显著的差异。第四，教育或收入水平更高的居民的确具有更强的公共意识，但在绝大多数的维度上，教育或收入水平更高的居民并不明显具有更高的公共参与度，并且教育并未明显地削弱户籍身份对于公共意识和公共参与的负面影响。

上述发现的含义值得我们进一步关注。在中国，户籍制度是与公共服务、社会福利的获取权挂钩的。虽然，城市中外来人口公民意识的形成并没有因户籍制度而受太多的影响，但是，他们在那些能够较为温和地反映基层呼声的公共参与方面（如参加居委会或业委会选举、向居委或业委会提意见）却比本地户籍人口更为消极。并且，户籍对外来人口公共参与的阻碍也难以随着教育或收入水平的提高而有所缓解。然而，在那些更可能以较为激烈的方式反映基层呼声的公共参与方面（如群体性事件），外来人口并没有明显比本地户籍人口消极。这意味着，如果外来人口维护正当权利的意愿得不到常态化、制度化的回应，那么随着矛盾的日益积累，外来人口可能以较为激烈的形式自我维权，而这对社会各方都是极为不利的结果。

展望未来，城市中外来人口日益增强的公共服务需求、权利意识与相对滞后的公共参与如果持续存在，将是对城市公共治理一个潜在的重大挑战。如果改革能够朝着有利于包括外来人口在内的城市居民积极介入公共参与的方向推进，那么城市中个体的利益诉求就能得到更为通畅地表达，社会才能更加和谐稳定。这当然需要我们改变制度上对外来人口在公共参与方面的制约，赋予外来人口平等参与公共事务的权利。此外，本章研究发现，户籍身份对于公共意识的影响有限，而对公共参与的影响却较为显著，而且差异主要是在受到制度制约的公共参与行为方面，由此，我们试图突出户籍制度对于公共参与的影响。但是，在研究策略上，本章的研究未能严格地区分户籍身份对于公共意识和公共参与的影响多少源自制度，多少源自与户籍身份相关的个体差异，这一问题是值得进一步深入研究的。

参考文献

陈福平,2009,"强市场中的'弱参与':一个公民社会的考察路径",《社会学研究》,第3期,第89-111页。

陈钊、陆铭,2008,"从分割到融合:城乡经济增长与社会和谐的政治经济学",《经济研究》,第1期,第21-32页。

陈钊、徐彤、刘晓峰,2012,"户籍身份、示范效应与居民幸福感——来自上海和深圳社区的证据",《世界经济》,第4期,第79-101页。

刘晓峰、陈钊、陆铭,2010,"社会融合与经济增长——城市化和城市发展的内生政策变迁理论",《世界经济》,第6期,第60-80页。

陆铭,2011,"玻璃幕墙下的劳动力流动——制度约束、社会互动与滞后的城市化",《南方经济》,第6期,第23-37页。

彭君华、彭琳,2012,"'井水'与'河水':人口二元结构下的村委会选举",复旦大学基层社会与政权建设研究中心工作论文。

孙秀林,2010,"城市移民的政治参与:一个社会网络的分析视角",《社会》,第30卷,第1期,第46-68页。

汪汇、陈钊、陆铭,2009,"户籍、社会分割与信任:来自上海的经验研究",《世界经济》,第10期,第81-96页。

熊易寒,2012,"从业主福利到公民权利——一个中产阶层移民社区的政治参与",《社会学研究》,第6期,第77-100页。

Acemoglu, Daron, and James A. Robinson, 2006, *Economic Origins of Dictatorship and Democracy*, Cambridge: Cambridge University Press.

Botero, J., A. Ponce, and A. Shleifer, 2012, "Education and the Quality of Institutions," mimeo, Harvard University.

Brady, Henry E., Sidney Verba, and Kay Lehman Schlozman, 1995, "Beyond SES: A Resource Model of Political Participation," *The American Political Science Review*, 89 (2), 271-294.

Finkel, Steven E., 2002, "Civic Education and the Mobilization of Political Participation in Developing Democracies," *The Journal of Politics*, 64 (4), 994-1020.

Gordon, Milton, 1964, *Assimilation in American Life: The Role of Race, Religion, and National Origin*, New York: Oxford University Press.

Jiang, Shiqing, Ming Lu, and Hiroshi Sato, 2012, "Identity, Inequality, and Happiness: Evidence from UrbanChina," *World Development*, 40 (6), 1190-1200.

Kam, Cindy D., and Carl L. Palmer, 2008, "Reconsidering the Effects of Education on Political Participation," *Journal of Politics*, 70 (3), 612-631.

Lipset, Seymour Martin, 1963, *Political Man: The Social Bases of Politics*, New York: Doubleday.

Marshall, T. H., 1950, *Citizenship and Social Class and Other Essays*, Cambridge: Cambridge University Press.

Moore, Barrington Jr., 1966, *Social Origins of Dictatorship and Democracy: Lord and Peasant in the Making of the Modern World*, Boston: Boston Press.

Solinger, Dorothy J., 1999, *Contesting Citizenship in Urban China: Peasant Migrants, the State, and the Logic of the Market*, the Regents of the University of California.

Turner, Bryan S., 1986, *Citizenship and Capitalism: The Debate over Reformism*, London: Allen and Unwin.

Xu, Yiqing, 2012, "Why Do More Educated People Complain More? Evidence from Chinese Provincial Capitals," MIT Working Paper.

第七章

方言的回报
——语言在劳动力市场中的身份效应

> 语言实为有陆海军之方言。①
> 方言乃为无陆海军之语言。②

中国正经历着快速城市化的过程。城市人口比例已从1982年的20.91%增长到2012年的52.6%。③ 根据国家统计局2013年数据显示，2.36亿的中国人没有居住地户口，其中大多数是迁移到城市的外来农民工。④ 例如，2010年人口普查数据显示，上海人口在2010年已经达到2 300万，其中39%（898万）是没有所在地户口的外来人口。在过去10年中，上海人口以每年3.24%的速度增长⑤，然而户籍人口的自然增长率却连续20年为负。由于劳动力市场、社会保障和公共服务中的户籍歧视（陆铭，2013），很多移民选择在年老后返乡。来自农村的人一旦超过33岁，他移民到城市的概率便会下降（Chen et al.，2013）。户籍制度和城乡差距已经使城市化落后于工业化（陈钊，2013），导致了城市尤其是沿海城市劳动力的短缺（Cai and Du，2011），导致了移民消费（Chen, Lu and Zhong，2012）以及城市中移民幸福感和信任度的全面降低（Jiang, Lu and Sato，2012；汪汇、陈钊、陆铭，2009）。

---

① 引自现代意第绪语言学家 Max Weinreich 在 Der YIVO un di problemen fun undzer tsayt（"YIVO 和我们时代的问题"），最早在1945年1月5日 YIVO（此后成为意地绪语科学研究所）大会演讲。
② 作者的改编。
③ 1982年城市化率根据第三次全国人口普查数据估计（国家统计局，2012），2012年城市化率来源于国家统计局（2013）。
④ 户口是由母亲户口（通常根据她从哪儿来）决定的户籍身份。户口与所在地财政支持的社会保障和公共服务挂钩，因而会歧视移民。在移民中，只有有限的人能够改变他们的户籍，而在上海、北京、广州等大城市落户特别困难。户籍制度的细节请参见 Chan and Buckingham（2008），Chan（2009）和陆铭（2013）。
⑤ 《上海市第六次人口普查数据报告》，公布于上海市统计局官网，http://www.stats-sh.gov.cn/sjfb/201105/218819.html。

尽管户籍制度的改革，尤其在大城市的改革进展缓慢，学者们仍然认为户籍制度应当改革，或是通过给予移民当地户籍身份，或是消除对非户籍人口的歧视。事实上，尽管无法获得当地户口，大多数移民愿意待在城市（国务院发展研究中心课题组，2011）。毋庸置疑的是，户籍歧视在未来将会被逐步消除，而阻碍社会融合的非户籍因素将会对移民在城市居住以及城市的发展越来越重要。然而，关于影响移民融入当地社会的非户籍因素的研究并不多。

在国际上，很多研究关注了移入国国际移民的融入，其中语言能力的回报是一大重点（McManus，1985；Chiswick and Miller，1995；Chiswick and Repetto，2000 等）。这类研究的难点在于语言能力总是和其他诸如种族和不可观测能力等因素混杂在一起，因而使得估计语言能力的回报存在困难。在中国也有着相似的情况，很多农民工跨地区迁移，说着不同的方言。方言的差别是否阻碍了移民和当地居民间的融合是一个有待研究的话题。Chen, et al. 等（2013）试图甄别语言交流对个人经济表现的效应。说不同中国方言的人们在相貌上或者种族上并没有区别，同时，普通话是阅读和书写的官方语言，因此方言仅仅反映了口语以及语言在交流和社会融合中的角色。因为方言和地域联系紧密，陈斌开等根据人们的户籍所在地是否和实际居住地同属一个方言区来度量方言差异（Chen, et al., 2013）。这个测量回避了自我报告语言能力中的测量误差，是一个比较客观的方言差异指标。由于一个人的方言差异指标仅与其家乡所在地和流动的目的地有关，因而他们的方言度量与个人能力不相关。

语言不仅通过互相交流分享了知识和信息，同时也形成了鉴别一个人是否真正本地化的渠道。本地的原住居民有着共同的文化、习惯和思维方式，这些都促成了他们之间的互相信任。然而对于公众、本地社区和政府机构，外来移民的信任相对较低（汪汇、陈钊、陆铭，2009）。因此，将语言的回报分解成交流效应和身份认同效应十分重要。在我们的研究中，我们评估了农民工听和说上海方言的能力，并用家乡是否在吴语区、家乡到上海的距离以及两者的交叉项来作为方言能力的工具变量。我们发现，OLS 结果中方言能力的回报很大程度上来源于内生性偏误。在使用工具变量后，上海方言流利度显著影响了农民工在服务业尤其是销售工作中的回报。在制造和建筑业，说上海话能力强的农民工更倾向于自我雇佣，从而获得更高收入。通过区分听、说能力，我们发现听上海话能力并不能显著提高收入，而说上海话能力却对收入有显著影响。因为上海本地人能听懂普通话，能听懂上海话的农民工在信息交流方面并不存在困难。因此，我们的结果证实了方言是人们展现身份的渠道。如果有共同价值观、文化、习俗和思考习惯的本地人不信任不会说上海话的农民工，说本地方言将会是融入本地社会、降低在劳动力市场中交易成本的一个途径。

本章结构如下：第一部分回顾了语言能力回报的经济学研究；第二部分介绍了我们使用的数据；第三部分报告了分析结果；第四部分我们做了三组稳健性检验；第五部分是总结。

7.1 文献综述

语言是一种可带来经济上回报的交流的桥梁。问题在于，语言交流了什么？语言能力一般可通过两种途径来产生效益：第一种借助于生产过程中通过交流交换的有价值信息。Marschak（1965）研究了人类的信息、交流与组织架构中的不确定性。语言能力可以减少生产过程中的不确定性，从而提高生产率。除此之外，McManus（1985）提出，学习发达国家的语言有助于接触到更为先进的科技。在这些机制下，语言能力能通过增加有价值的信息来提高生产率，这种效应主要是经济意义上的。

而交流带来经济回报的另一途径，则不再纯粹是经济意义上的，而更多地与社会心理学有关。物以类聚，人以群分，相似个体之间的交流相比差异大的人之间更为频繁（McPherson, Smith-Lovin and Cook, 2001）。心理学文献通过实验显示，人与人之间的吸引力受到相互之间的相似性影响（Huston and Levinger, 1978）。如果说人口学上的相似性代表了共同的知识背景（Mayhew, et al., 1995），我们应当在生活中看到人们更多地与相似的个体交往。人与人之间这种相似相吸的倾向通常被称为"类聚性"（homophily）。语言是种族身份认同和成员归属感的重要方面（Pendakur and Pendakur, 2002）。如果在市场交易中存在信息的不对称，且人们更加信任与其相似的人，则拥有与高收入群体相同的语言无疑是构建互信的一种信号机制。

无论语言是通过交换有价值的市场信息，还是显示社会身份来产生经济回报，一个人的收入都会与其语言能力有关。早期的研究文献用移民收入对其语言技能进行回归，估计了语言能力的经济回报。McManus（1985）、Chiswick and Miller（1995），以及 Chiswick and Repetto（2000）

分别在针对美国、澳大利亚以及以色列的研究中发现，移民对其目的地语言的掌握程度与其经济收入间存在正向关系。在迁移后，移民们几乎不再使用其母语，而目的地的语言则成为日常工作、学习与生活的必要技能。因此，由迁移目的地语言能力所带来的经济回报很大程度上反映了语言技能回报的第一个渠道——提供有价值的信息。除此之外，移民又往往面临身份上的歧视，表明语言能力的回报很可能同时来源于以上两种渠道。

针对语言回报的实证研究面临潜在的内生性问题，从而使估测值产生偏差。首先，语言能力可能也包含了许多和经济收入有关的个人特征。先天禀赋、工作态度及家庭背景，全都是与语言技能相关的不可观测项，它们易造成语言回报估计中的遗漏变量偏误。其次，如果更为富裕的人才能支付得起对语言技能的投资，或者说更贫穷的人才有意愿投资于语言方面的培训，反向因果的问题也会随之产生。这些问题都会导致对语言回报估计的偏误。此外，语言能力是个难以度量的变量。利用带有测量误差的自我报告的语言能力，也会使得语言回报估测值产生偏误，趋近于零。

一些针对第二语言能力经济回报的研究发现，对于语言回报的研究的确可能存在内生性偏误。Christofides and Swidnsky（2008）在加拿大魁北克发现，掌握英法双语但在工作中仅使用法语的人相比仅会说法语的人，拥有更高的收入水平。这意味着英语这一语言技能的经济意义仅限于一种"语言知识"，而非市场交易中的"语言工具"。两位研究者认为，语言能力可能仅仅发送了一些难以观测的劳动力市场特征，诸如个人能力、认知、毅力以及教育质量，而这些变量均与劳动生产率有关。Pendakur and Pendakur（2002）对加拿大最大的三个城市圈中少数民族语言技能带来的经济回报展开了研究。他们发现在掌握主流语言的基础上，对少数民族语言的知晓往往与更低的收入联系在一起，从而暗示了冷僻语言对经济收入的负向效应。此项研究也显示，不会第二语言对个人的日常生活与工作似乎也影响不大。因此，掌握第二语言带来的经济收入或由此造成的收入损失主要来源有两方面：语言发送了不可观测劳动力市场特征的信号，以及对少数民族身份的歧视。

更为近期的研究使用了面板数据分析或工具变量法来控制内生性的问题。Dustmann and Soest（2001）就使用了面板数据来处理内生性问题。他们发现人们更倾向于高报而非低报自己的语言能力，从而说明研究者们很有可能因度量误差而低估了语言熟练程度带来的经济回报。而如果遗漏变量是随时间变化的，面板数据分析便会失效，因此研究者们更多地使用工具变量来应对内生性问题。Chiswick and Miller（1995）在对收入的回归中，用个体是否在海外结婚、孩子的数量及年龄以及（少数民族语言区）出生地人口密度等变量来作为语言能力的工具变量。少数民族语言区的人口密度是指在该个体居住地内，15—64岁的人口中与之掌握相同少数民族语言的人口比重。他们分别对美国、澳大利亚、加拿大和以色列使用了工具变量分析方法，尽管结论并非完全一致，但大多数回归均显示由OLS回归得出的语言回报系数存在被低估的现象。但是，这一研究中所使用的工具变量也会通过其他一些不可观测的因素影响个体的收入，如是否在海外结婚、孩子的数量及年龄也可能与该个体的能力或特点有关，而这些特点又可能影响其收入；而（少数民族语言区）出生地人口密度等变量则会包含一些影响经济发展、进而影响个体收入水平的社会环境特征。Dustmann and Soest（2001）把父亲的教育程度作为移民语言能力的工具变量。然而Berman, Lang and Siniver（2003）指出，父亲的教育水平同样会与其他的人力资源投入相关。Bleakley and Chin（2004）则将对象限制为抵达美国时仍为孩童的移民，并将他们的年龄作为工具变量，而这里的问题在于：如果移民年纪轻轻便抵达了美国，他同时也会积累包括社交网络、优质教育、文化适应等一系列的资源，而这些资源会直接影响其收入。Gao and Smyth（2011）分析了中国城市劳动力市场中外来人口普通话能力的经济回报。他们利用移民在目的地城市养育孩子的数量以及至少有一个孩子在城市小学就读作为工具变量，但这些变量同样可能与个人能力或家庭收入有关，从而带来内生性问题。

大多数文献聚焦于语言的口头表达能力的回报，这表示交流能力亦包含听力上的理解（Chiswick, 1991；Chiswick and Miller, 1995；Chiswick and Repetto, 2000；Bleakley and Chin, 2004）。而一些研究考察了语言能力的其他一些方面。Chiswick and Repetto（2000）发现希伯来语的流利程度与阅读能力对于移民在以色列的收入水平均有影响。Carnevale, Fry and Lowell（2001）则发现单是英语口头流利程度本身对于经济收入水平就有着显著的影响，而英语阅读能力并没有这样的影响。当听、说、读、写能力均被考虑在内时，仅英语的听力才对移民的收入具有显著的正向影响。

与现有文献相比，本章的研究基于中国的研究背景，希望对语言能力的经济回报进行准确的估算。中国许多在城市劳动力市场务工的外来人员说的方言都异于其工作城市的地方语言。由于中国常用的口头与书面语言均为汉语普通话，且从外貌和种族上通常区分不出不同来源地的人，因此方言的效应可以视为对口语能力净回报的一个绝佳度量。我们的研究主要基于我们自己在上海所采集到的数据。相比中国的另一大城市北京，上海总的来说吸引了更多的外来移民，而且从邻省迁移来的人往往具有更多样的方言背景。而北京则因为坐落在华北，其移民大多说相似的北方方言。

通过对上海话流利程度经济回报的估算，我们对语言回报的研究贡献有三：首先，我们不仅要求被访者自我评估对上海话的掌握程度，还让调研员根据被访者对若干上海话含义的解释来评估其听力。利用这一客观可比的度量方式，我们能够尽可能地减少度量误差的问题，并且能比较用自我报告和客观评估的听力分析的结果。其次，为了控制语言回报估计中的内生性偏误，我们依据中国的方言区设计了工具变量。中国被划分为七个主要的方言区，我们假定和上海本地人来自同一方言地区的移民更有可能理解并说上海话。这一基于地域划分的工具变量应与个人能力无关，除非不同地区人口天资禀赋的分布有系统性差别。最后，我们分别估计了听、说能力的经济回报，发现说上海话能力有显著的经济回报，对于销售人员而言更是如此；而上海话听力则几乎不会带来显著的收入效应。即使一些年长的上海居民不会说普通话，他们也听得懂普通话。因此，对外来务工人员而言，如果他们能听懂上海话，将不存在交流上的问题。如果上海话听力并不能带来经济回报，而说上海话能力则可以，便意味着说上海话能力不是一种交流有价值的市场信息的工具，而是发送了社会身份的信号。

7.2 数据与统计方法

本章中我们主要研究工作地语言的流利程度如何影响移民的被雇用机会和工资水平。不同于其他文献用虚拟变量区分外来人口与本地居民的做法，我们将研究对象局限于外来人口，仅根据不同的语言能力来区分外来人口，从而排除了语言能力与其他和户籍身份相关的因素之间的关系。

我们的数据来自作者在 2012 年开展的一项针对上海外来农民工的调研。我们发出 514 份问卷，其中 488 份为有效问卷，问卷回收率为 94.9%。我们邀请了 95 名复旦大学的学生来采访这些农民工。每一份问卷由两位调研员填写,问题主要涉及被访者的社会与经济背景、工作环境,以及对上海话的掌握程度。我们的调研覆盖了上海有代表性的七大区域,包括宝山区、普陀区、浦东新区、黄浦区、闵行区、嘉定区和闸北区。① 上海共有16个区、1个县。2011年6月,卢湾区与黄浦区合并,而我们的调研覆盖了新的黄浦区。我们所调研的区域能够代表上海的市区和郊区,具体请见图7.1中用下划线标出的采样地位置。我们的调研区域约占上海2011年总人口的59.3%、外来人口的62.1%。② 我们根据《2011年上海统计年鉴》中外来人口在这七大区域中的人口分布运用了等比例抽样的方法(见表7.1)。得益于一位政府人士的帮助,我们在普陀区能够接触更多的外来务工人员,因此本研究中来自普陀区的问卷相对多一些。

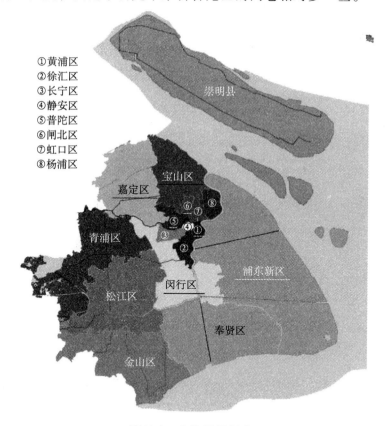

图7.1 上海区县划分

资料来源:作者编辑。

① 闸北区2015年与静安区合并。
② 作者基于《2011年上海统计年鉴》(上海市统计局,2012)中相关数据计算。

表 7.1　上海外来人口分布　　　　　　　　　　　　单位:%

区县	《2011 年上海统计年鉴》	作者调研结果
浦东新区	36.3	33.0
黄浦区[1]	3.3	2.1
普陀区	6.5	16.4
闸北区	3.6	3.9
闵行区	21.6	19.7
宝山区	13.7	16.0
嘉定区	14.9	9.0
总计	100.0	100.0

数据来源:作者基于《2011 年上海统计年鉴》(国家统计局,2012)相关数据计算,以及作者自己调研所得数据。

注:[1]我们将《2011 年上海统计年鉴》中卢湾区的外来人口加入黄浦区的外来人口中,以构成"新黄浦区"中的外来人口。

为了减少自我报告语言能力中的度量误差,我们设计了三句上海话,并将其制作成录音,在调研过程中用于测试外来农民工的上海话能力。这三句录音如下:

(1) 我上海话能听懂一点点,但是不会讲。

(2) 站在窗口的那个人是你们经理吗?

(3) 延安西路口 850 弄 222 号在什么地方?

对于每一句录音,我们都选择了 3 个关键词,被访者每识别出一个关键词可得 1 分。因而凭借对关键词的识别可在每个句子上获得 0—3 分。此外,被访者以对句子整体意思的理解还可从每个句子获得 0—2 分。我们将 3 个句子的关键词识别分与整体理解分加总,得到每位被访者 0 到 15 分间的"听力分数"变量。

为了使我们对方言技能的调查更为完整,我们增加了两个自我评估的语言表达流利程度与听力理解程度的问题:

D1. 你听得懂上海话吗?

(1) 一点都听不懂。

(2) 只听得懂几个关键词,句子的其他部分靠猜出来。

(3) 大致听得懂,但有一点点小困难。

(4) 完全听得懂。

D2. 你会说上海话吗?

(1) 一点都不会。

(2) 能偶尔说出几句。

(3) 在日常生活和工作中出于交流的需要能大致说一些。
(4) 能无障碍地与上海本地人进行沟通。

我们将问题 D1 和 D2 的回答分别作为上海话"听"和"说"能力的度量，同时将关键词识别分与整体理解分加总得到了"听力评分"变量。

我们将建筑业（construction）和制造业（manufacturing）的工作定义为 CM 职业，除此之外的职业定义为非 CM 职业（或服务类职业）；而在服务类职业中，我们又区分了销售类职业和非销售类职业，因为前者需要更频繁的社会交往。

语言是日常沟通和传递信息的一种工具，我们假定具有较好的方言表达能力的移民能够通过筛选进入服务业，因为这样的职业需要更多的面对面的接触。而在表 7.2 中，在 CM 职业与非 CM 职业间，其上海话的"听"（包括自我报告的"听"与评估者的"听力打分"）与"说"的能力并没有显著的差别。而另一方面，销售类职业在上海话的"听"（包括自我报告的"听"与评估者的"听力打分"）与"说"的能力上均显著地高于非销售类职业，这与我们先前的假说是一致的。

表 7.2 不同职业外来人员的上海话"听"、"说"，以及"听力评分"结果比较

	CM 职业	非 CM 职业	销售类职业	非销售类职业
		"听"		
样本量	106	320	131	189
平均值	2.245	2.338	2.519	2.212
p 值	0.217		0.006	
t 值	−0.784		2.541	
		"说"		
样本量	106	320	131	189
平均值	1.425	1.519	1.649	1.429
p 值	0.151		0.010	
t 值	−1.035		2.329	
		"听力评分"		
样本量	100	292	115	177
平均值	6.46	6.575	7.478	5.989
p 值	0.435		0.020	
t 值	−0.165		2.060	

数据来源：作者的计算。

如果语言能力能带来经济回报，那么上述上海话的方言技能应当能影响个人的劳动收入，尤其是对于那些需要更多社会交际的服务类职业。而表 7.3 中的结果却与我们的假说相悖。在服务业中，仅销售类职业在流利的听说能力上获得了显著的正向回报。而与我们期望相反的是，即使在非服务业领域的 CM 职业，那些精通上海话的外来务工者依然可以显著地获得更高的小时工资。为了对这一结果做出解释，下文将展开更为精确的计量分析。

表 7.3　不同职业根据上海话听说能力分组后的小时工资比较

	说（D2=1）	说（D2=2,3,4）	听（D1=1）	听（D1=2,3,4）
	CM 职业的小时工资			
样本量	67	32	26	73
平均值	13.918	21.882	11.441	18.291
p 值	0.052		0.095	
t 值	−1.6426		−1.323	
	销售类职业的小时工资			
样本量	61	43	26	78
平均值	12.868	33.99	11.653	24.920
p 值	0.003		0.069	
t 值	−2.771		−1.492	
	非销售类职业的小时工资			
样本量	115	50	46	119
平均值	18.915	18.395	14.203	20.518
p 值	0.460		0.118	
t 值	0.100		−1.188	

数据来源：作者的计算。

7.3　实证结果

在这一部分中，本文考察了方言能力对于受聘机会和工资收入的影响。正如现有文献中指出的那样，语言能力往往是一个与其他不可观测的变量相关的内生变量，如个体的天生禀赋。而由于我们对被访者上海话的听力评分是主观做出的，且被访者自我报告的听说能力又往往存在偏差，因此测量误差又会是一个不能忽略的问题。为了避免与上述内生性以及测量误差相关的估算偏误，我们根据中国的实际情况设计了一种工具变量方法（instrumental variable，IV）。中国按照主要口头语言可分为七大方言区域，即最接近普通话的北方话（北语）、客家话（客语）、湖南话（湘语）、江浙话（吴语）、广东话（粤语）、福建话（闽语）及江西话（赣语）。包括上海、江苏省南部，以及几乎整个浙江省在内的地区均为"吴语"地带。我们根据《中国方言分布地图》（由中国社会科学院与澳大利亚人文科学院于1987年编撰而成，见图7.2）将"吴语"地区划分了出来，并利用谷歌地图测算了上海与外来移民祖籍地之间的直线距离。上海话是"吴语"的一条分支，来自这一方言地带的人们应当更易于理解并用上海话进行表达。因此，我们设计的工具变量包括了该移民的祖籍地是否位于"吴语区"（变量wuyu），其祖籍地与上海之间的直线距离（变量dis），以及这两者间的交互项。当弱IV检验的F值高于10，我们便会采用如上这三个工具变量；而当在一些回归中，弱IV检验的F值低于10时，我们便会舍弃wuyu或dis变量，以在第一阶段回归中获得一个更高的F检验值。[①] 为了控制个体特征，我们利用受教育年限来衡量个人的教育程度，并为性别设定了一个虚拟变量（1为男性，0为女性）。

上海话能力与工作类型

首先，我们正式考察了方言能力是如何影响个人获聘机会的。表7.4显示了在普通最小二乘法（OLS）回归中，掌握上海话的熟练程度对于工作类型的影响。被解释变量为虚拟变量，显示其是否从事特定的职业（1表示是，0代表否）。表7.4的方程（1）、（2）、（5）、（6）显示，更强的上海话听说能力会为进入CM职业和非销售类职业带来一定的负向影响，但其作用并无统计上的显著性。而另一方面，方程（3）、（4）显示，听说能力均能显著增加从事销售类工作的机会。这一结论与之前语言能力在服务业可获得更高的经济回报这一发现是一致的，尤其是需要更多社会交往的销售类和社会服务岗位（Gao and Smyth，2011）。教育对于进入销售类的岗位具有显著的正向效应，但却对获得一份非销售类的服务业工作具有显著的负向作用。年龄变量仅仅有助于提高进入销售类岗位的概率。

---

① 在一些子样本回归中，样本量十分小，从而舍弃一个工具变量可以起到增加第一阶段回归自由度的作用，从而提升弱IV检验的F值。

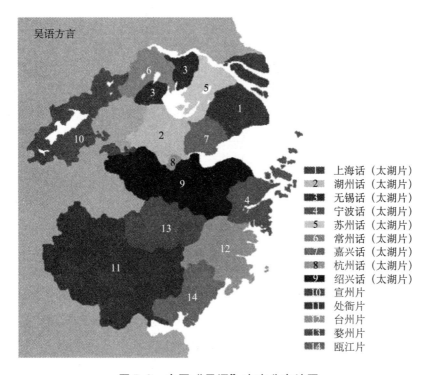

图7.2　中国"吴语"方言分布地图

资料来源：http：//en.wikipedia.org/wiki/Wu_Chinese。

表7.4　上海话能力对工作类型的影响（OLS）

变量	CM 职业		销售类职业		非销售类职业	
	（1）	（2）	（3）	（4）	（5）	（6）
年龄	-0.002 97	-0.002 99	0.005 70**	0.005 85**	-0.002 72	-0.002 86
	(0.002 35)	(0.002 35)	(0.002 48)	(0.002 47)	(0.002 68)	(0.002 68)
性别	-0.000 937	0.005 10	-0.054 8	-0.070 7	0.055 7	0.065 6
	(0.045 8)	(0.045 8)	(0.048 1)	(0.048 3)	(0.052 1)	(0.052 3)
教育水平	0.006 83	0.006 96	0.015 2**	0.015 3**	-0.022 0***	-0.022 3***
	(0.006 97)	(0.006 96)	(0.007 33)	(0.007 33)	(0.007 93)	(0.007 94)
听	-0.015 6		0.052 9**		-0.037 3	
	(0.020 2)		(0.021 3)		(0.023 0)	
说		-0.029 3		0.068 7**		-0.039 4
		(0.026 1)		(0.027 5)		(0.029 8)
常数项	0.333***	0.336***	-0.110	-0.085 5	0.776***	0.749***
	(0.127)	(0.125)	(0.134)	(0.131)	(0.145)	(0.142)

(续表)

变量	CM 职业		销售类职业		非销售类职业	
	(1)	(2)	(3)	(4)	(5)	(6)
观察项	420	420	420	420	420	420
R^2	0.011	0.013	0.036	0.036	0.027	0.025

注：括号中为标准误；*** 表示 $p<0.01$，** 表示 $p<0.05$，* 表示 $p<0.1$。

然而，当我们考虑内生性的问题，并用 wuyu、dis 和 wuyu_dis 作为"听"或"说"的工具变量时，方言能力的变量则不再显著地影响工作类型了。而表7.5的方程（3）、（4）显示，上海话的听说能力仍然可增加从事销售类职业的机会，只是这一效应不再显著了。OLS 回归和 IV 回归结论之间的差别表明，人们很可能选择性地去学习当地方言，以获得更好的职业。

表7.5　上海话能力对工作类型的影响（IV）

变量	CM 职业		销售类职业		非销售类职业	
	(1)	(2)	(3)	(4)	(5)	(6)
年龄	-0.003 05	-0.003 41	0.005 84**	0.006 13**	-0.002 79	-0.002 72
	(0.002 54)	(0.002 45)	(0.002 59)	(0.002 53)	(0.002 77)	(0.002 75)
性别	-0.025 6	0.003 76	-0.051 7	-0.084 2*	0.077 3	0.080 4
	(0.050 0)	(0.049 3)	(0.050 9)	(0.050 8)	(0.054 4)	(0.055 4)
教育水平	0.007 87	0.006 76	0.014 6*	0.015 3**	-0.022 5***	-0.022 1***
	(0.007 67)	(0.007 45)	(0.007 81)	(0.007 67)	(0.008 34)	(0.008 37)
听	-0.128*		0.127		0.001 20	
	(0.076 1)		(0.077 5)		(0.082 9)	
说		-0.071 1		0.090 4		-0.019 3
		(0.081 9)		(0.084 3)		(0.091 9)
常数项	0.614***	0.426***	-0.294	-0.129	0.679***	0.703***
	(0.206)	(0.156)	(0.210)	(0.161)	(0.225)	(0.175)
观察项	396	396	396	396	396	396
工具变量	wuyu, dis, wuyu_dis	wuyu, dis, wuyu_dis	wuyu, dis, wuyu_dis	wuyu, dis, wuyu_dis	wuyu, dis, wuyu_dis	wuyu, dis, wuyu_dis
第一阶段回归 F 值	11.661	16.349	11.661	16.349	11.661	16.349
R^2		0.007		0.031	0.021	0.023

注：括号中为标准误；*** 表示 $p<0.01$，** 表示 $p<0.05$，* 表示 $p<0.1$。

上海话能力与经济收入

表7.6就全样本分析了上海话熟练程度对外来农民工小时工资的影响。方程（1）和（2）分别为针对听、说技能的 OLS 回归；方程（3）和（4）

则为运用 wuyu、dis 和 wuyu_ dis 作为上海话流利表达与听力理解能力的工具变量时二阶段最小二乘法（2SLS）回归的结果。一些被访者并未报告其祖籍地，因此在工具变量估计中没有包括这一部分样本。为了进行更好的比较，方程（5）和（6）使用 IV 回归中相同的样本再次进行了 OLS 回归，以与方程（3）和（4）的结果形成对比。从方程（1）至方程（6），我们可以看到年龄对收入有着显著的负向效应，而男性性别与教育年限则对经济收入有着显著的正向效应。在 OLS 回归中（表7.6 的方程（1）、（2）、（5）和（6）），上海话的听说能力均对于收入有着显著的正向效应。然而，在二阶段最小二乘法回归中（表7.6 的方程（3）和（4）），上述显著影响却似乎只是因语言能力的内生性而来。从全样本来看，上海话的听说能力对外来农民工的经济收入均不具有显著的影响。

表7.6　上海话能力对小时工资的影响（OLS 和 IV 结果）

变量	OLS		IV		运用 IV 样本的 OLS 结果	
	(1)	(2)	(3)	(4)	(5)	(6)
年龄	-0.014 4***	-0.014 4***	-0.014 0***	-0.013 9***	-0.013 7***	-0.014 0***
	(0.004 41)	(0.004 39)	(0.004 69)	(0.004 60)	(0.004 54)	(0.004 52)
性别	0.282***	0.247***	0.299***	0.251***	0.292***	0.249***
	(0.013 2)	(0.013 1)	(0.093 0)	(0.088 2)	(0.087 1)	(0.086 5)
教育水平	0.041 5***	0.041 8***	0.041 5***	0.042 7***	0.042 8***	0.042 3***
	(0.013 2)	(0.013 1)	(0.015 1)	(0.014 3)	(0.013 9)	(0.013 8)
听	0.091 3**		0.133		0.098 6**	
	(0.037 5)		(0.163)		(0.039 2)	
说		0.147***		0.146		0.161***
		(0.048 9)		(0.158)		(0.050 8)
常数项	2.282***	2.296***	2.150***	2.258***	2.213***	2.244***
	(0.234)	(0.229)	(0.383)	(0.277)	(0.248)	(0.240)
观察项	388	388	369	369	369	369
工具变量			wuyu, wuyu_ dis	wuyu, dis, wuyu_ dis		
第一阶段回归 F 值			11.076 3	13.770		
R^2	0.131	0.138	0.128	0.139	0.130	0.139

注：括号中为标准误；*** 表示 $p < 0.01$，** 表示 $p < 0.05$，* 表示 $p < 0.1$。

尽管使用工具变量后，语言能力的经济回报在统计上变得不再显著，其回归系数依然为正且与其标准误相近。我们猜测，对方言的熟练掌握可能只会增加某些工作的薪资。因此，表7.7 和表7.8 分别显示了在不同职业中上海话的熟练程度对于移民个体收入的影响。

表7.7 不同职业中上海话能力对小时工资的影响（OLS）

变量	CM 职业		非 CM 职业		销售类职业		非销售类职业	
	(1)	(2)	(3)	(4)	(5)	(6)	(7)	(8)
年龄	0.000 850	0.000 204	-0.022 0***	-0.021 4***	-0.012 0	-0.010 1	-0.028 8***	-0.027 1***
	(0.006 48)	(0.006 56)	(0.005 53)	(0.005 51)	(0.009 35)	(0.009 12)	(0.006 95)	(0.006 97)
性别	0.245**	0.248**	0.243**	0.201*	0.091 9	0.001 05	0.351***	0.324**
	(0.116)	(0.117)	(0.105)	(0.105)	(0.172)	(0.169)	(0.133)	(0.134)
教育水平	0.022 9	0.029 5	0.045 6***	0.045 6***	0.097 6***	0.096 4***	0.017 3	0.020 0
	(0.020 9)	(0.020 8)	(0.015 8)	(0.015 7)	(0.029 6)	(0.028 7)	(0.018 6)	(0.018 8)
听	0.131**		0.099 8**		0.088 2		0.116*	
	(0.055 9)		(0.045 4)		(0.072 7)		(0.059 1)	
说		0.153**		0.137**		0.239***		0.050 4
		(0.075 8)		(0.058 9)		(0.086 6)		(0.082 5)
常数项	1.879***	1.913***	2.507***	2.537***	1.824***	1.649***	2.847***	2.973***
	(0.347)	(0.349)	(0.290)	(0.285)	(0.536)	(0.507)	(0.348)	(0.349)
观察项	99	99	275	275	107	107	168	168
R^2	0.135	0.123	0.167	0.169	0.174	0.220	0.198	0.181

注：括号中为标准误差；*** 表示 $p<0.01$，** 表示 $p<0.05$，* 表示 $p<0.1$。

表 7.8 不同职业中上海话能力对小时工资的影响（IV）

变量	CM 职业		非 CM 职业		销售类职业		非销售类职业	
	(1)	(2)	(3)	(4)	(5)	(6)	(7)	(8)
年龄	0.000 700	−0.000 954	−0.021 9***	−0.021 4***	−0.004 34	−0.002 36	−0.026 6***	−0.028 2***
	(0.006 41)	(0.006 60)	(0.005 83)	(0.005 89)	(0.011 4)	(0.011 0)	(0.007 79)	(0.007 13)
性别	0.242**	0.244**	0.282**	0.156	0.179	−0.161	0.311**	0.307**
	(0.116)	(0.117)	(0.119)	(0.116)	(0.204)	(0.222)	(0.150)	(0.137)
教育水平	0.020 8	0.028 4	0.045 2***	0.039 4**	0.109 2***	0.102 2***	0.017 2	0.012 8
	(0.021 4)	(0.020 7)	(0.017 3)	(0.017 9)	(0.035 7)	(0.034 3)	(0.020 2)	(0.019 9)
听	0.167		0.213		0.460*		−0.029 9	
	(0.111)		(0.173)		(0.277)		(0.229)	
说		0.273**		0.413**		0.664**		0.172
		(0.122)		(0.188)		(0.319)		(0.194)
常数项	1.825***	1.795***	2.193***	2.182***	0.447	0.682	3.111***	2.890***
	(0.368)	(0.359)	(0.472)	(0.370)	(0.994)	(0.768)	(0.538)	(0.400)
观察项	97	97	258	258	98	98	160	160
工具变量	wuyu, dis, wuyu_ dis	wuyu, dis, wuyu_ dis	dis, wuyu_ dis	wuyu, dis, wuyu_ dis	dis, wuyu_ dis	dis, wuyu_ dis	dis, wuyu_ dis	wuyu, dis, wuyu_ dis
第一阶段回归 F 值	10.129	18.855	10.538	10.671	4.805	4.972	5.890	11.364
R^2	0.135	0.102	0.151	0.112	0.006	0.110	0.160	0.167

注：括号中为标准误差；*** 表示 $p<0.01$，** 表示 $p<0.05$，* 表示 $p<0.1$。

从表 7.7 的方程（2）、（4）和（6）中可以看出，上海话口头表达的流利程度显著地增加了 CM 职业、非 CM 职业以及销售类职业的收入，并且这一能力能从销售类职业中获得最高的经济回报。而表 7.8 的方程（2）、（4）和（6）则显示，在控制了内生性之后，上海话的表达能力所能带来的经济回报依然显著，甚至有所提高。至于对上海话的听力理解能力，表 7.7 的方程（1）、（2）和（3）显示其能显著增加 CM 职业、非 CM 职业以及非销售类职业的经济收入，但在控制了内生性问题后，表 7.8 的方程（1）、（2）和（3）却未发现其对于收入的显著效用。表 7.8 中，尽管方程（5）中方言"听"的回归系数在 10% 的水平显著，但无论从统计意义上来看，还是从经济意义上来说，其显著性程度都不如方程（6）中方言的"说"强。因此，我们认为对于除销售类职业外的工作，上海话的听力理解能力并不能产生显著的经济回报，然而方言的口头表达能力却能有此效应。在上海，由于大多数居民都能或多或少地说些普通话，因此外来劳动者并不会有很大的沟通障碍。即使一些本地上海人只会说上海话，对于听得懂上海话的外来移民来说也不会存在任何交流障碍。因此，我们认为上海话的口头表达能力应作为一种社会群体与身份的识别信号在起作用，而非仅仅是一种交换具有市场价值的信息沟通工具。

表 7.9 采用的回归与表 7.8 类似，但其额外增加了是否为"自我雇佣"这一虚拟变量来控制外来人口的自我雇佣情况（1 表示是，0 表示否）。表 7.9 中的方程（1）和（2）显示，自我雇佣者仅在 CM 职业中能显著地获得更高的收入；在控制了"自我雇佣"变量之后，上海话的口头表达能力对于非 CM 职业与销售类职业的收入依然能够带来显著的正向效应，但在 CM 职业的收入增加效应则不再显著。

由于上海话的流利程度似乎还会通过自我雇佣的情况来影响个人的收入，我们在表 7.10 中又进一步研究了上海话熟练程度对于自我雇佣概率的影响。在这里我们采用了二阶段回归，以"是否自我雇佣"为因变量（1 表示是，0 表示否）。结果显示，只有在 CM 职业中，上海话的听说能力才能同时显著地增加外来人口自我雇佣的概率。把表 7.9 和表 7.10 的结果综合起来看，我们总结认为上海话的流利表达之所以能显著增加 CM 职业的收入，原因在于其增加了外来农民工自我雇佣的概率。在此基础上，我们也可以得出：对方言的口头表达能力只有在那些更为凸显个人身份的工作中才能显著提高个人收入，如非 CM 部门（尤其是销售类的工作）。另外，在

表 7.9 不同职业中上海话能力对小时工资的影响（考虑自我雇佣时的 IV 估计）

变量	CM 职业		非 CM 职业		销售类职业		非销售类职业	
	(1)	(2)	(3)	(4)	(5)	(6)	(7)	(8)
年龄	0.002 16	0.001 23	−0.022 4***	−0.021 9***	0.000 383	0.000 899	−0.026 5***	−0.028 1***
	(0.006 02)	(0.006 12)	(0.005 87)	(0.005 95)	(0.012 8)	(0.011 8)	(0.007 78)	(0.007 10)
性别	0.244**	0.241**	0.285**	0.160	0.144	−0.194	0.300**	0.297**
	(0.108)	(0.108)	(0.118)	(0.116)	(0.206)	(0.229)	(0.150)	(0.137)
教育水平	0.029 0	0.029 7	0.045 3***	0.039 6**	0.105***	0.099 6***	0.018 9	0.014 6
	(0.020 2)	(0.019 1)	(0.017 3)	(0.017 8)	(0.036 5)	(0.034 5)	(0.020 3)	(0.019 9)
自我雇佣	1.013***	0.942***	0.062 9	0.059 8	−0.266	−0.196	0.123	0.126
	(0.260)	(0.267)	(0.105)	(0.106)	(0.262)	(0.232)	(0.133)	(0.133)
听	0.027 1		0.212		0.491*		−0.032 3	
	(0.111)		(0.174)		(0.286)		(0.229)	
说		0.106		0.410**		0.670**		0.166
		(0.123)		(0.188)		(0.319)		(0.192)
常数项	1.970***	1.910***	2.184***	2.173***	0.452	0.741	3.068***	2.848***
	(0.347)	(0.333)	(0.471)	(0.369)	(0.993)	(0.761)	(0.540)	(0.402)
观察项	97	97	258	258	98	98	160	160
工具变量	wuyu, wuyu_dis	wuyu, wuyu_dis	dis, wuyu_dis	wuyu, dis	dis, wuyu_dis	dis, wuyu_dis	dis, wuyu_dis	wuyu, dis
第一阶段回归 F 值	13.456	15.743	10.392	10.563	4.621	4.930	5.853	11.345
R^2	0.239	0.237	0.152	0.115	0.112		0.163	0.172

注：括号中为标准误差；*** 表示 $p<0.01$，** 表示 $p<0.05$，* 表示 $p<0.1$。

表 7.10 不同职业中上海话能力对是否自我雇佣的影响（IV 估计）

变量	CM 职业		非 CM 职业		销售类职业		非销售类职业	
	(1)	(2)	(3)	(4)	(5)	(6)	(7)	(8)
年龄	0.000 423	-0.000 647	0.000 722**	0.000 725**	0.015 8***	0.015 3***	-0.001 38	-0.001 17
	(0.002 65)	(0.002 55)	(0.003 14)	(0.003 16)	(0.004 60)	(0.004 26)	(0.004 23)	(0.003 85)
性别	0.014 9	0.012 6	-0.042 2	-0.074 7	-0.152*	-0.194**	0.087 3	0.075 7
	(0.046 0)	(0.043 6)	(0.067 5)	(0.065 8)	(0.080 1)	(0.092 6)	(0.085 9)	(0.078 6)
教育水平	-0.003 50	-0.000 672	-0.003 82	-0.005 32	-0.017 7	-0.019 2	-0.011 3	-0.011 7
	(0.008 87)	(0.007 89)	(0.009 16)	(0.009 42)	(0.011 9)	(0.012 0)	(0.011 3)	(0.011 4)
听	0.096 0*		0.058 2		0.071 9		0.036 2	
	(0.049 7)		(0.110)		(0.124)		(0.157)	
说		0.154***		0.098 4		0.072 4		0.047 2
		(0.049 1)		(0.105)		(0.124)		(0.128)
常数项	-0.161	-0.153	0.134	0.155	0.212	0.331	0.301	0.319
	(0.149)	(0.135)	(0.309)	(0.209)	(0.459)	(0.295)	(0.360)	(0.242)
观察项	103	103	292	292	117	117	175	175
工具变量	wuyu, wuyu_dis	wuyu, dis, wuyu_dis	dis, wuyu_dis	wuyu, dis, wuyu_dis	dis, wuyu_dis	wuyu, wuyu_dis	dis, wuyu_dis	wuyu, wuyu_dis
第一阶段回归 F 值	12.222	15.089	9.406	11.963	4.589	7.117	4.164	12.376
R^2	0.008	0.105	0.029	0.014	0.203	0.195	0.007	0.002

注：括号中为标准误差；*** 表示 $p<0.01$，** 表示 $p<0.05$，* 表示 $p<0.1$。

CM类的工作中，对于自我雇佣者，其广泛的社会交往也势必要求其掌握更高的方言表达能力。因此，方言能力是增进互信的一种渠道，可通过表示社会群体或身份的机制来影响个人的收入。

7.4 稳健性检验

控制自我评估的个人特征

我们使用的工具变量控制了地域与方言上的差异，且工具变量并不直接影响个人收入的水平。我们很难相信不可观察的个人先天能力差异与地域因素相关，尤其考虑到我们已在回归中控制了代表教育年限的变量。但另一个顾虑在于：不同地域的地方文化可能与我们采用的工具变量有关，而这些文化因素又有可能直接影响到个人的工资水平。为了避免这一潜在的估计偏误，我们又收集了3个由被访者自我评估的个人特征变量：社交能力、自信程度以及职业道德，这些数据的采集主要通过被访者对以下3个表述的评价得到：

（1）我觉得在上海工作时，与上海本地人交朋友是很有帮助的。

（2）我拥有许多优点。

（3）我相信努力工作可以改变人生。

每句表述都由被访者按从1到5的分值进行评估，并在回归中分别由"社交能力""自信程度"和"职业道德"这3个变量代表。在工具变量的回归中加入了这3个代表个人特征的变量之后，表7.11显示，我们之前的主要结论并未显著改变，即上海话的口头表达能力而非听力理解能力有助于提高经济收入，与个人特征有关的这3个变量总体上对于收入并无显著的影响。

控制对方言听力的打分

正如上文提到的，为了证明方言技能是作为一种身份标识而起作用的，那么方言表达的流利性而非听力会对个人收入造成影响的这一发现就至关重要。然而，如果被访者自我报告的听力水平存在很大的估算误差，我们估计出的方言能力的经济回报也有可能会因偏误而趋近于零。若是如此，我们便不能得出对上海话的听力不能带来经济回报这一结论。为了证实上述观点，我们采用了一个更为客观且可比的衡量指标，即以每位被访者听力

表 7.11 不同职业中上海话能力对小时工资的影响（控制个人特征的 IV 估计）

变量	CM 职业		非 CM 职业		销售类职业		非销售类职业	
	(1)	(2)	(3)	(4)	(5)	(6)	(7)	(8)
年龄	0.003 09	0.002 02	−0.024 2***	−0.023 1***	−0.004 15	−0.002 29	−0.029 1***	−0.030 4***
	(0.006 30)	(0.006 34)	(0.005 92)	(0.006 18)	(0.012 8)	(0.012 2)	(0.007 65)	(0.007 27)
性别	0.246**	0.241**	0.285**	0.136	0.149	−0.144	0.336**	0.309**
	(0.111)	(0.110)	(0.116)	(0.125)	(0.199)	(0.224)	(0.146)	(0.143)
教育水平	0.030 8	0.030 9	0.042 0**	0.032 3*	0.105**	0.101**	0.012 5	0.005 48
	(0.020 1)	(0.019 1)	(0.017 8)	(0.019 2)	(0.035 6)	(0.033 9)	(0.020 8)	(0.021 1)
自我雇佣	1.017***	0.951***	0.048 1	0.032 9	−0.266	−0.224	0.124	0.121
	(0.261)	(0.269)	(0.109)	(0.113)	(0.260)	(0.234)	(0.134)	(0.135)
听	0.008 20		0.224		0.417		−0.006 73	
	(0.118)		(0.180)		(0.271)		(0.259)	
说		0.083 0		0.491**		0.589*		0.240
		(0.124)		(0.227)		(0.309)		(0.224)
社交能力	0.001 61	0.002 46	−0.019 2	−0.039 0	−0.022 8	−0.045 5	0.015 0	−0.000 306
	(0.039 4)	(0.038 9)	(0.037 6)	(0.040 7)	(0.068 4)	(0.066 2)	(0.046 8)	(0.045 6)
自信程度	0.017 7	0.016 6	0.067 6	0.052 7	0.026 5	−0.032 8	0.100*	0.098 3*
	(0.050 0)	(0.049 6)	(0.048 0)	(0.050 3)	(0.088 2)	(0.094 7)	(0.058 4)	(0.055 6)
职业道德	0.047 5	0.041 8	−0.015 3	−0.011 7	−0.006 07	0.001 93	−0.010 9	−0.010 2
	(0.046 0)	(0.044 1)	(0.044 6)	(0.046 5)	(0.077 7)	(0.073 8)	(0.056 3)	(0.056 5)
常数项	1.692***	1.658***	2.171***	2.198***	0.823	1.227	2.793***	2.611***
	(0.402)	(0.398)	(0.487)	(0.420)	(1.030)	(0.779)	(0.567)	(0.470)
观察项	95	95	254	254	97	97	157	157

（续表）

变量	CM 职业		非 CM 职业		销售类职业		非销售类职业	
	(1)	(2)	(3)	(4)	(5)	(6)	(7)	(8)
工具变量	wuyu, wuyu_dis	wuyu, dis, wuyu_dis	dis, wuyu_dis	wuyu, wuyu_dis	dis, wuyu_dis	dis, wuyu_dis	dis, wuyu_dis	wuyu, wuyu_dis
第一阶段回归 F 值	11.667	15.137	9.599	11.218	4.559	5.004	4.431	12.402
R^2	0.246	0.250	0.161	0.085	0.072	0.173	0.181	0.168

注：括号中为标准误差；*** 表示 $p<0.01$，** 表示 $p<0.05$，* 表示 $p<0.1$。

理解测试的评分，来重新估计对上海话的听力所能带来的劳动力市场回报。事实上，被访者自我报告的听力技能（"听"）与我们获得的听力测试评分（"听力打分"）之间的相关系数约为 0.768，这一系数相当之高，也说明即使我们在新的回归中使用"听力打分"这一变量来取代原本的"听"，结果可能也并不会有显著的改变。表 7.12 针对上文中的主要回归，考察了在使用自我报告的方言听力（"听"）与对被访者方言听力的评估（"听力打分"）这两种情况下，回归的结论是否会存在显著的差异。其中奇数列使用了被访者自我报告的"听"，而偶数列是使用"听力打分"的结果。

在表 7.12 的方程（1）和（2）中，我们控制了"是否自我雇佣"的虚拟变量，发现无论是"听"还是"听力打分"都不能显著增加 CM 职业的收入。结合方程（3）和（4）的结论来看，我们发现无论是"听"还是"听力打分"都能够显著地增加自我雇佣的概率。因此，即使"听力打分"对于收入具有显著的积极效应，也仅仅是通过提高 CM 职业自我雇佣的概率来达到的。在方程（5）到（8）中，我们又在区分职业的收入回归中控制了被访者自我评估的个人特征变量，发现仅有方程（8）中的"听力打分"这一变量的系数在 10% 的水平显著，而其系数的大小却远低于方程（7）中的"听"。因此，我们可以认为即使用"听力打分"变量来替代原有回归中受访者自我报告的"听"，我们在第四部分中的主要结论也不会发生改变。

控制地区生产率（Gross Regional Productivity，GRP）

上文中，我们曾通过控制被访者自我评估的个人特征来避免各地方文化可能与工具变量相关的问题。但即便如此，也可能存在基于地域的工具变量仍然会通过其他途径来影响收入的顾虑。因此，在这一部分中，我们进一步控制了 2011 年上海外来务工者各来源地的"地区生产率"[①]，以考察我们上文得出结论的稳健性。我们采用这一变量的原因在于它是一个相对宏观的变量，体现了各个地区的基础设施、教育质量以及不易观察到的文化特征等地域性因素。

[①] 地区生产率（GRP）数据来自于《2012 年中国城市统计年鉴》（国家统计局，2013），这些均为市级与县级以上的数据。对于自治区，由于我们仅能找到其省会城市的地区生产总值，因此便使用其省会城市的 GRP 数据来代替。

表 7.12 不同职业中上海话能力对小时工资及自我雇佣情况的影响（控制个人特征与方言听力"打分"的 IV 估计）

变量	CM 职业 (1)	CM 职业 (2)	CM 职业中的自我雇佣 (3)	CM 职业中的自我雇佣 (4)	CM 职业 (5)	CM 职业 (6)	销售类职业 (7)	销售类职业 (8)
年龄	0.002 16 (0.006 02)	0.002 47 (0.006 41)	0.000 423 (0.002 65)	−0.000 246 (0.003 02)	0.003 09 (0.006 30)	0.002 29 (0.006 67)	−0.004 15 (0.012 8)	−0.012 9 (0.012 0)
性别	0.244** (0.108)	0.246** (0.118)	0.014 9 (0.046 0)	0.057 6 (0.052 8)	0.246** (0.111)	0.245** (0.118)	0.149 (0.199)	0.191 (0.202)
教育水平	0.029 0 (0.020 2)	0.027 7 (0.020 6)	−0.003 50 (0.008 87)	−0.001 17 (0.009 36)	0.030 8 (0.020 1)	0.029 3 (0.020 6)	0.105*** (0.035 6)	0.096 9*** (0.034 6)
自我雇佣	1.013*** (0.260)	1.022*** (0.285)			1.017*** (0.261)	1.012*** (0.282)	−0.266 (0.260)	−0.253 (0.256)
听/听力打分	0.027 1 (0.111)	0.002 10 (0.023 6)	0.096 0* (0.049 7)	0.023 4** (0.010 9)	0.008 20 (0.118)	0.001 24 (0.026 2)	0.417 (0.271)	0.074 4* (0.044 4)
社交能力					0.001 61 (0.039 4)	0.004 43 (0.044 0)	−0.022 8 (0.068 4)	−0.037 4 (0.067 2)
自信程度					0.017 7 (0.050 0)	0.015 3 (0.054 6)	0.026 5 (0.088 2)	0.073 0 (0.086 5)
职业道德					0.047 5 (0.046 0)	0.043 4 (0.050 2)	−0.006 07 (0.077 7)	−0.063 5 (0.078 5)
常数项	1.970*** (0.347)	2.017*** (0.345)	−0.161 (0.149)	−0.121 (0.155)	1.692*** (0.402)	1.762*** (0.418)	0.823 (1.030)	1.833** (0.769)
观察项	97	92	103	97	95	91	97	89
工具变量	wuyu, wuyu_dis	wuyu, wuyu_dis	wuyu, wuyu_dis	wuyu, wuyu_dis	wuyu, wuyu_dis	wuyu, wuyu_dis	dis, wuyu_dis	dis, wuyu_dis
第一阶段回归 F 值	13.456	7.452	12.222	7.271	11.667	5.999	4.559	5.698
R^2	0.239	0.231	0.008	.	0.246	0.242	0.072	0.158

注：括号中为标准误差；*** 表示 $p<0.01$，** 表示 $p<0.05$，* 表示 $p<0.1$。

在表 7.13 中，当我们将地区生产率加入回归中，上文得到的关于上海话的掌握程度对于不同职业的小时工资影响的主要结论并未发生改变。由于从上文的结论中，我们已经知道是否"自我雇佣"对于除 CM 职业之外的其他工作收入并无显著的影响，因此在表 7.13 的方程（4）至（12）中，我们并未控制"自我雇佣"的情况。由表 7.13 可见，"听"的回归系数仅在方程（1）中在 10% 的水平上显著，而"听力打分"则在所有回归中均不显著。作为对比，对上海话的流利表达在除了非销售类职业外的所有回归中均为显著。

7.5 结论

与既有的文献相比，本章的研究首次直接衡量方言技能，并估算其在劳动力市场上的经济回报。我们选择了上海这一中国最为发达和人口繁多的地区，并通过对外来务工人员面对面的访谈和问卷构建了一个独特的数据库。由于意识到方言流利程度中内生性的存在，尤其是在方言技能与不可观察的个人特征间的相关性问题，我们基于被访者的来源地是否位于中国方言区域中的"吴语区"、其家乡距上海的距离及这两者的交互项，针对方言能力设置了工具变量。我们发现，在 OLS 回归中，方言能力的经济回报之所以显著，很大程度上是由于存在内生性偏误。在使用了工具变量之后，我们发现方言能力仅显著影响服务业从业人员的收入，尤其是从事销售的人员。而在制造业和建筑业（CM 职业）中，上海的外来务工人员中具有较高方言表达能力的人更倾向于自我雇佣，以获得更高的报酬。在区分了方言的"听"与"说"这两种技能之后，我们发现对方言的听力通常不能显著增加个人的收入，而使用方言的表达能力则对收入具有积极的影响。由于上海的本地居民能够听得懂普通话，基本的信息交流对于能够听懂上海话的外来务工者来说便不存在困难。于是，我们推断，说方言的能力之所以能够增加某些职业的收入，是因为说本地方言是表示人们自我身份认同的一个途径。入乡随俗，学习当地的方言，可以帮助外来务工人员更好地融入当地社会，并在与当地人的交流中减少劳动力市场的交易成本。

表 7.13 不同职业中上海话能力对小时工资的影响（控制地区生产率的 IV 估计）

变量	CM 职业 (1)	(2)	(3)	非 CM 职业 (4)	(5)	(6)	销售类职业 (7)	(8)	(9)	非销售类职业 (10)	(11)	(12)
年龄	0.007 11 (0.006 00)	0.005 39 (0.006 22)	0.007 69 (0.006 36)	−0.021 8*** (0.005 86)	−0.020 5 (0.006 16)	−0.022 1*** (0.006 03)	−0.005 36 (0.011 5)	−0.000 574 (0.011 9)	−0.011 5 (0.011 2)	−0.026 9*** (0.007 78)	−0.028 2*** (0.007 21)	−0.024 3*** (0.007 96)
性别	0.216** (0.104)	0.222** (0.107)	0.289** (0.112)	0.287** (0.119)	0.119 (0.128)	0.294** (0.125)	0.187 (0.201)	−0.206 (0.249)	0.198 (0.204)	0.325** (0.154)	0.297** (0.139)	0.327** (0.158)
教育水平	0.032 8* (0.019 3)	0.042 0** (0.019 3)	0.037 1* (0.019 8)	0.045 6*** (0.017 6)	0.042 6** (0.017 6)	0.051 5*** (0.017 8)	0.104*** (0.036 5)	0.110*** (0.035 7)	0.102*** (0.036 4)	0.019 0 (0.019 8)	0.015 4 (0.020 2)	0.032 6 (0.020 6)
地区生产率	−0.011 4*** (0.003 90)	−0.010 8*** (0.003 71)	−0.011 0*** (0.003 90)	−0.000 833 (0.003 91)	0.001 06 (0.005 07)	0.001 06 (0.003 75)	0.002 81 (0.005 99)	−0.004 71 (0.007 46)	0.000 161 (0.006 79)	−0.003 64 (0.005 77)	−0.006 37 (0.004 96)	−0.001 00 (0.004 56)
自我雇佣	0.865*** (0.253)	0.793*** (0.266)	0.810*** (0.278)									
听		0.205* (0.121)			0.549** (0.263)			0.724** (0.357)				
说		0.269** (0.127)									0.291 (0.223)	
听力打分			0.036 5 (0.024 8)			0.049 1 (0.032 4)			0.077 1 (0.050 3)		0.025 5 (0.274)	0.020 6 (0.041 8)
常数项	1.706*** (0.343)	1.738*** (0.331)	1.824*** (0.332)	2.147*** (0.490)	2.094*** (0.407)	2.275*** (0.328)	0.496 (0.985)	0.642 (0.783)	1.360* (0.713)	3.070*** (0.552)	2.875*** (0.405)	2.698*** (0.354)
观察项	97	97	92	258	258	239	98	98	90	160	160	149
工具变量	wuyu, dis	wuyu, dis	wuyu_dis	wuyu, dis	wuyu, dis	wuyu_dis	wuyu, dis	wuyu, dis	wuyu_dis	wuyu, dis	wuyu, dis	wuyu_dis
第一阶段回归 F 值	10.103	14.409	5.959	8.421	8.817	9.281	4.474	4.308	4.753	4.063	13.159	4.524
R^2	0.304	0.260	0.312	0.142	0.044	0.149	0.037	0.069	0.113	0.184	0.148	0.202

注：括号中为标准误；*** 表示 $p<0.01$，** 表示 $p<0.05$，* 表示 $p<0.1$。

参考文献

陈钊，2013，"中国城乡发展的政治经济学"，载于陆铭、陈钊、朱希伟、徐现祥（主编），《中国区域经济发展（回顾与展望）》，上海：上海世纪出版集团格致出版社。

国家统计局，2012，《2011年中国统计年鉴》，北京：中国统计出版社。

国家统计局，2013，《2012年国民经济和社会发展统计公报》，http://www.stats.gov.cn/tjsj/tjgb/ndtjgb/qgndtjgb/201302/t20130221_30027.html。

国务院发展研究中心课题组，2011，《农民工市民化：制度创新与顶层政策设计》，北京：中国发展出版社。

陆铭，2013，"制度制约下的劳动力流动与滞后的城市化"，摘自陆铭、陈钊、朱希伟、徐现祥（主编），《中国区域经济发展（回顾与展望）》，上海：上海世纪出版集团格致出版社。

汪汇、陈钊、陆铭，2009，"户籍、社会分割与信任——来自上海的经验研究"，《世界经济》，第10期，第81-96页。

Berman, E., K. Lang, and E. Siniver, 2003, "Language-skill Complementarity: Returns to Immigrant Language Acquisition," *Labour Economics*, 10 (3), 265-290.

Bleakley, H., and A. Chin, 2004, "Language Skills and Earnings: Evidence from Childhood Immigrants," *Review of Economics and Statistics*, 86 (2), 481-496.

Cai, F., and Y. Du, 2011, "Wage Increases, Wage Convergence, and the Lewis Turning Point in China," *China Economic Review*, 22 (4), 601-610.

Carnevale, A. P., R. A. Fry, and B. L. Lowell, 2001, "Understanding, Speaking, Reading, Writing, and Earnings in the Immigrant Labor Market," *The American Economic Review*, 91 (2), 159-163.

Chan, K. W., 2009, "The Chinese Hukou System at 50," *Eurasian Geography and Economics*, 50 (2), 197-221.

Chan, K. W., and W. Buckingham, 2008, "Is China Abolishing the Hukou System?" *The China Quarterly*, 195 (1), 582-605.

Chen, B. K., M. Lu, and N. H. Zhong, 2012, "Hukou and Consumption

Heterogeneity: Migrants and Expenditure is Depressed by Institutional Constraints in Urban China," Working Paper. Available at SSRN: http://ssrn.com/abstract = 1989257.

Chen, B., Z. Chen, R. Freeman, and M. Lu, 2013, "Language as a Bridge: The Effects of Dialect on Labor Market Performance in Urban China," Working Paper.

Chen, Z., S. Q. Jiang, M. Lu, and H. Sato, 2013, "China's Labor Market, Rural-urban Migration and Growth Pattern: Future Prospect," In Jun Zhang, (eds.), *Unfinished Reforms in the Chinese Economy*, Singapore: World Scientific Publishing Co, 83 – 123.

Chiswick, B. R., 1991, "Speaking, Reading, and Earnings among Low-skilled Immigrants," *Journal of Labor Economics*, 149 – 170.

Chiswick, B. R., and P. W. Miller, 1995, "The Endogeneity between Language and Earnings: and International Analyses," *Journal of Labor Economics*, 246 –288.

Chiswick, B. R., and G. Repetto, 2000, "Immigrant Adjustment in Israel: Literacy and Fluency in Hebrew and Earnings," IZA DP, No. 177.

Christofides, L. N. and R. Swidinsky, 2008, "The Economic Returns to a Second Official Language: English in Quebec and French in the Rest-of-Canada," IZA DP, No. 3551.

Dustmann, C., and A. V. Soest, 2001, "Language Fluency and Earnings: Estimation with Misclassified Language Indicators," *The Review of Economics and Statistics*, 83 (4), 663 – 674.

Gao, W., and R. Smyth, 2011, "Economic Returns to Speaking 'Standard Mandarin' among Migrants in China's Urban Labor Market," *Economics of Education Review*, 30 (2), 342 – 352.

Huston, T. L., and G. Levinger, 1978, "Interpersonal Attraction and Relationships," *Annual Review of Psychology*, 29 (1), 115 – 156.

Jiang, S. Q., M. Lu, and H. Sato, 2012, "Identity, Inequality, and Happiness: Evidence from Urban China," *World Development*, 40 (6), 1190 –1200.

Marschak, J., 1965, "Economics of Language," *Behavioral Science*, 10

(2), 135-140.

Mayhew, B. H., J. M. McPherson, T. Rotolo, and L. Smith-Lovin, 1995, "Sex and Race Homogeneity in Naturally Occurring Groups," *Social Forces*, 74 (1), 15-52.

McManus, W. S., 1985, "Labor Market Costs of Language Disparity: An Interpretation of Hispanic Earnings Differences," *The American Economic Review*, 75 (4), 818-827.

McPherson, M., L. Smith-Lovin, and J. M. Cook, 2001, "Birds of a Feather: Homophily in Social Networks," *Annual Review of Sociology*, 415-444.

Pendakur, K., and R. Pendakur, 2002, "Language as Both Human Capital and Ethnicity," *International Migration Review*, 36 (1), 147-177.

Weinreich, M., 1945, "Der YIVO un di problemen fun undzer tsayt" ("The YIVO and the problems of our time"), originally presented at the Annual YIVO (then known as the Yiddish Scientific Institute) Conference on 5th January 1945.

第八章

公平与幸福

"全球范围内潜在冲突的一个主要根源就是如下假设，即可以根据宗教或文化对人类进行单一的划分"（Sen，2006）。

在全球范围内，幸福感①正在成为政府和社会各界"超越GDP"的追求。② 在中国，居民幸福感也正在成为各级政府的施政目标，之所以如此，是因为随着经济发展水平和居民收入水平的不断提高，人们却没有变得更快乐，这成了一个"中国谜题"（China puzzle）。一个主要的解释是：经济发展过程中收入差距不断扩大，妨碍了人们幸福感的提升（Brockmann，et al.，2008）。问题是包括中国在内的原计划经济国家都曾经实行均等化的收入分配制度，难以激励人们追求经济发展，那时人们也未见得更快乐。那么，收入差距到底如何影响幸福感呢？

自从20世纪90年代中期以来，越来越多的研究证实：过高的收入差距对于经济发展具有多方面的负面影响。③ 但在实证研究中，人们对于危害社会经济发展的收入差距的性质很少进行区分。有文献认为，真正有危害的是因为不同身份而导致的收入差距，即"水平不平等"（horizontal inequality），或者说组间的收入差距（between group inequality），这种收入差距被认为是比总体上的收入差距（如基尼系数）更为关键的引发社会冲突的因素（Stewart，2001）。除非不同身份的人之间有系统性的能力（或智力）差异，否则组群间的收入差距往往与某些不公平的社会经济因素有关，阻碍了弱势组群获取更高收入，因而容易引起不满。相比之下，如果

---

① 在本书中，幸福感、快乐感和满意度是同一含义的不同表述。
② 2011年5月17日，英国《经济学家》杂志在其网站上发起了一场"幸福指数"大辩论，结果是，83%的人支持伦敦政治经济学院荣誉教授理查德·莱亚德所代表的一方，认为如人们所经历的那样，生活的质量肯定已经成为社会发展的核心指标，以及任何政府的中心目标。
③ 参见陆铭等（2005）和Wan，Lu and Chen（2006）中的文献综述。

收入差距与身份无关,而只是反映了人与人之间天赋和努力的不同,那么,这种收入差距是市场机制起到激励作用的体现,对社会危害较小,甚至有可能成为经济社会发展的动力。

中国自古以来就是一个看重身份的社会,而在当代的中国,最为重要的身份恐怕就是户籍。在中国的城市,是否拥有当地城镇户籍决定了一个人是否公平地被当地劳动力市场、社会保障、公共服务等一系列政策所涵盖(陆铭,2011)。由户籍身份的差异引起的收入差距也是因制度而引起的人群间收入差距(为了简便起见,我们将其称为"身份收入差距")。那么,身份收入差距是否影响了同在一个屋檐下的城市居民以及外来移民的快乐呢?在控制了身份收入差距之后,总体收入差距又如何影响幸福感呢?这是本章研究要回答的核心问题。我们发现,外来移民和城市居民均对与户籍身份有关的收入差距不满,相比之下,外来移民的幸福感更大地受到与户籍身份有关的收入差距的负面影响。在控制了身份收入差距以及其他个人和城市特征之后,不与身份相关的城市总体收入差距增加幸福感。这一研究的含义是在讨论收入差距的影响时,有必要将身份收入差距与总体收入差距区分开来,降低人们幸福感的是那些带有不公平性质的、与身份有关的收入差距。本章还进一步考察了具有不同社会经济特征的城市居民对于身份收入差距的不同态度。我们发现,在拥有城镇户籍的人当中,主要是出生在农村的"新城市人"对身份收入差距表示不满,这说明身份的形成还与生活经历有关系。

随着城市化进程的推进,城市居民内部无本地户籍的常住人口比重也越来越高,在一些大城市和特大城市,非本地户籍的常住人口接近或超过了常住人口的一半。长期以来,在严格的户籍准入制度下,外来移民获得本地城镇户籍非常困难,特别是低技能的农民工,如果仅仅因为已经在城市长期工作和生活,几乎不太可能在常住地落户。当前的户籍制度改革中,中小城镇已经放宽了落户条件,但大城市和特大城市却是外来移民更为集中的地区,落户门槛却并没有明显的降低。在这样的背景下,城市内部因户籍制度而形成的本地居民和外来移民之间的"新二元结构"已经成为城市发展中的突出问题。城市内部的"新二元结构"会影响城市的和谐发展,社会矛盾增加会引起资本的非生产性损耗,反过来又会影响城市化进程和城市对于经济增长的带动作用(陈钊、陆铭,2008)。本章将从不同户籍身份人群之间的收入差距入手,用实证证据来告诉读者(特别是政策制定者），社会分割制约了幸福感的提升，而社会融合则对于促进城市和谐发展极为重要。

本章的第一部分是相关文献评论；第二部分是数据描述和变量选取；第三部分进行计量分析；第四部分是结论和政策含义。

8.1 文献综述

对于提升居民幸福感和构建和谐社会而言，了解那些影响人们幸福感的因素显得非常重要。研究幸福感的经济学家认为，经济理论假设了很多影响人的效用的因素，在实证研究中应该能够观测到这些因素将影响可度量的幸福感。[1] 幸运的是，国家统计局和中国社会科学院联合进行的中国家庭收入调查（CHIPS）数据也包含了对于受访者主观幸福感的问题，并且成为国内外研究中国居民幸福感的最重要的数据来源。罗楚亮（2006）考察了就业状况对城镇居民主观快乐的影响，并且发现处于失业状态的人幸福感较低。Knight, Song and Guatilaka（2009）考察了农村居民的主观快乐决定，并且发现人均家庭收入越高，幸福感越高；在村庄中的相对收入地位越高，幸福感也越高。Knight and Gunatilaka（2010b）研究了一个特殊的群体：城市外来劳动力的快乐决定。他们发现，外来劳动力幸福感低于农村居民，他们将这一发现解释为欲望的提高，换句话说，外来劳动力将收入参照群体由农村同伴转变成了城市居民。

既有的研究主要是从个体的社会经济特征入手来研究幸福感的影响因素，但这些研究却难以解开中国居民越来越富有，却没有变得更快乐的"中国谜题"，对此谜题的一个主要的解释是：这是因为经济发展过程中收入差距不断扩大，制约了人们幸福感的提升（Brockmann, et al., 2008）。正如幸福感（subjective well-being）的英文名一样，它是一种主观的度量，在幸福决定中，人们不仅考虑自己的绝对收入，还考虑相对于社会其他群体的相对收入（收入差距）。在既有文献中，大多数研究都将基尼系数作为收入不平等的衡量，以此来分析收入差距和幸福感的关系，但由此得出的实证结果却备受争议。理论上，事后的不平等反映了对努力的奖励，因此不平等可能是一种经济激励和机会的体现，因此收入差距和幸福感可能

---

[1] Frey and Stutzer（2002）提供了很好的主观幸福感研究的综述。

是正向相关的。"隧道效应"（tunnel effect）的比喻解释了为什么收入差距扩大可能增加幸福感：如果在隧道里遇到塞车，这时，前面的车开动了，你会感到快乐，因为你得到了将车开快的希望。但是，收入差距也可能会带来一系列的负面影响（如降低经济增长、增加犯罪等），从而降低人们的幸福感。在实证研究中，学者们也发现不平等程度对快乐的影响在各个国家不尽相同。Alesina，Tella and MacCulloch（2004）的研究发现，在欧洲，更大的收入差距会显著地降低幸福感，但在美国却不存在这样的关系。他们认为，收入差距之所以影响幸福感，主要是因为欧洲相对于美国而言社会流动性较低，而且主要是穷人和持左翼政见的人对收入差距表现出更大的不满。McBride（2001）和 Luttmer（2005）发现人们会因为在社会群体中的相对收入下降而不快乐，Rousseau（2008）和 Graham and Felton（2005）同样证实了收入差距的扩大会使幸福感下降。在针对中国的研究中，Brockmann et al.（2008）发现中国在1990—2000年，社会各个收入组别的个体生活满意度都在下降，他们将其归结为人们越发感觉到收入分配的不公平。何立新、潘春阳（2011）发现，收入差距和对社会不公的主观感知都降低人们的幸福感。但是，Knight and Gunatilaka（2010a）却发现，中国农村县层面的基尼系数扩大会增加农民的幸福感，他们将其解释为隧道效应的作用。那么，收入差距究竟会降低还是提高幸福感呢？

在 Kingdon and Knight（2007）的研究中，他们发现在南非，当地社区的平均收入水平越高，个人的幸福程度越高，他们将这一结果解释为个人的利他主义倾向（altruism）。而更大范围的"社区"（以城市度量）平均收入，却对幸福感产生负面影响。陈钊、徐彤、刘晓峰（2012）基于上海市和深圳市的社区入户调查数据，分析了城市居民幸福感的决定因素。他们发现，社区层面上的收入差距会产生较强的示范效应，有助于提高居民的幸福感。但是，这种示范效应存在着人际差异，在外来居民中，较低教育水平者获得更强的示范效应，作者的解释是，城市内部存在高低端人才的互补性。而在本地居民中，较高教育水平者获得更强的示范效应，相比之下，户籍制度导致城市劳动力市场上对外来高教育水平者的进入壁垒，降低了这部分人群所获得的示范效应。

有关收入差距与幸福感的研究得到不同的结论，与文献没有很好地区分身份收入差距与总体收入差距有关。从理论上来说，收入差距所形成的激励必须被每个社会成员平等地获得才能提升幸福感。如果收入差距的扩大与身份有关，而不利的身份阻碍了弱势群体获取更高的收入，那么，收入差距就会降低人们的幸福感。收入差距的上升会引起社会和政治的动荡，恶化社会投资环境，并且使更多的资源用于保护产权，从而降低具有生产性的物质资本积累，不利于经济增长（如 Benhabib and Rustichini，1996）。这时，每个社会成员都会因为身份收入差距而更不快乐，甚至连处于优势的社会群体也同样感到不快乐，与身份有关的不平等属于"水平不平等"，其实质是社会组群间的身份收入差距。① 一系列国别研究已经发现，相对于基尼系数度量的"总体"不平等，水平不平等是社会和谐以及长期经济增长更为重要的决定因素（Stewart，2001；Stewart，Brown and Mancini，2005；Stewart and Langer，2007）。

如果我们考虑和身份相关的不平等，那就必须识别出，在中国形成"水平不平等"的参照对象是谁。在 Clark and Senik（2010）对欧洲的研究中，他们发现欧洲居民更愿意将朋友、同事作为比较对象，这本质上是因为欧洲社会更为均一的特征。而在中国，我们必须考虑在快速城市化的背景下，户籍制度导致的社会分割所产生的城市居民和外来移民两个阶层。② 在户籍制度下，农村居民从出生开始就不能享受和城市居民同等的福利待遇。在基础教育、医疗（张晓波，2004）、迁徙权（宋洪远，2004）、劳动力市场回报（Meng and Bai，2007；Zhang and Meng，2007；严善平，2007）等方面，农村居民相对于城市居民受到不平等的政策对待和公共品提供。更为严重的是，这种户籍身份导致的差异不能随着农村劳动力从农业生产进入城市工作而消除，从而形成城市内部外来移民和本地居民之间的"新二元结构"。城市政府通过户籍制度的分割限制，以控制劳动力流动规模，压低外来劳动力的实际工资，从而相对提高本地居民的收入水平（陈钊、陆铭，2008），同时，也通过户籍限制减少外来人口对本地的地方公共品的享用（刘晓峰、陈钊、陆铭，2010）。实证研究也发现，中国的城乡二元分割正在转化为城市内部的二元社会分割，并且形成了外来人口和本地居民之间的收入差距（Meng and Bai，2007；严善平，2007；Zhang

---

① 水平不平等这一定义由 Stewart 提出，并且将其定义为"由文化界定的组群（group）之间存在着的严重的不平等，这种不平等可以是多层面的，包括政治、经济和社会维度"。参见 Stewart（2001）。

② 关于户籍制度的形成和对中国社会分割的影响，参见 Liu（2005）、Wang（2004）和 Wu and Treiman（2007）。

and Meng, 2007)。虽然农村居民也可以通过一定的途径转变他们的户籍身份，比如通过接受高等教育，或者城市化过程中的"农转非"，但 Deng and Gustafsson (2006) 发现，这些"永久移民"仍然和城市居民存在着显著的社会经济特征差异。

在本章中，我们将利用中国的数据区分身份收入差距和总体收入差距对幸福感的不同影响。本章的核心假设是：与户籍有关的身份收入差距减少幸福感，而与身份无关的总体收入差距对快乐的影响却不一定，如果总体收入差距的激励效应足够强，它对快乐的影响就可能是正的。通过将组间收入差距和总体收入差距对于幸福感的不同效应区分开来，我们也将为已有文献有关收入差距与幸福感关系的不同发现找到一个合理的解释。

8.2 数据描述和变量选取

本章的数据主要来自中国社会科学院 2002 年中国家庭收入调查（CHIPS 2002）数据。CHIPS 是一个采取分层抽样方式建立起来的全国范围的劳动力市场调研数据，也是当前国内外经济学家研究中国居民幸福感最为权威的数据。[①] 我们选取了其中的城市数据和外来劳动力数据，并且根据城市代码，把其中 26 个同时拥有城市居民和外来劳动力调查的数据进行了匹配。[②] 这一数据中包含了一系列个人特征变量和家庭特征变量，同时还对住户中的户主或者一位主要成员进行了主观态度问题调查。CHIPS 是一个截面数据，这种数据结构最大的缺陷是难以控制因遗漏变量而引起的系数估计偏误。对此，我们做出以下解释：（1）虽然研究中有使用面板数据展开的幸福感研究（如 Luttmer，2005），但中国却没有同样可用的面板数据。（2）对于幸福感研究而言，个人层面的幸福感是否可以跨时比较是一个不能忽略的问题，事实上，由于幸福感是一个主观变量，往往在社会的收入水平变化之后，人们的幸福感却没有明显变化（Easterlin, 1974，

---

① 虽然这一数据已经是十多年前的，但对于本文的研究来说，用这个数据所得到的分析结论具有足够的一般意义，与数据收集的时间关系不大。此外，对本文主题而言，CHIPS 2002 比之后的 CHIPS 2007 覆盖了更多的城市，而我们的核心解释变量恰恰是城市级的变量，需要有足够多的城市间差异。

② 红河哈尼族自治州的样本也可以实现城市和移民数据的匹配，但由于它缺少其他城市一级的变量，因此这部分样本被放弃了。实际上，在不控制城市一级变量的回归中，是否包括这部分样本，并不影响结果。

1995，2001），因此，幸福感的差异往往是在截面意义上的人际间比较中体现出来的。（3）本章的核心变量是城市级的两个收入差距，对于可能存在的遗漏变量，我们尽量多地控制了城市级的变量，结果发现，我们的结论变得更强了。而对于仍然可能存在的遗漏变量，如果并不与本章的核心变量相关，那么，不会引起核心变量的系数估计偏误。

我们的被解释变量是对于一个主观问题的回答："总的来说，您现在幸福吗？"这是一个在同类研究中通常被用来度量满意度和幸福感的问题。被调查者要求在"非常幸福、比较幸福、不好也不坏、不太幸福、很不幸福、不知道"六种选择中做出判断。我们去掉了少量回答不知道的样本，并且将前5项回答分别赋值为4、3、2、1、0。对于幸福感的研究，有人批评幸福感的度量是主观的，对此问题，我们作出以下几点解释：（1）对于幸福感的测量没有更好的度量，在实验室里获得的幸福感数据无法反映社会制度变量或宏观环境变量的影响。（2）不应过于担心主观指标在人际间的可比性，如果这的确是个严重的问题，那么，就不会得到与经济理论一致的估计结果，也不会使基于不同数据得到的估计结果具有可比性。（3）即使承认主观度量指标存在误差，只要这一变量是被解释变量，并且度量误差是随机的，那么，这样的度量就不会引起系数的估计偏误。但被解释变量的误差的确可能增加模型的误差项，并降低模型系数的显著性，如果我们在文中得到的系数估计都是高度显著的，那么这个问题也不重要。①

在主要的回归中，我们采用了 OLS 方法。虽然将被解释变量由序数回答变成了基数变量，但是 Ferrer-i-Carbonell and Frijters（2004）在对幸福感的研究中发现，在回归分析中，采用 OLS 或者 ordered probit/logit 对于系数的显著性和方向并没有明显的影响。更重要的是，因为我们特别关心不同社会经济特征的人对身份收入差距的反应是否存在不同，我们在模型的解释变量中加入了一系列交互项，OLS 回归对于交互项的边际效应理解更加直观。Knight and Gunatilaka（2010a）、Knight and Gunatilaka（2010b）一系列关于中国主观快乐决定因素的研究，也使用了 OLS 回归作为基准。当然，我们同时在稳健性检验中对主要结果作了 ordered probit 回归，的确发现，OLS 结果与 ordered probit 模型的结果没有系数符号和显著性方面的明

---

① 陆铭等（2008）详细地讨论了幸福感研究中碰到的疑惑，特别是幸福感的主观测量是否是重要的问题。

显不同。

我们根据样本来源,将外来劳动力的户籍哑变量定义为0,而将同一城市中的本地居民户籍哑变量定义为1。同时,在原始的城市调查样本中,有小部分样本报告自己是农村户籍,我们将这1.71%的样本删除了,目的是为了保证比较的对象仅是城镇户籍人口和没有本地城镇户籍的劳动力。当前,对于政府和社会各界,城市"新二元结构"主要指的是在同一个城市中是否拥有当地城镇户籍而形成的社会分割,以及相应的各类社会福利和公共服务差异。相比之下,在外来人口中,其拥有外地城镇户籍还是外地农村户籍并不构成重要的身份差异。

在本章中,我们所定义的城市居民收入包括工资、奖金、津贴、生活补助、兼职收入和其他收入。在外来移民的收入中,包括工资、家庭生产所得、财产性收入、礼物和其他收入。CHIPS对于两个人群的收入分项不同,但为了获得总收入的数据,我们对不同分项进行了简单加总处理。我们也尝试仅利用工资一项收入来计算收入差距,所得实证结果仍然不变,而且工资差距对于快乐感的负面影响系数更大(见表8.1方程(4B))。我们将家庭成员的收入加总,再除以家庭人数,得到家庭人均年收入,之后,我们计算了同一城市中城镇居民家庭年人均收入和外来劳动力家庭年人均收入的比值。这反映了不同户籍身份的人群之间的收入差距,也就是我们所说的"身份收入差距"。同时,我们将户籍身份和这一收入比值做了交互项,通过这一变量,我们想看是不是本地居民和外来劳动力对于身份收入差距有不同的反应。

表8.1 户籍、身份收入差距与主观幸福感的决定因素

	(1)未控制户籍	(2)控制户籍	(3)控制教育差距	(4)控制城市特征	(4A)多层次回归	(4B)工资差距
身份收入差距	-0.059 2*** (0.020 8)	-0.091 2** (0.036 6)	-0.095 9*** (0.036 5)	-0.143*** (0.039 8)	-0.141** (0.062)	-0.220*** (0.083)
城市基尼系数	1.451*** (0.314)	1.441*** (0.314)	1.489*** (0.316)	2.764*** (0.429)	2.906*** (0.905)	2.391*** (0.393)
户籍×身份收入差距		0.048 2 (0.043 2)	0.044 2 (0.043 3)	0.049 1 (0.043 2)	0.045 3 (0.042 4)	-0.044 7 (0.092)
户籍		-0.122 (0.085 9)	-0.113 (0.086 3)	-0.138 (0.086 1)	-0.141* (0.085)	0.006 8 (0.117)

(续表)

	（1）未控制户籍	（2）控制户籍	（3）控制教育差距	（4）控制城市特征	（4A）多层次回归	（4B）工资差距
男性	-0.0603*** (0.0222)	-0.0647*** (0.0226)	-0.0651*** (0.0226)	-0.0626*** (0.0225)	-0.0584*** (0.0224)	-0.0572** (0.0227)
年龄	-0.0236*** (0.00617)	-0.0225*** (0.00635)	-0.0221*** (0.00636)	-0.0232*** (0.00632)	-0.0231*** (0.0065)	-0.0227*** (0.0064)
年龄平方	0.000301*** (0.0000638)	0.000294*** (0.0000649)	0.000290*** (0.0000649)	0.000295*** (0.0000645)	0.0003*** (0.0001)	0.0003*** (0.0001)
已婚	0.105* (0.0578)	0.0948 (0.0580)	0.0985* (0.0580)	0.116** (0.0576)	0.126** (0.0607)	0.119** (0.0586)
离婚	-0.256** (0.109)	-0.264** (0.110)	-0.260** (0.110)	-0.249** (0.109)	-0.250** (0.108)	-0.249** (0.109)
丧偶	-0.195* (0.106)	-0.205* (0.107)	-0.199* (0.107)	-0.174 (0.106)	-0.168* (0.097)	-0.131 (0.106)
教育年限	0.00188 (0.00367)	0.00345 (0.00391)	0.00336 (0.00391)	0.00328 (0.00389)	0.0034 (0.004)	0.0024 (0.0039)
健康：好	0.218*** (0.0253)	0.215*** (0.0256)	0.215*** (0.0256)	0.210*** (0.0256)	0.208*** (0.026)	0.214*** (0.0256)
健康：差	-0.165*** (0.0545)	-0.164*** (0.0545)	-0.164*** (0.0545)	-0.173*** (0.0540)	-0.177*** (0.0503)	-0.169*** (0.0539)
共产党员	0.0698*** (0.0269)	0.0713*** (0.0270)	0.0725*** (0.0270)	0.0707*** (0.0269)	0.0769*** (0.0279)	0.0693*** (0.027)
失业	-0.186*** (0.0713)	-0.179** (0.0718)	-0.181** (0.0717)	-0.184** (0.0710)	-0.175*** (0.0588)	-0.179** (0.071)
家庭人均收入对数	0.257*** (0.0185)	0.256*** (0.0194)	0.254*** (0.0194)	0.269*** (0.0209)	0.268*** (0.0201)	0.285*** (0.0211)
预期收入大幅增加	0.326*** (0.0616)	0.325*** (0.0618)	0.323*** (0.0617)	0.320*** (0.0622)	0.308*** (0.0585)	0.306*** (0.0634)
预期收入小幅增加	0.110*** (0.0238)	0.109*** (0.0238)	0.110*** (0.0238)	0.111*** (0.0238)	0.110*** (0.0241)	0.103*** (0.0239)
预期收入减少	-0.364*** (0.0344)	-0.363*** (0.0345)	-0.362*** (0.0345)	-0.357*** (0.0343)	-0.352*** (0.0317)	-0.352*** (0.0347)
人均住房面积	0.00418*** (0.00123)	0.00444*** (0.00123)	0.00442*** (0.00123)	0.00478*** (0.00125)	0.0051*** (0.0014)	0.0041*** (0.0013)
教育差距			-0.116* (0.0699)	-0.262*** (0.0771)	-0.235 (0.161)	-0.119 (0.0754)
人均GDP/10⁴				0.0380 (0.0525)	0.044 (0.11)	0.0238 (0.0584)

(续表)

	(1) 未控制户籍	(2) 控制户籍	(3) 控制教育差距	(4) 控制城市特征	(4A) 多层次回归	(4B) 工资差距
人口增长				-3.930*** (0.827)	-3.880** (1.707)	-2.102** (0.967)
大城市				0.101*** (0.029 1)	0.119 73* (0.063 5)	0.073*** (0.028 3)
中部				0.038 0 (0.036 2)	0.051 9 (0.073 8)	-0.010 9 (0.039 5)
西部				-0.046 6 (0.043 0)	-0.059 5 (0.083 2)	-0.035 1 (0.041)
常数项	-0.045 3 (0.228)	0.009 57 (0.258)	0.171 (0.273)	0.005 41 (0.275)	-0.109 (0.410)	-0.189 (0.283)
观察值	5 630	5 630	5 630	5 630	5 630	5 630
调整的 R^2	0.145	0.145	0.146	0.152	-6 640.83[(2)]	0.154

注：(1) 括号内为异方差稳健性标准误，*，**，*** 分别表示系数在10%，5%和1%水平上显著。(2) 多层次回归对应的是 Log Restricted-Likelihood 值。

其他变量中我们控制了性别、年龄、年龄的平方项、受教育年限、婚姻状况、党员身份、个人就业状况、家庭人均住房面积、家庭人均年收入的对数以及根据样本收入信息计算的城市层面的基尼系数。在其他研究中发现个人对于未来预期收入变动的方向和大小会影响当期的幸福感（罗楚亮，2006；Knight and Gunatilaka，2010b），因此我们同时控制了这一变量。在问卷中，受访者回答他们预期5年后的收入是大幅增加、小幅增加、不变或者下降，我们以不变为基准组，控制了三个表示未来收入预期的虚拟变量。

附录1和附录2是数据描述。附录1中是城市的身份收入差距和城市基尼系数的统计描述。事实上，身份收入差距和城市基尼系数成正相关，两个变量的一元回归的拟合系数达到10.6%。为了更精确地观察户籍身份差异对收入差距中的贡献，我们利用熵指标（分别取参数0，1，2）来观察由于不同户籍身份所导致的收入差距在总体收入差距中的比例。从附录2的结果可以看到，户籍身份导致的组间收入差距在总体收入差距中的比重为12.82%—18.46%；常用的泰尔指数分解显示，组间收入差距占总体收入差距的17.59%，因此户籍身份带来的收入差距是不可忽视的不平等来源。附录3给出了城市居民和外来劳动力特征的统计描述。最后一列是用单因素分析检验两类人群的特征均值是否相同，可以看出，城市居民和外来打工者两个群体之间的特征存在着显著差异。城市居民的幸福感更高，而外来打工者中男性比例更高，更年轻。城市居民的受教育程度和家庭人均收入显著高于外来打工者。但是对于未来的收入变动预期，外来打工者显示出更高的乐观度。同时，外来打工者的自评健康程度也更高。

8.3 回归分析

户籍、身份收入差距与主观幸福感

我们首先考察户籍身份、不同户籍人群间的身份收入差距对主观幸福感的影响。我们建立的回归方程如下：

$$Happiness_{ij} = \alpha_0 + \alpha_1 III_j + \alpha_2 Hukou_{ij} + \alpha_3 III_j \times Hukou_{ij} + X_{ij}\beta + Z_j\gamma + \varepsilon_{ij}$$

i 表示个人，j 表示所在的城市。III_j 是身份收入差距（identity income inequality），X_{ij} 是个人层面的解释变量，Z_j 是除了身份收入差距之外的城市一级解释变量。我们首先做了4组回归，结果见表8.1。在方程（1），我们没有控制户籍身份以及户籍身份和身份收入差距的交互项。在方程（2）中我们控制了这两个变量。控制交互项的原因是我们想观察是否处在"优势"地位的城市居民对身份收入差距有不同的态度。

方程（2）可能存在的最大问题就是遗漏变量导致的偏误。我们的核心解释变量是身份收入差距，而这一差距在一定程度上是由两个群体的教育差距决定的。因此，在方程（3）中，我们放入了城市层面的城市居民和移民之间的平均教育水平之比，以缓解可能存在的遗漏变量偏误。在方程（4）中，我们进一步包含了其他一系列的城市特征，以减轻可能存在的遗漏变量偏误。这些城市特征数据来自《中国城市统计年鉴》。

所有4个结果的共同发现（也是本章的核心发现）是：**身份收入差距减少幸福感，而控制了身份收入差距之后，总体收入差距增加幸福感**。一方面，与身份有关的收入差距越大，越意味着弱势群体难以致富，带有相对不利身份的群体便会因此而不快乐。另一方面，身份收入差距所造成的社会矛盾却具有很强的负外部性，身份有利的城市居民也会因此而不快乐。由于身份收入差距可能有一部分源于城市居民和外来移民之间的教育差距，我们在方程（3）中控制了教育差距，结果显示，身份收入差距的系数没有明显变化，同时不同身份人群的教育差距也会降低幸福感。我们担心身份收入差距与城市特征有关，会影响估计结果，于是，我们在方程（3）的基础上进一步控制了一组城市特征，包括人均GDP，城市非农人口增长率,是否是大城市,以及是否属于中、西部的哑变量。① 结果发现,身份收入差距给幸福感带来的负面影响更大了,这反过来说明,遗漏城市变量并未高估身份收入差距的影响。

在控制了身份收入差距之后,与身份无关的城市基尼系数是增加快乐的。在 Knight and Gunatilaka (2010a) 对于 CHIPS 数据农村样本的研究中,同样发现县层面的基尼系数会显著增加农村居民的快乐。对于这一结果,我们的解释与 Knight and Gunatilaka (2010a) 相同:在收入快速提高的时候,收入差距扩大使得人们乐观地预期将来有机会获得高收入。但我们必须强调,收入差距扩大增加快乐的前提条件是人们获取更高收入的机会不能受到户籍身份的限制。在方程(4)中控制了一些主要的城市层面的变量之后发现,基尼系数对快乐的影响明显增大了。这说明,整体收入差距对幸福感的影响是稳健的。② 但是,与 Knight and Gunatilaka (2010a) 一样,我们必须承认,我们计算的基尼系数是基于 CHIPS 数据的样本,可能因为样本中户籍人口与非户籍人口的比例和现实中不一致,不能精确度量总体不平等。幸运的是,本章所计算的城市级基尼系数的均值是 0.345 9,而 Ravallion and Chen (2007) 所估计的中国城市居民收入基尼系数在 2002 年为 0.326 5,两者基本一致。本章的身份收入差距和总体收入差距均是城市一级变量,同一个城市的个体因为有相同的城市特征所以有较接近的方差,而不同城市的个体差距较大,考虑到这一数据性质,我们在模型(4)的基础上使用多层次回归(multilevel regression)重新进行了估计,结果基本不变(见方程(4A))。考虑到身份收入差距中可能带有的不平等主要来自劳动力市场,且不同户籍身份的居民的收入构成不同,因此,我们将身份收入差距替换成不同户籍身份的居民间的工资之比,结果显示:工资之比仍然是显著降低居民幸福感的,而且其系数是身份收入差距的系数的约 1.5 倍。

---

① 我们以 1990 年非农人口大于 150 万来作为大城市的定义。在我们的 26 个样本城市中,北京、沈阳、武汉、广州、重庆、成都这 6 个城市被定义为大城市。在 1990 年时,全中国这样的大城市有 14 个,均为区域经济的中心城市。如果以 100 万为界线,则全国有 31 个城市符合条件,而在这 31 个城市当中,实际上城市规模的差距是非常大的。控制中、西部的哑变量是为了进一步控制国家在区域发展政策上的差异,以及东、中、西部在地理和自然条件上的差异。

② 由于收入差距扩大在一定程度上有利于产生激励效应,而当收入差距非常大时会损害到物质资本和人力资本积累,因此我们也尝试了同时控制基尼系数本身和其平方项,结果发现这两个系数都不显著。

在方程（1）基础上加入户籍，以及户籍与身份收入差距的交互项后，这两项并不显著，这说明：总体来说，似乎城市居民在对待身份收入差距的态度上同外来移民没有明显差别。我们猜测，这可能是与我们没有充分考虑城市居民内部的不同身份有关。对此，我们在下一节再分析。

其他回归系数与同样使用 CHIPS 数据研究中国居民幸福感决定因素的文献一致（罗楚亮，2006；Knight and Gunatilaka, 2010a；Knight, Song and Gunatilaka, 2009, 2010b），同时，这些回归系数也显示出中国居民幸福感决定因素的一些特点。相对于女性，男性的幸福感更低。男性在社会中承担更大的责任，面对更多的压力，因此他们的幸福感相对更低。在其他文献中，性别对快乐的影响或者是不显著的（Luttmer, 2005），或者是男性幸福感更低（Alesina, Tella and MacCulloch, 2004），但也有文献发现是女性更不快乐（Graham and Felton, 2005）。年龄对主观幸福感的效应呈现出 U 形曲线，在方程（4）中转折点为 39.3 岁。这一结果也易于理解：中年时代面临着更大的工作责任和家庭负担，因此幸福感在生命周期中处于最低。年龄与幸福感之间的 U 形关系也是大多数文献的发现（Alesina, Tella and MacCulloch, 2004；Luttmer, 2005；Graham and Felton, 2005）。婚姻状况也会影响人的幸福感，已婚的人口更能享受家庭生活带来的乐趣，因此幸福感更高。相对于未婚来说，离婚和丧偶却显著地并且较大幅度地降低人们的幸福感。这预示着婚姻好比一场赌博，如果离婚的概率超过 46.6%，就不如做个快乐的单身汉。受教育年限未显著影响人的主观幸福感，同样利用 CHIPS 数据，罗楚亮（2006）发现，即使将城镇样本的受教育程度用所获得学历的哑变量来度量，各个层次的受教育水平都没有显著增加快乐。这与其他的研究发现不同，在通常情况下，教育会增加幸福感。但在中国，教育对幸福感的影响已经被收入等所体现了，因此，在控制了收入等因素之后，教育并没有体现出其他影响快乐的机制，这也体现出在中国教育投资的功利性质。

其他的发现均易于理解，而且与既有文献保持了一致。如果一个被调查者正处于失业状态的话，那么他的主观幸福感会显著地下降，这和直觉相符，也和其他研究文献的发现相符（Winkelmann and Winkelmann, 1998；罗楚亮，2006）。在我们的估计中发现，家庭人均年收入对于个人的主观幸福感有显著正效应，更高收入的家庭，幸福感更高，在方程（4）中收入的半弹性为 0.27 左右，和 Knight and Gunatilaka（2010b）的估计结果接近。而共产党员的身份显著地增加快乐，这可能是因为党员身份代表了一种政治资本或者社会资本。

已经有文献发现，党员身份能够增加收入（Appleton, Song and Xia, 2005；Knight and Yueh, 2008；李爽、陆铭、佐藤宏，2008；Li, Lu and Sato, 2009），但即使我们控制了收入，党员身份仍然能够提高幸福感，说明党员身份还能够带来一些非收入的收益。我们还控制了个人对于未来5年收入变化的预期，发现结果与预期相符：那些预期5年后收入会大幅上升的个体幸福感显著更高，而预期5年后收入小幅上升的个体幸福感虽然也会提高，但幅度却只有预期收入大幅增加的人群的1/3。而那些悲观地预期5年后收入下降的人群相对于预期不变的参照组，他们的幸福感显著下降。个人自评的健康状况也显著影响主观快乐。那些报告健康程度"非常好"和"好"的受访者的幸福感显著高于健康程度"一般"的人群，而报告健康程度"不好"和"非常不好"的受访者，幸福感显著更低。

我们所考察的城市特征对于幸福感的影响也非常有趣。我们在方程（4）中，控制了一系列城市层面的经济、人口和地理变量。我们首先发现，以人均GDP（千元）衡量的一个地区经济发展水平，不显著影响幸福感，说明在控制了家庭收入等变量后，人均GDP并未体现居民的福利水平，也许是因为更富有的城市并不一定具有更好的公共服务和生活质量。在中国城市，各个地区的本地居民人口自然增长率都不高，而城市非农人口的增长主要来自外来人口的进入。我们控制了每个城市1998—2002年的年均非农人口增长率。[①] 由于存在户籍制度的限制，而城市公共资源的总量是按户籍人口配置的，因此，人口增长率更高时，人们会感受到拥挤以及人均公共品下降，因此他们的幸福感将会更低。结果可以看到，一个城市的非农人口增长率与幸福感显著负相关。但是，我们并不能因此而反对移民和城市规模的扩张，因为城市扩张还会带来经济增长的规模效应和生活质量的提高，我们的确发现，在我们定义的大城市，平均的幸福感更高。因此，城市规模扩张总体上是好的，但人口规模增长太快就不利于幸福感的提高了。或者说，如果城市规模扩张有客观需要的话，那么，城市就应该有相应的措施来增加公共服务的供给，缓解拥挤效应。

将身份收入差距对于幸福感的影响与其他因素的影响进行比较也是非常必要的。根据方程（4）的结果，身份收入差距下降1（相当于这一变量

---

① 由于数据可得性的问题，其中一个样本城市甘肃平凉的人口增长率用2002—2004年的数据代替。

均值的一半）所带来的快乐提升，相当于提高家庭人均收入53.2%，按照中国城镇居民年人均收入9%的增长率来算，这一效应约等于城镇居民5年的复合收入增长，按照农村居民人均收入年6%的增长率来算，这一效应约等于7.6年的复合收入增长。同时，身份收入差距下降1所增加的幸福感相当于增加人均住房面积29.9平方米。而根据原中国住房和城乡建设部部长姜伟新在北京举行的全国住房城乡建设工作会议上公布的数据，截至2009年年底，中国城市人均住宅建筑面积约为30平方米。也就是说，通过缩小身份收入差距来提升居民幸福感和构建和谐社会的效应非常巨大。

城市居民内部的身份差异、收入差距与主观快乐

在表8.1中，户籍以及户籍与身份收入差距的交互项都不显著，我们猜测，这可能是与我们没有充分考虑城市居民内部的不同身份有关，因为按道理来说，城市居民虽然会受到身份收入差距的负外部性的影响，但毕竟他们是收入相对较高的群体，会因此而更快乐才对。从实证研究的进展来看，微观个体的异质性对于研究和政策制定都是非常重要的，这是本章区分不同人群对身份收入差距的不同反应的意义所在。

虽然户籍制度长期存在，但是从农村户籍转变为城市户籍的情况也是有的。通过读大学、成为政府官员、参军、政府征用土地、在城市购买房产甚至直接购买户籍，都是（或曾经是）转变户籍身份的方式。那么，如果一个城市居民出生在农村（我们称之为"新城市人"），身份收入差距又会如何影响他的幸福感？如果他们在城市中居住时间越长，是不是会在行为上越趋同于生来就是城市户籍的居民（我们称之为"老城市人"）？回答这两个问题是重要的，如果新城市人厌恶身份收入差距，并且他们的主观感受并不因在城市居住年限增加而趋同于老城市人的话，他们可能就是未来缩小身份收入差距政策的支持者，因为他们已经因为拥有城市户籍而拥有了对城市政策的发言权。根据问卷，我们用一组新的哑变量来代表不同的户籍身份。这里，我们区分了三类人：外来移民、老城市人和新城市人。"老城市人=1"代表那些出生在城市的个体；"新城市人=1"代表曾经是农村户籍，已经通过一定方式转换成城市户籍的人；基准组依然是外来无本地户籍人口。我们将这两个虚拟变量和身份收入差距组成交互项来观察新城市人和老城市人对身份收入差距是否存在不同态度。回归结果如表8.2所示。

表 8.2　主观幸福感的决定因素（区分"新""老"城市人）

	（5）	（6）	（7）	（8）
身份收入差距	-0.125***	-0.127***	-0.140***	-0.145***
	(0.039 8)	(0.041 3)	(0.039 8)	(0.041 5)
城市基尼系数	2.589***	2.646***	2.817***	2.898***
	(0.422)	(0.436)	(0.429)	(0.445)
老城市人	-0.217**	-0.220**	-0.197**	-0.203**
	(0.091 2)	(0.093 3)	(0.091 5)	(0.093 5)
新城市人	0.008 55	0.007 97	0.012 0	0.008 96
	(0.113)	(0.114)	(0.113)	(0.114)
老城市人×身份收入差距	0.080 3*	0.080 7*	0.069 2	0.071 8
	(0.045 7)	(0.046 9)	(0.045 8)	(0.047 0)
新城市人×身份收入差距	0.001 05	-0.037 7	-0.001 92	-0.038 1
	(0.056 5)	(0.065 3)	(0.056 4)	(0.065 0)
新城市人×在城市居住时间×身份收入差距		0.001 36		0.001 34
		(0.001 02)		(0.001 02)
教育差距			-0.256***	-0.256***
			(0.077 1)	(0.077 9)
常数项	-0.343	-0.350	-0.058 1	-0.068 8
	(0.267)	(0.272)	(0.276)	(0.280)
个人和城市特征	已控制	已控制	已控制	已控制
观察值	5 630	5 478	5 630	5 478
调整的 R^2	0.151	0.154	0.152	0.155

注：括号内为异方差稳健性标准误，*，**，*** 分别表示系数在 10%，5% 和 1% 水平上显著。

我们分三种户籍类型的个体来讨论。先看方程（5）的回归结果，和表 8.1 的结果相同，拥有农村户籍的外来劳动力更加厌恶身份收入差距（边际效应为 -0.125）。那些从来没有改变过户籍身份的城市居民，他们会因为身份收入差距的扩大带来的负外部性而感到不快乐，但是，他们又会同时因为自己属于收入较高的群体而感到快乐，因此，当身份收入差距扩大时，他们的幸福感降低的程度远远低于其他人群（-0.125+0.080 3 = -0.044 7）。在这样小的一个边际效应之下，虽然老城市人也会支持城市内部的社会融合政策，但是，只要"政策支持"需要一个很小的行动成本，那么，他们就可能会放弃实际的支持行动。进一步来看，虽然老城市人哑变量的系数是负的，但这并不意味着他们一定比移民更不快乐，事实上，只要当身份收入差距超过 2.7，老城市人的强势地位就足以使他们的幸福感超过移民。而在我们的样本中，身份收入差距介于 1.12 和 3.47 之间。而只有当身份收入差距不够大时，老城市人显得不够强势，相反，他们可能更多地面临着外来人口的竞争，于是会显得更不快乐。

最有趣的是第三类人，即那些曾经是农村户籍，但后来转变为城市户籍的个体。他们对待身份收入差距的态度和外来劳动力没有显著差异，身份收入差距的扩大也显著降低了他们的幸福感。这进一步说明，在表8.1中，城市人对身份收入差距的态度没有显著地表现出与外来移民的差异，是因为城市居民中有部分的新城市人。事实上，新城市人占全部城市居民的22.4%。同时，这也说明，身份的形成并不只与当下的政策有关，还与个人经历形成的认同感有关。从公共政策的层面上来说，城市的经济政策主要由拥有城市户籍的居民决定，新城市人可能在其中考虑移民的利益。不过，由于这部分人群的比例不够大，可能还不足以影响社会分割政策的变化。

如果新城市人对待身份收入差距的态度趋同于外来移民，那么，随着他们在城市居住时间的增加，他们的态度会发生改变吗？在方程（6）中，我们加入了新城市人哑变量、身份收入差距和城市居住年限的交互项，结果发现，这些转变过户籍的人群并不会因为在城市居住的时间增加而和老城市人趋同。[①] 这也使我们能够确信，曾经的农村生活经历将持久地影响个体对身份收入差距的态度。

考虑到身份收入差距中有部分是由教育差距导致的，在方程（7）、（8）列中，我们进一步控制了教育差距这一变量。可以看到，当教育差距被控制之后，老城市人和身份收入差距的交互项也变得不再显著。这意味着，那些除了教育差距之外更带有歧视性质的身份收入差距对幸福的负面作用非常强，其影响对于不同户籍身份的居民来说没有显著差异。

8.4 结论

本章考察了城市居民与外来移民之间的收入差距对于人们幸福感的影响。收入差距对于幸福感的影响在国际上同类研究中是一个前沿话题，我们的研究发现，城市居民和外来移民均对与户籍身份有关的收入差距表示

[①] 我们还进一步增加过新城市人哑变量、身份收入差距和城市居住年限平方的交互项，交互项仍然是不显著的。

不满。基于本章的研究，减小身份收入差距对提升居民幸福感的作用不容忽视。身份收入差距下降1（相当于这一变量均值的一半）所带来的快乐提升，相当于家庭人均收入提高53.2%和人均住房面积增加29.9平方米（这相当于2009年城市居民的人均住房面积增加一倍）。

在控制了身份收入差距以及其他个人和城市特征之后，不与身份相关的城市总体收入差距（基尼系数）会增加幸福感。这说明，在研究收入差距对于幸福感的影响时，必须区分收入差距是否与构成社会分割的身份差异有关。真正会引起社会不满的，并不一定是总体的收入差距，而主要是与身份有关的收入差距，因为这种收入差距是不公平的。这一发现对于研究收入差距的其他影响也提供了新的视角。

我们发现，平均来看，拥有城镇户籍的居民虽然总体上对身份收入差距不满，但其敏感度并不高，因此，有必要区分城镇户籍人口对身份收入差距的不同态度。我们的分析结果是：在拥有城镇户籍的人当中，主要是出生在农村的新城市人对身份收入差距表示不满。这说明，身份还与生活经历有关。

本章的研究表明，城市内部社会融合政策的潜在支持者主要是没有城镇户籍的移民和出生在农村的新城市人。目前中国仍然缺乏让没有户籍的人参与城市公共政策决策，以及让外来人口代表进入人民代表大会等机制，非户籍人口融入当地城市的进程可能得到政治上更多的保障，从而使城市内部的社会融合政策更好地推进。

在快速的城市化进程中，如果对城市的社会融合重视不够，而且在移民大量进入的大城市和特大城市户籍制度改革迟滞，那么，随着非本地户籍常住人口的比重越来越高，城市新二元结构所造成的社会不和谐就将日益累积，反过来又将成为制约中国城市发展的负面因素。

参考文献

陈钊、陆铭，2008，"从分割到融合：城乡经济增长与社会和谐的政治经济学"，《经济研究》，第1期，第21-32页。

陈钊、徐彤、刘晓峰，2012，"户籍身份、示范效应与居民幸福感：来自上海和深圳社区的证据"，《世界经济》，第4期，第79-101页。

何立新、潘春阳，2011，"破解中国的'Easterlin悖论'：收入差距、机会不均与居民幸福感"，《管理世界》，第8期，第11-22页。

李爽、陆铭、佐藤宏，2008，"非市场力量的价值：党员身份与社会网络的回报在不同所有制企业是否不同？"，《世界经济文汇》，第6期，第23-39页。

刘晓峰、陈钊、陆铭，2010，"社会融合与经济增长——城市化和城市发展的内生政策变迁理论"，《世界经济》，第6期，第60-80页。

罗楚亮，2006，"城乡分割、就业状况与主观幸福感差异"，《经济学（季刊）》，第2期，第188-211页。

陆铭，2011，"玻璃幕墙下的劳动力流动——制度约束、社会互动与滞后的城市化"，《南方经济》，第6期，第23-37页。

陆铭、陈钊、万广华，2005，"因患寡，而患不均：中国的收入差距、投资、教育和增长的相互影响"，《经济研究》，第12期，第4-14页。

陆铭、王亦琳、潘慧、杨真真，2008，"政府干预与企业家满意度——以广西柳州为例的实证研究"，《管理世界》，第7期，第116-125, 159页。

宋洪远，2004，"关于农村劳动力流动的政策问题分析"，载于姚洋（主编），《转轨中国，审视社会公正和平等》，北京：中国人民大学出版社，第307-339页。

严善平，2007，"人力资本、制度与工资差别——对大城市二元劳动力市场的实证分析"，《管理世界》，第6期，第4-13页。

张晓波，2004，"中国教育和医疗卫生中的不平等问题"，载于姚洋（主编），《转轨中国，审视社会公正和平等》，北京：中国人民大学出版社，第209-228页。

Alesina, Alberto, Rafael Di Tella, and Robert MacCulloch, 2004, "Inequality and Happiness: Are Europeans and American Different?" *Journal of Public Economics*, 88 (9-10), 2009-2042.

Appleton, Simon, Lina Song, and Qingjie Xia, 2005, "Has China Crossed the River? The Evolution of Wage Structure in Urban China during Reform and Retrenchment," *Journal of Comparative Economics*, 33 (4), 644-663.

Benhabib, J., and A. Rustichini, 1996, "Social Conflict and Growth," *Journal of Economic Growth*, 1 (1), 129-146.

Brockmann, Hilke, Jan Delhey, Christian Welzel, and Hao Yuan, 2008, "The China Puzzle: Falling Happiness in a Rising Economy," *Journal of Happi-

ness Studies, 10 (4), 387-405.

Clark, Andrew, and Claudia Senik, 2010, "Who Compares to Whom? The Anatomy of Income Comparisons in Europe," *Economic Journal*, 120 (544), 573-594.

Deng, Quheng, and Björn Gustafsson, 2006, "China's Lesser Known Migrants," IZA Discussion Paper No. 2152.

Easterlin, Richard A., 1974, "Does Economic Growth Improve the Human Lot? Some Empirical Evidence," in Paul A. David and Melvin W. Reder (eds.), *Nations and Households in Economic Growth: Essays in Honor of Moses Abramowitz*, New York: Academic Press, 89-125.

Easterlin, Richard A., 1995, "Will Raising the Incomes of All Increase the Happiness of All?" *Journal of Economic Behavior and Organization*, 27 (1), 35-48.

Easterlin, Richard A., 2001, "Income and Happiness: Towards a Unified Theory," *Economic Journal*, 111 (473), 465-484.

Ferrer-i-Carbonell, Ada, and Paul Frijters, 2004, "How Important Is Methodology for the Estimates of the Determinants of Happiness," *Economic Journal*, 114 (497), 641-659.

Frey, Bruno S., and Alois Stutzer, 2002, "What Can Economist Learn from Happiness Research?" *Journal of Economic Literature*, 40 (2), 402-435.

Graham, Carol, and Andrew Felton, 2005, "Inequality and Happiness: Insights fromLatin America," *Journal of Economic Inequality*, 4 (1), 107-122.

Kingdon, Geeta Gandhi, and John Knight, 2007, "Community, Comparisons and Subjective Well-being in a Divided Society," *Journal of Economic Behavior & Organization*, 64 (1), 69-90.

Knight, John, and Ramani Gunatilaka, 2010a, "Great Expectations? The Subjective Well-being of Rural-Urban Migrants in China," *World Development*, 38 (1), 113-124.

Knight, John, and Ramani Gunatilaka, 2010b, "The Rural-Urban Divide in China: Income but Not Happiness?" *Journal of Development Studies*, 46

(3), 506 – 534.

Knight, John, Lina Song, and Ramani Gunatilaka, 2009, "Subjective Well-being and Its Determinants in Rural China," *China Economic Review*, 20 (4), 635 – 649.

Knight, John, and Linda Yueh, 2008, "The Role of Social Capital in the Labor Market in China," *Economics of Transition*, 16 (3), 389 – 414. （中文版，"社会资本在中国劳动力市场中的作用"，载于李实、佐藤宏（主编），2004，《经济转型的代价——中国城市失业、贫困、收入差距的经验分析》，北京：中国财政经济出版社，第 310 – 346 页。）

Li, Shuang, Ming Lu, and Hiroshi Sato, 2009, "Power as a Driving Force of Inequality in China: How Do Party Membership and Social Networks Affect Pay in Different Ownership Sectors?" *CESifo Economic Studies*, 55 (3 – 4), 624 – 647.

Liu, Zhiqiang, 2005, "Institution and Inequality: the Hukou System inChina," *Journal of Comparative Economics*, 33 (1), 133 – 157.

Luttmer, Erzo F. P., 2005, "Neighbors as Negatives: Relative Earnings and Well-Being," *The Quarterly Journal of Economics*, 120 (3), 963 – 1002.

McBride, Michael, 2001, "Relative-income Effects on Subjective Well-being in the Cross-section," *Journal of Economic Behavior & Organization*, 45 (3), 251 – 278.

Meng, Xin, and Nansheng Bai, 2007, "How Much Have the Wages of Unskilled Workers in China Increased: Data from Seven Factories in Guangdong," in Ross Garnaut and Ligang Song (eds.), *China: Linking Markets for Growth*, Asia Pacific Press, 151 – 75.

Ravallion, Martin, and Shaohua Chen, 2007, "China's (Uneven) Progress against Poverty," *Journal of Development Economics*, 82 (1), 1 – 42.

Rousseau, Jean-Benoit Gregoire, 2008, "Happiness and Income Inequality," University of Michigan Ann Arbor, working paper.

Sen, Amartya, 2006, *Identity and Violence: The Illusion of Destiny*, W. W. Norton & Co. （中译本，阿马蒂亚·森，《身份与暴力——命运的幻象》，李风华等译，北京：中国人民大学出版社，2009 年版。）

Stewart, Frances, 2001, "Horizontal Inequalities: A Neglected Dimension of Development," UNU World Institute for Development Economics Research, working paper.

Stewart, Frances, Graham Brown, and Luca Mancini, 2005, "Why Horizontal Inequalities Matter: Some Implications for Measurement," CRISE Working Paper No. 19.

Stewart, Frances, and Arnim Langer, 2007, "Horizontal Inequalities: Explaining Persistence and Change," CRISE Working Paper No. 39.

Winkelmann, Liliana, and Raine Winkelmann, 1998, "Why Are the Unemployed So Unhappy? Evidence from Panel Data," *Economica*, 65 (257), 1–15.

Wan, Guanghua, Ming Lu, and Zhao Chen, 2006, "The Inequality-Growth Nexus in the Short and Long Runs: Empirical Evidence fromChina," *Journal of Comparative Economics*, 34 (4), 654–667.

Wang, Fei-Ling, 2004, "Reformed Migration Control and New Targeted People: China's Hukou System in the 2000s," *The China Quarterly*, 177, 115–132.

Wu, Xiaogang, and Donald J. Treiman, 2007, "Inequality and Equality under Chinese Socialism: The Hukou System and Intergenerational Occupational Mobility," *American Journal of Sociology*, 113 (2), 415–445.

Zhang, Dandan, and Xin Meng, 2007, "Assimilation or Disassimilation? —— The Labour Market Performance of Rural Migrants in Chinese Cities," paper presented at the 6th conference on Chinese economy, CERDI-IDREC, Clermont-Ferrand, France, Oct. 18–19.

附录：变量定义和数据描述

附录1　城市的身份收入差距和基尼系数

变量名	变量定义	观察点	均值	标准差	最小值	最大值
身份收入差距	同一城市内部城市居民和外来打工者平均收入的比值	26	1.910 5	0.528 3	1.122 6	3.475 0

（续表）

变量名	变量定义	观察点	均值	标准差	最小值	最大值
城市基尼系数	包含城市居民和外来打工者的城市层面基尼系数	26	0.345 9	0.033 5	0.286 8	0.409 4

数据来源：CHIPS 2002 和作者的计算。

附录2　收入差距按户籍身份的熵指标分解

指标	总体收入差距	组内收入差距	组间收入差距（不同户籍身份）	组间收入差距/总体收入差距
GE（0）-对数离差	0.253 5	0.206 7	0.046 8	18.46%
GE（1）-Theil 指数	0.237 6	0.195 8	0.041 8	17.59%
GE（2）-1/2 方差	0.297 1	0.259 0	0.038 1	12.82%

附录3　个人特征变量定义和数据描述

变量名	变量定义	全部样本 5 630		城市居民 3 797		外来打工者 1 833		均值差异显著检验
		均值	标准差	均值	标准差	均值	标准差	p 值
幸福感	基数幸福感	2.451	0.846	2.491	0.859	2.368	0.811	0
男性	哑变量，男性 = 1	0.479	0.500	0.416	0.493	0.610	0.488	0
年龄		43.31	11.73	47.19	10.89	35.29	9.02	0
婚姻状态：已婚	哑变量，已婚 = 1	0.925	0.263	0.934	0.248	0.906	0.292	0
离婚	哑变量，离婚 = 1	0.014	0.116	0.015	0.123	0.010	0.101	0.062 9
丧偶	哑变量，丧偶 = 1	0.020	0.141	0.027	0.163	0.006	0.077	0
教育年限	受教育年数	10.05	3.31	11.05	3.08	7.97	2.76	0
失业	哑变量，个人报告正处于失业 = 1	0.034	0.181	0.044	0.206	0.013	0.111	0
家庭人均收入	家庭人均年收入（元）	7 634.78	5 902.97	9 119.12	5 885.85	4 560.01	4 610.48	0
共产党员	哑变量，党员 = 1	0.235	0.424	0.332	0.471	0.035	0.185	0
人均住房面积	家庭人均住房面积（m²）	14.28	9.59	17.17	8.37	8.29	9.16	0
预期收入大幅增加	哑变量，报告预期收入大幅增加 = 1	0.036	0.187	0.020	0.140	0.070	0.256	0
预期收入小幅增加	哑变量，报告预期收入小幅增加 = 1	0.477	0.500	0.441	0.497	0.552	0.497	0
预期收入减少	哑变量，报告预期收入小幅增加 = 1	0.165	0.371	0.200	0.400	0.093	0.291	0

(续表)

变量名	变量定义	全部样本 5 630		城市居民 3 797		外来打工者 1 833		均值差异显著检验
		均值	标准差	均值	标准差	均值	标准差	p 值
健康：好	哑变量，自我报告健康非常好和好的个体 = 1	0.695	0.460	0.593	0.491	0.908	0.289	0
健康：差	哑变量，自我报告健康非常差和差的个体 = 1	0.051 7	0.221	0.067	0.250	0.020	0.139	0

数据来源：CHIPS 2002 和作者的计算。

第九章

户籍身份、示范效应与居民幸福感
——来自上海和深圳社区的证据

城市化进程对未来中国乃至世界经济的走势将产生深远的影响。然而，当前城市在公共服务等方面的制度安排却与户籍身份紧密挂钩，这既对中国的城市化进程形成了制度性的障碍，也导致城市内部出现户籍人口与非本地户籍人口之间二元社会分割的"新二元结构"。户籍制度改革和城市内部的社会融合是大势所趋，而随着中小城镇户籍的放开，未来这项改革的难点和重点必然在大城市。由于完全放开户籍限制在短期内缺乏现实的可操作性，因此如何在大城市有序地进行户籍准入或放开便成为亟待探索的问题，其背后的科学依据之一，便是户籍对于不同居民的影响。

学术界已经从就业壁垒与歧视、信任水平、社会稳定与城市发展等角度对户籍制度的影响进行了讨论（蔡昉、都阳、王美艳，2001；汪汇、陈钊、陆铭，2009；陈钊、陆铭，2008；刘晓峰、陈钊、陆铭，2010）。但是，一个更为全面的视角是考察户籍制度对居民幸福感的影响，因为幸福感是对个人生活状态的一个更为综合的反映。事实上，随着中央政府对于民生问题的日益关注，居民幸福感的实现也逐渐引起各级政府的重视。那么，户籍制度对城市居民的幸福感有何影响？对于这个问题的回答，现有文献至少在以下两方面存在不足：第一，人际影响范围的界定。个人幸福感的决定中，周围其他人的收入是一个重要影响因素。那么，哪些人才是这里所说的周围其他人呢？由于数据的限制，现有关于中国居民幸福感的研究，基本上都是在城市一级计算收入差距或相对收入（如 Jiang, Lu and Sato, 2012；何立新、潘春阳，2011）。但事实上，由于每个人的生活半径有限，大家通常不会受所在城市的所有其他人，而是在更小的互动空间内受周围其他人的影响。鉴于城市居民所居住的社区是个人最重要的社会互动场所之一，本章将从社区这一更为微观的层面来考察居民幸福感的决定因素。第二，影响效应的人际差异区分。现有研究通常从"攀比效应"及"示范效应"的角度分析相对收入对个人幸福感的影响（Easterlin, 1974,

2001；Clark，Frijters and Shields.，2008；Senik，2004，2008）。这里的攀比效应是指由于人和人之间的相互攀比，给定本人收入不变，其他人收入的提高会对自身的幸福感产生负面影响。而这里的示范效应则是指即使本人当前收入不变，其他人收入的提高也会使自己预期未来的收入将有所提高，因而对自身的幸福感产生正面影响。针对中国居民的研究已经发现分别支持上述两种效应的实证证据（Knight and Gunatilaka，2010；Gao and Smyth，2010；Knight，Song and Gunatilaka，2009；Smyth，Zhai and Li，2009；Jiang，Lu and Sato，2012）。但是，户籍制度对居民幸福感的影响可能较为复杂。在中国的大城市里，户籍政策以及劳动力市场的特征可能使攀比效应或示范效应在同一户籍类型的居民中也截然不同。如果城市本地户籍人口跻身高收入群体的机会有限，那么城市中高收入者收入水平的上升并不一定使本地的低收入户籍人口幸福感上升；相反，城市的高收入人群对低收入的外来人口具有更强的互补性，也可能对后者所提供的服务产生更多的需求，因此，外来低收入人口的幸福感却可能随城市高收入者收入的上升而相应上升。也就是说，当不同特征的户籍或非户籍人口对自身的收入变化形成不同的预期时，攀比效应或示范效应在人际（特别是在相同户籍但不同教育水平的人群中）就可能是不同的。本章将基于对户籍制度与劳动力市场的背景分析，来提出并检验这一假说。

户籍制度对于城市和谐发展的影响将直接体现在其对于居民幸福感的影响上。通过对2006—2007年上海和深圳社区居民抽样调查数据的分析，我们将发现，虽然社区层面的示范效应的确存在，即当较为富裕的邻居的收入水平上升时，居民本人的幸福感也将提高，但是，这一示范效应在人际却是不同的。[①] 具体而言，对于非本地居民，低教育水平者获得了来自社区其他居民收入水平提高的示范效应，但在本地居民中，示范效应对高教育水平者的效果更强。我们将这一发现归因于城市内部基于户籍制度的劳动力市场上的分割。具体而言，户籍壁垒的存在减少了外来居民中高教育水平者获得高收入的机会，因此，他们从收入差距中获得的攀比效应强于示范效应；低教育水平的外来居民就业于低壁垒的低端劳动力市场，同时他们还能够借助与高收入者之间的互补性将周围高收入居民的收入提高

---

① 除了考察交互项的系数及其显著性之外，根据Brambor，Clark and Golder（2006）的建议，我们也分别计算了对应于不同教育程度的示范效应大小及其显著性。

转化为较强的示范效应。与外来居民形成对照的是，由于不存在户籍壁垒，本地居民中的高教育水平者更能够感受到高收入居民收入提高带来的示范效应；但低教育水平的本地居民因教育门槛无法进入高收入职业或岗位而更多地将富人收入的提高转化为攀比效应。通过揭示户籍身份借助收入增长的预期对城市内部不同人群的幸福感产生影响，本研究既拓展了幸福感研究中对于相对收入作用的认识，也为我们从提升幸福感的角度理解城市劳动力市场的运作机制，并为实现城市内部的社会融合提供了实证依据。

本章余下部分的内容安排如下：第一部分对居民幸福感方面的文献和户籍制度改革的相关背景进行了回顾；第二部分介绍了本章的数据来源、计量模型设定以及相关的变量；第三部分报告我们的计量结果并进行分析；第四部分是结论。

9.1 文献评论、制度背景与研究假说

自从 Easterlin（1974）的开创性论文发表之后，幸福感开始广泛受到经济学家的关注。正如 Frey and Stutzer（2002b）在其综述文章中所提出的那样，经济（收入、失业和通货膨胀）和制度因素都会影响居民的幸福感。在影响幸福感的这些因素中，相对收入是大量研究关注的焦点。现有研究发现，个人的幸福感不仅受到自身绝对收入的影响，而且受到相对收入的影响，即其他人的收入也会影响自身的幸福感。大量有关幸福感的研究便是围绕相对收入对幸福感的影响方向和大小而展开的。下面我们从攀比效应与示范效应这两个角度对相关的文献进行梳理，并结合对中国的户籍制度与劳动力市场的讨论，提出本章将进行检验的关于户籍身份、相对收入与幸福感的研究假说。

幸福感决定中的相对收入：攀比效应与示范效应

Easterlin（2001）提出了一个假说，认为其他人的收入会影响自己的愿望（aspiration），因此其他人的收入越高，个人对自身收入的要求也越高，这将降低自身的幸福感。一系列使用西方发达国家微观数据的研究基本上都验证了上述假说，即参照组（具有类似的个人特征，如年龄、教育、性别、职业或居住地等）收入的提高会降低自身的幸福感。相对收入对于幸福感的这种影响可以称为攀比效应或相对剥夺（relative deprivation）

效应，Clark，Frijters and Shields（2008）对此进行了较为全面的总结。类似的发现在基于中国微观数据的研究中也同样存在。例如，罗楚亮（2006）认为，中国农村居民的幸福感之所以相对较高，正是因为他们对自己收入的要求较低。Knight and Gunatilaka（2010）则发现，城市中移民的幸福感较低，恰恰也是因为他们错误地预期自己在城市中将会获得较高的收入。

但也有研究发现，相对收入对幸福感的作用正好与攀比效应相反。当其他人的收入上升时（这意味着自身相对收入的下降），居民会由此形成对自身收入水平将会上升的预期，于是，当前的幸福感反而会提高，有学者称之为示范效应（Senik，2004，2008）。Hirschman（1973）最早提出的"隧道效应"（tunnel effect）的概念对此有形象的解释。在拥堵的隧道里，当你看到前面的车辆开动时，虽然你与它们的距离在拉大，但你意识到自己的车子不久也能开动，所以，你反而会感到高兴。Knight and Gunatilaka（2010）以及 Jiang，Lu and Sato（2012）均发现在中国，基尼系数对居民幸福感有正向的影响，作者们也将其解释为示范效应。[①]

如果示范效应通过改变个人对未来收入的预期而影响现在的幸福感，那么该效应的强弱就应该与社会流动性的高低相关。这一判断的确与实证研究的发现一致。Alesina，Tella and MacCullon（2004）通过对比美国和欧洲的数据发现，收入差距增大会显著降低欧洲穷人的幸福感，但是对美国穷人的影响则不显著，作者对此的解释是美国比欧洲具有更高的社会流动性，因此示范效应可以抵消攀比效应的影响。一些学者使用转型国家的数据进行的幸福感研究，也证实了示范效应的存在，这可以归因为转型国家存在较大的社会流动性和不确定性（Senik，2004，2008；Caporale，et al.，2009）。

由于攀比效应与示范效应同时存在，因此，大多数的研究只能判断两者的相对强弱，但是当两者作用相近时，其相互抵消后可能导致相对收入对于幸福感的影响反而看起来并不显著，这在 Gao and Smyth（2010）的研究中就有所体现。为此，Clark，Kristensen and Westergård-Nielsen（2009a）的研究尝试将两种效应同时加以识别。他们发现，本企业 75 百分位的收入水平

[①] 需要指出的是，不能简单地认为收入差距提高幸福感。在 Jiang, et al.（2012），如果收入差距是与（户籍）身份相关的，那么，就会降低幸福感，只有不与身份相关的收入差距才会提高幸福感。

对工作满意度的影响为正，而相同行业的平均收入对工作满意度的影响为负，作者将前者解释为示范效应，将后者解释为攀比效应。Smyth, Zhai and Li (2009) 使用江苏省昆山市一家企业的数据，研究同一车间内其他人收入对工作满意度的影响，他们发现对于男性工人存在显著的示范效应，而对于女性工人则存在着显著的攀比效应。

幸福感研究的另一个进展方向是在更小的社会距离内来定义相对收入。Clark, Kristensen and Westergård-Nielsen (2009b)、Ravallion and Lokshin (2010) 以及 Kingdon and Knight (2007) 分别利用丹麦、马拉维和南非的社区层面的数据进行幸福感的研究。他们都发现，在社区层面上，社区收入（消费）的提高会增加居民的幸福感。他们的解释是：社区收入水平更高有利于公共品的提供（包括社会资本），将产生居民间的正外部性（如分散风险、当地公共品提供和就业机会提供等），以及居民之间存在利他主义。Clark, Kristensen and Westergård-Nielsen (2009b) 还发现，社区中位收入的增加以及个人在社区中收入相对排名的上升都能带来幸福感的增加，这就在社区层面上证实了示范效应与攀比效应的同时存在。

现有的关于中国居民幸福感的研究已经发现户籍制度有极其重要的作用（罗楚亮，2006；Jiang, Lu and Sato, 2012）。例如，通过度量基于户籍身份的收入差距，Jiang, Lu and Sato (2012) 发现与户籍身份关联的收入差距会使城市户籍人口与非户籍人口的幸福感都显著降低，并且处于相对弱势的后者所受的影响更大。

总体而言，大多数研究都发现收入差距（其他人收入的提高）与幸福感呈反向变动的关系，但那些研究主要集中在发达国家和比较远的社会距离上，而得到正向变动关系的文献和本章研究的情境较为吻合。与现有文献相比，本章在以下两方面构成对户籍制度与居民幸福感研究的推进：第一，鉴于社区是人们日常生活互动的重要场所之一，国外的研究文献也表明从社区层面来考察相对收入对于幸福感的作用是一个重要的视角，我们将在社区的范围内衡量相对收入，并以此考察相对收入对幸福感的影响。[①]第二，我们将检验示范效应在相同户籍但不同受教育水平的人群中的差异，

---

① 收入差距对居民满意度的影响有赖于受访者能够感受到自己与其他人的收入差距。因此，正如本章前面所提到的那样，在更小的社会距离内度量相对收入是较为合理的做法。例如，在社区层面上，居民之间更易于借助邻里间的互动与交往、对他人消费等行为的观察来获得有关自身相对收入的信息。

并将其归因于与户籍特征相关的收入流动性的人际差异，而这就需要我们基于对户籍制度与劳动力市场的背景性分析来提出相应的假说。

户籍制度与中国城市劳动力市场的分割

1958年，中华人民共和国成立后的第一部户籍管理法规《中华人民共和国户口登记条例》开始实施，此后，一系列的政策法规将户籍与居住迁移、劳动用工和社会福利等多项公民权益挂钩。改革开放之后，伴随票证制度的取消以及城市部分岗位劳动力的短缺，越来越多的农村剩余劳动力开始进城务工。此后，虽然全国各地逐步推进户籍制度改革，对户籍迁移的限制也在放松，但是外来人员想要在大城市落户仍是困难重重。例如，北京市曾在2001年出台相关办法①，对纳税额达到一定标准的外地私营企业法人代表提供进京落户指标。然而，在城市的非户籍常住人口中，私营企业主仅为少数，公司雇员及个体从业人员才是主体，这两类群体想要在北京落户则极其困难。在上海这样的大城市落户也同样困难。2009年6月，上海市人力资源和社会保障局、上海市发改委等17个部门联合印发了《持有〈上海市居住证〉人员申办本市常住户口试行办法》的《实施细则》。虽然，上海的居住证转户口因此而进入可操作阶段，但是该细则对居住证累计持有期限、专业技术职务资格等均有门槛要求。即使符合条件，该细则也指出"在实际操作中，政府仍将在每年办理落户数量方面，对持证人员申办常住户口实行年度总量调控，符合条件的持证人员按规定排队轮候办理，超出当年调控人数总额的，依次转入下一年度办理"。

严格的落户限制使不拥有本地户籍的外来人口不得不在城市劳动力市场上遭受歧视性的对待。以上海为例，一个最为明显的体现是外来人口所享有的社会保障待遇不如本地户籍人口。在上海，外来人口有两类，一类是居住证持有者，另一类是暂住证持有者，后者主要参加外来人员综合保险，其保障水平最低。表9.1给出了上海户口持有者与居住证持有者在社会保障方面的差异。总体而言，居住证持有者享有的社会保障水平仍然低于户籍人口，即使是与户籍人口一样由企业为个人缴纳"四金"，户籍人口的"四金"缴纳金额也要高于居住证持有者。此外，更为重要的是，居住证持有者难以被纳入本地的养老体系，企业所缴纳的养老保险金在个人

---

① 详见2001年10月颁布的《北京市外地来京开办私营企业人员办理常住户口试行办法》。

离开所工作城市时也不能提取带走。

表9.1 上海户口与居住证持有者在社会保障方面的差异

	上海户口	居住证
社会保障项目	企业必须为员工缴纳：养老保险金、失业保险金、医疗保险金与住房公积金，即通常所说的"四金"。	企业原则上要为员工缴纳"四金"中的"三金"，即：养老保险金、失业保险金与医疗保险金。住房公积金不强制缴纳。如果企业不缴纳上述"三金"，则需要为员工缴纳外来人员综合保险金。
养老保险情况	（1）纳入本地养老体系，即：累计缴纳15年且达到法定退休年龄，可以享受养老保险。 （2）按月领取规定计发的养老金直到死亡。	（1）不纳入上海养老体系，不能在上海领取养老金。 （2）离开上海时提取个人缴纳的8%部分，企业缴纳的22%不能提取。 （3）养老政策参照持证者户籍所在地。

但户籍对于外来人口在劳动力市场上的影响还不止这些。例如，蔡昉、都阳、王美艳（2001）认为户籍制度造成了城市内部劳动力市场的分割。Meng and Zhang（2001）使用上海的数据研究发现不仅本地户籍居民更可能进入较好的行业，而且即使在相同的行业中个人禀赋之外的不可观测因素也使得本地户籍的居民有更高的收入。也有实证研究发现，对于那些需要较高教育水平和技能的高收入行业，非本地户籍身份的确成为外来人口的进入壁垒（Zhang and Meng，2001；陈钊、陆铭、佐藤宏，2009）。由于高技能人才没有被安排到合适的岗位上而导致的低收入也在其他国家的移民研究中得到了证实（Dungan, Fang and Gunderson, 2010）。与外来人口中的高技能者相比，城市中的外来低技能者面临的情况有所不同。首先，低技能者反而在劳动力市场上面对更少的壁垒，这是因为外来低技能者所从事的往往是本地户籍人口并不青睐的职业或工种。其次，也有研究发现，教育的外部性对低教育水平、低技能的劳动者更高（Moretti，2004），也就是说，劳动力市场上存在不同劳动者之间在生产中的互补性，这种互补性能够使低教育水平、低技能的劳动者从高教育水平、高技能人群那里获得更多的需求。相比之下，高技能者之间虽然存在相互的知识外溢性，但也存在相互之间的竞争，从而削弱了相互之间的正外部性。Cai and Du（2011）基于中国城市劳动调查（CULS）的研究发现，如果将工资分成十等分组别，那么，在低收入组别，农民工与城市居民之间的工资收入差距有所缩小，而高收入组别却有所扩大。这也在一定程度上支持了户籍壁垒

主要存在于高收入群体所进入的劳动力市场这一假设。

待验证的研究假设：户籍特征与示范效应的人际差异

户籍制度的存在以及城市劳动力市场的分割，使得幸福感决定中，相对收入变化的示范效应即使在同一户籍类型的人群中，也可能是完全不同的。如上所述，外来人口中的低教育水平者面对更少的劳动力市场壁垒，并且能够通过与高收入者的互补而得益。相反，对于外来人口中的高教育水平者，他们显然不安心于从事低收入行业或低端岗位，但是劳动力市场的壁垒又使他们较难进入高收入行业或高端岗位。因此，即使城市内部高收入群体的相对收入不断提高，外来人口中的高教育水平者反而比他们中的低教育水平者更少得益，更难将周围居民收入的提高转化为自身的示范效应。现有研究中，Zhang and Meng（2007）通过1999年和2002年11个城市的数据也发现低教育水平的外来居民的工资更快地趋近于本地居民。由此，我们可以得出本章的一个有待验证的重要假设：

> 假设一：外来人口中的低教育水平者比高教育水平者更可能从周围其他居民收入提高的过程中获得示范效应，由此带来更高的个人幸福感提升。

那么，相应地，城市中户籍人口的示范效应将会怎样呢？人际的差异可能同样存在。由于劳动力市场上进入壁垒的保护，户籍人口中的高教育水平者更容易进入高收入行业或高端岗位，成为高收入群体中的一员。但是，本地的低教育水平者不仅由于教育水平偏低而更难进入高收入行业，而且如果他们想进入低端岗位的话，又将面临外来人口的竞争。现有研究中，Démurger, et al.（2009）的确发现，高教育水平有助于居民进入公共部门，但这种影响对于本地户籍的居民要更加的显著。因此，我们得出另一个有待验证的重要假设：

> 假设二：本地户籍人口中的高教育水平者比低教育水平者更可能从周围其他居民收入提高的过程中获得示范效应，由此带来更高的个人幸福感提升。

9.2 数据与模型设定

本章数据来自复旦大学社会学系与经济学系合作的 2006—2007 年"和谐社区与社会资本研究"抽样调查数据库，前面对抽样方法已有详细介绍。除了上海市 6 个行政区（杨浦区、闸北区、黄浦区、长宁区、浦东新区、松江区）之外，本章中的有效样本还包括深圳市 2 个行政区（南山区、宝安区）中 54 个小区的 1 736 户家庭在 2006 年或 2007 年的相关信息，构成了包括 1 736 个观察点的横截面数据。在剔除了存在关键变量数据缺失等问题的样本后，我们最终得到 1 087 个观察点。其中，具有城市本地户籍的样本为 910 个，我们将其视为本地居民，而户籍为外地的样本为 177 个，视为外来居民。①

本章的被解释变量，即居民幸福感（happiness），由被调查者本人回答，显示了居民对于"我对自己的生活感到满意"这一表述的赞同程度，居民可以在 1－7 中选择一个整数作为回答，其中 1 表示"强烈不同意"，7 表示"强烈同意"，数值越大表示居民对自己的生活感到越满意。Benjamin, et al.（2010）的研究表明，这种主观幸福感指标在绝大多数情况下，都能够很好地反映被调查者的真实偏好。表 9.2 分别列出了本地居民、外来居民以及全部样本中幸福感为 1－7 的各样本所占百分比。其中，本地居民与外来居民中都是幸福感水平为 5 的居民比例最高。此外，相对而言，本地居民的幸福感分布比较集中，而外来居民的幸福感分布则相对分散。为了更直观地对比本地居民和外来居民的幸福感，表 9.3 将幸福感的取值视为基数，可以看到，外来居民的幸福感均值显著低于本地居民。

表 9.2　居民幸福感的样本分布　　　　　　　　单位:%

	1	2	3	4	5	6	7
本地居民样本	4.73	7.47	10.99	25.60	27.36	18.57	5.27
外来居民样本	8.47	12.99	16.38	20.34	20.90	12.43	8.47
全部样本	5.34	8.37	11.87	24.75	26.31	17.57	5.80

---

① 根据 2008 年《上海市统计年鉴》，2006 年年末上海市外来人口中半年及以上常住人口为 467.26 万，户籍人口为 1368.08 万，两者之比为 1∶2.93，而我们所用数据中外来居民样本与上海本地居民样本之比为 1∶5.14，这是因为我们所用数据是通过对正式小区的入户调查获得的，并不包括棚户区及其他非正式居住区的样本，因此外来居民样本的占比低于上海市的整体水平。

表 9.3 本地居民与外来居民幸福感的比较

	样本数	幸福感均值（标准差）	幸福感均值之差
本地居民样本	910	4.402（1.471）	0.368***
外来居民样本	177	4.034（1.712）	

注：*** 表示两组样本均值之差在 1% 的水平上显著异于 0。

即使在同一户籍人群内部，幸福感的人际差异也可能存在。表 9.4 对所有样本同时按户籍和收入（以收入是否高于或等于全部样本中位收入为划分标准）进行分组，可以看到，对于本地居民，高收入群体和低收入群体的幸福感存在着显著差异；对于外来居民，这种差异却并不显著。这一结果与本章前面提出的假设是一致的：更强的示范效应使外来人口中的低教育水平者（低收入者）并不一定拥有更低的个人幸福感。

表 9.4 收入高低与幸福感（分户籍）

	低收入	高收入	差值
本地居民	4.261	4.540	-0.279***
外来居民	3.924	4.099	-0.175

注：*** 表示两组样本均值之差在 1% 的水平上显著异于 0。

也有其他的证据间接支持前面的两个假设。问卷中调查了居民对"喜欢我所居住的小区"这一表述的赞同程度，从 1 到 5 依次表示"强烈不同意"到"强烈同意"。为便于比较，我们同样将这种赞同程度看作基数，分户籍和教育水平（以是否具有大专及以上学历为划分标准）统计不同居民的态度差异。如表 9.5 所示，本地居民对自己小区的喜欢程度并不因教育水平的不同而有显著差异，这说明教育水平的高低可能并不会直接影响对居住小区的喜恶程度。这一结果并不令人意外，因为居住小区是居民自我选择的结果，均衡状态下居民教育程度上的差异应当不会影响其对居住小区的喜好程度。但是，由表 9.5 可知，对于非本地户籍的外来居民，低教育水平者却更加喜欢自己的小区，而且与高教育水平居民之间的差异在 5% 的水平上显著异于 0。这个结果恰恰与前面的假设一相一致：与高教育水平的外来居民相比，互补性使低教育水平的外来居民获得更强的示范效应，从而对所居住小区表现出更高的喜爱程度。事实上，低收入的外来居民更多从事社区服务业，更容易在社区收入水平提高的过程中获得更多的需求和更高的收入。①

---

① 也有研究在社区层面上考察人与人之间的互动对居民幸福感之外的其他主观态度的影响。例如，Yamamura（2011）考察了参与社区活动对居民再分配偏好的影响，并且，作者还发现了该影响在高收入人群中更为明显。

表 9.5　喜欢我所居住小区的程度①

	低教育水平	高教育水平	差值
本地居民	3.426	3.442	−0.015
外来居民	3.506	3.182	0.324**

注：** 表示两组样本均值之差在 5% 的水平上显著异于 0。

表 9.6 列出了本章计量模型中包含的各解释变量的名称和定义（变量的描述性统计见附录）。变量"外来居民"是表示户籍特征的一个二元哑变量，外来居民取值为 1。我们同时控制了在既有研究中已被证实可能影响幸福感的其他解释变量。个人层面上的解释变量包括：（1）年龄及其平方项。很多研究都发现年龄对居民幸福感的影响呈现出先下降再上升的 U 形特征（Blanchflower and Oswald，2008；Jiang，Lu and Sato，2012）。（2）性别，以男性为参照组。不少研究都发现女性往往具有更高的幸福感（Knight，Song and Gunatilaka，2009；Jiang，Lu and Sato，2012）。（3）主观健康状况。健康状况良好的居民一般具有更高的幸福感，并且绝大多数的幸福感研究都证实了居民自评健康状况对幸福感的显著影响（如 Jiang，Lu and Sato，2012）。（4）中共党员身份，以非党员为参照组的二元哑变量。在中国，具有中共党员身份不仅表征了个人的政治倾向，也代表了较为丰富的政治资本及社会资本，这都将影响到居民对生活的满意程度（Jiang，Lu and Sato.，2012；Appleton and Song，2008）。（5）婚姻状况，以已婚为参照组的多元哑变量。与单身及寡居者相比，通常已婚的居民往往对生活更满意（Stutzer and Frey，2006；Jiang，Lu and Sato，2012）。（6）就业状况，以就业为参照组的多元哑变量。研究发现，失业除了会降低居民的收入之外，还会加剧心理焦虑程度或产生耻辱效应，从而直接降低居民的幸福感（Clark and Oswald，1994；Frey and Stutzer，2002a，2002b，Jiang，Lu and Sato，2012）。（7）教育年限。教育年限对居民幸福感的影响较为复杂，一方面，教育水平的提高可能通过提高居民的收入水平从而间接提高居民幸福感；另一方面，教育水平的提高也可能使居民对生活产生更高的期望从而降低其幸福感，实证研究中往往发现教育水平对幸福感的影响并不显著（Knight and

---

① 这里为了与前面一致，只选取了剔除缺失变量之后的样本（本地户籍居民样本 907 个，非本地户籍居民样本 177 个，总共 1 084 个样本；由于个体样本未回答是否喜欢所居住小区，因而与前面相比，样本略有减少）；如果包含被剔除的样本，非本地户籍居民中高教育水平与低教育水平均值之差在 15% 的程度上显著异于 0。

Gunatilaka, 2010; Jiang, Lu and Sato, 2012)。(8) 家庭人均收入的对数值。居民家庭人均收入的上升会提高居民的幸福感 (Frey and Stutzer, 2002a, 2002b; Jiang, Lu and Sato, 2012)。

表 9.6 解释变量列表

变量名称	变量定义
外来居民	被访者无城市本地户籍时取 1, 否则取 0
年龄	被访者的年龄
年龄的平方	被访者年龄的平方
女性	被访者为女性时取 1, 为男性时取 0
健康	被访者认为自己的健康状况良好时取 1, 否则取 0
党员	被访者政治身份为中共党员时取 1, 否则取 0
婚姻状况	包括已婚、单身、离异与丧偶, 已婚为参照组
就业状况	包括就业、退休、失业与学生, 就业为参照组
教育年限	被访者的受教育年数
家庭人均收入	被访者家庭人均收入的对数值
社区平均收入	被访者所在小区其他家庭人均收入的对数值
社区收入差距	被访者所在小区的收入差距

正如现有文献所表明的那样，相对收入需要在更小的社会距离内加以定义。鉴于社区是居民生活互动的重要场所之一，我们还通过控制社区层面的与收入以及收入差距相关的变量来观察社区收入和示范效应对居民幸福感的影响。这些变量包括：(1) 居民所在小区其他家庭的人均收入的对数值（以下简称"社区平均收入"）。社区平均收入（不包括样本自身的家庭人均收入）有两种方向相反的机制可能影响居民的幸福感：一方面，由于攀比效应的存在，社区平均收入提高可能会降低居民的幸福感；另一方面，由于存在正的外部性或者利他主义，社区平均收入的增加也有可能提高居民的幸福感 (Clark, Kristensen and Westergård-Nielsen, 2009b; Kingdon and Knight, 2007; Ravallion and Lokshin, 2010)，而最终的影响体现了这两种效应的净效果。(2) 居民与本小区内高收入群体间的收入差距（以下简称"社区收入差距"）。为了考察社区层面的示范效应，本章参照 Senik (2004) 的方法构造了一个度量社区层面收入差距的变量。假设居民 i 的家庭人均收入为 y_i，其所在小区为 j，我们对同样居住在小区 j 中并且家庭人均收入高于 y_i 的样本取家庭人均收入的样本均值 Y_{ij}，然后以这个均值超过 y_i 的比例来度量居民 i 与该小区内高收入群体间的收入差距：

$$社区收入差距 = (Y_{ij} - y_i)/y_i \qquad (9.1)$$

从上述定义不难看出，该变量度量的是居民收入与同一小区中比他（或她）富裕的那些人的平均收入之间的差距。①

本章中幸福感的度量采取的是有序离散变量的形式，严格来说在回归分析中应该采用有序离散选择模型（ordered probit 或 ordered logit 模型），但是 Ferrer-i-Carbonell and Frijters（2004）、Jiang, Lu and Sato（2012）的研究发现，使用 OLS 模型和使用 ordered probit/logit 模型所得到的回归结果中，系数或边际效应的符号和显著性并没有明显的差异。由于本章的研究中需要关注交互项的系数，因此我们主要采用能够更直观解释交互项边际效应的 OLS 模型。

假设居民 i 居住的小区为 j，居民幸福感的基本决定方程为：

$$\text{Happiness}_{ij} = \beta_0 + \beta_1 \text{Immigrant}_{ij} + \gamma' X_{ij} + \eta' Z_j + \varepsilon_{ij}, \quad (9.2)$$

其中，Immigrant_{ij} 为哑变量，表示居民 i 是否为外来居民，X_{ij} 为居民个人层面的控制变量，包括年龄及其平方项、性别（以男性为参照组）、主观健康程度、政治身份（以非党员为参照组）、婚姻状况（以已婚为参照组）、就业状况（以就业为参照组）、教育年限，以及家庭人均收入的对数值。Z_j 为居民所在小区层面的解释变量，包括社区平均收入的对数值以及社区收入差距。β_0、β_1、γ 和 η 分别为待估计的系数或系数向量，ε_{ij} 为随机扰动项。

9.3 实证结果

在这一部分，我们首先参照现有文献对幸福感决定因素的基本方程进行估计，然后我们针对本章的两个关键假设进行检验与讨论，考察示范效应在同一户籍类型人群中的人际差异。

基本方程

我们首先利用 OLS 和 ordered probit 方法估计了居民幸福感决定的基本

---

① 本文对示范效应的度量是基于以下两方面的考虑：(1) 本文关注的重点是社区层面变量对居民幸福感的影响，因此没有使用工作层面的数据来构造参照收入。从现实情况来看，外来人口与本地人口的互补性，并不局限于同一行业范围之内，这对于就业于服务行业的外来人口尤其明显。(2) 在经济保持长期快速增长的状态下，一般来说人们对自身的收入也会形成增长的预期，因此富人的收入对自身有更强的示范效应。

方程，回归结果如表 9.7 所示。其中，方程（1）和（2）为 OLS 回归，方程（3）和（4）为 ordered probit 回归，方程（2）和（4）分别在方程（1）和（3）的基础上进一步控制了小区的固定效应。表 9.7 中可见，两种回归方法的系数显著性基本一致，计算 ordered probit 回归的边际效应后发现两种回归方法得到的边际效应的符号方向也基本一致。因此，下面我们主要根据方程（1）和（2）的结果展开讨论。

表 9.7 居民幸福感的决定因素（基本方程）

被解释变量：幸福感	(1) OLS	(2) OLS	(3) ordered probit	(4) ordered probit
社区平均收入	0.290**	9.153**	0.199**	7.059**
	(0.123)	(4.270)	(0.091)	(3.270)
社区收入差距	0.077***	0.115***	0.059***	0.090***
	(0.029)	(0.035)	(0.022)	(0.027)
外来居民	−0.325**	−0.257*	−0.193*	−0.158
	(0.146)	(0.143)	(0.106)	(0.108)
年龄	−0.039*	−0.036*	−0.030**	−0.028*
	(0.020)	(0.020)	(0.015)	(0.015)
年龄的平方/100	0.053***	0.053***	0.040***	0.040***
	(0.018)	(0.019)	(0.014)	(0.015)
女性	0.173*	0.174*	0.119	0.131*
	(0.098)	(0.097)	(0.071)	(0.073)
健康	0.312***	0.341***	0.224***	0.269***
	(0.093)	(0.095)	(0.068)	(0.073)
党员	0.040	0.035	0.056	0.057
	(0.129)	(0.125)	(0.094)	(0.096)
婚姻状况（已婚为参照组）：				
单身	−0.357*	−0.304*	−0.267**	−0.235*
	(0.186)	(0.178)	(0.130)	(0.131)
离异	−0.746*	−0.734*	−0.512*	−0.553**
	(0.401)	(0.377)	(0.283)	(0.281)
丧偶	−0.429**	−0.416**	−0.299**	−0.308*
	(0.202)	(0.210)	(0.149)	(0.160)
就业状态（就业为参照组）：				
退休	0.028	0.003	0.035	0.013
	(0.142)	(0.144)	(0.104)	(0.110)
失业	−0.635**	−0.481*	−0.384**	−0.308
	(0.269)	(0.265)	(0.191)	(0.195)
学生	−0.239	−0.230	−0.173	−0.202
	(0.381)	(0.340)	(0.258)	(0.253)

(续表)

被解释变量：幸福感	(1) OLS	(2) OLS	(3) ordered probit	(4) ordered probit
教育年限	-0.042**	-0.046**	-0.032**	-0.038***
	(0.018)	(0.018)	(0.013)	(0.013)
家庭人均收入	0.420***	0.794***	0.310***	0.619***
	(0.101)	(0.201)	(0.074)	(0.152)
截距项	-0.061	-67.03**		
	(0.871)	(32.40)		
小区效应	未控制	控制	未控制	控制
样本量	1 036	1 036	1 036	1 036
调整后 R^2/伪 R^2	0.107	0.176	0.035	0.069

注：***，** 和 * 分别表示回归方程的系数在1%，5%和10%水平上显著。

首先，社区层面的收入水平以及社区内的收入差距会对居民幸福感产生影响。小区平均家庭人均收入对幸福感的影响是正的，这与既有的一些关于社区收入对幸福感影响的文献的结果一致（Clark, Kristensen and Westergård-Nielsen, 2009b；Ravallion and Lokshin, 2010；Kingdon and Knight, 2007）。由于社区平均收入和社区哑变量具有较强的共线性，因此当加入社区哑变量之后，与方程（1）相比，方程（2）社区平均收入的系数有较大的增加。① 有意思的是，同小区中比自己收入高的居民与自己的收入差距（即本章定义的"社区收入差距"）对居民幸福感的影响也是正的，并且这一结果较为稳健。通过方程（1）和（2）的结果我们可以计算得到，社区收入差距上升1个标准差（1.946），居民报告的幸福感等级会增大 0.149 5（1.946×0.076 8）和 0.223 8（1.946×0.115）。这说明，平均来看，同一小区内那些收入比自己高的居民收入水平的上升存在较强的示范效应，即这部分邻居收入的提高对居民自己而言将意味着有更多的发展机会和收入上升的空间，所以居民的幸福感相应提高。

其次，是否具有城市本地户籍对居民幸福感产生了显著的影响，这与现有研究的发现一致（如Jiang, Lu and Sato, 2012）。当然，这一结果有多种可能的原因。例如，现行的户籍制度使城市的公共服务不能被外来人口平等地分享，这可能造成外来居民幸福感的下降。又如，外来人口也可

---

① 如果仅控制城市哑变量而非社区哑变量，则方程（1）和（3）的回归结果基本不变。

能由于语言、文化等方面的隔阂感或受地域性歧视等因素的影响而降低在城市生活的幸福感（Knight and Gunatilaka, 2010）。当然，表9.7的结果本身并不能告诉我们其中的机制是什么，在下文，我们将从示范效应的人际差异这一角度对此有所涉及。

最后，个人层面控制变量对居民幸福感的影响与现有文献的结论基本一致。年龄对居民幸福感的影响是非线性的，表明年龄和幸福感呈U形关系，由方程（1）和（2）可知，年龄分别为36.9岁和35.3岁的人群幸福感最低，这与大多数使用中国数据得到的结果相近。女性比男性有更高的幸福感；自我评价健康状况较优者，幸福感更高；单身或寡居者的幸福感低于已婚者；失业者的幸福感显著低于就业者；家庭人均收入的提高能够提升居民幸福感，根据方程（1），给定其他条件不变，如果居民的收入增加一倍，其幸福感的回答将上升0.420。教育对幸福感的影响究竟如何，既有文献并没有一致的结论，本章的发现是：幸福感将随教育年限的增加而下降，这与Knight and Gunatilaka（2010）的结果一致，其原因可能是个人对收入的要求也随教育水平的上升而提高。与Jiang, Lu and Sato（2012）以及Appleton and Song（2008）的研究结果不同，本章并没有发现中共党员身份对幸福感有显著影响。这与本章使用的是上海、深圳的数据有关，可能因为党员这种政治资本或社会资本在上海、深圳这样经济较为发达、市场相对健全的环境中并不重要，但也可能因为在上海与深圳，党员这种政治资本或社会资本更大程度地被货币化了，因而已经体现为个人收入的上升。当然，这并非本章关注的重点。

表9.7的结果初步揭示了社区层面的收入差距对居民幸福感的影响，接下来我们将重点考察社区收入差距对于幸福感作用的人际差异，从而检验前述两个假设。

社区收入差距作用的人际差异

在基本方程中，通过"社区收入差距"这一变量，我们已经发现小区层面上示范效应的存在。根据前面我们所提出的两个假设，这一社区层面的示范效应在同一户籍特征的人群内部也会因教育水平的不同而不同。为此，我们在基本方程的基础上，首先引入了"社区收入差距"与"教育年限"的交互项。如表9.8中方程（5）所示，在全样本回归中，社区收入差距本身以及收入差距和教育年限的交互项的系数符号均为正，但是都不显著。这与前面的两个假设并不矛盾,因为教育水平对于示范效应大小的影响在不同户籍人口中刚好相反,因此在全样本中其效果可能会相互抵消。但是,根据 Brambor, Clark and Golder (2006) 的研究,严格来说,当存在交互项时,交互项中的变量对被解释变量的边际影响的显著性并不一定等同于交互项本身的显著性,为此我们采用 Brambor, Clark and Golder (2006) 的建议,在表 9.9 中计算了对于不同受教育程度的样本,收入差距上升对幸福感的边际影响及其显著性。① 的确,虽然方程 (5) 中教育年限与收入差距的交互项并不显著,但表 9.9 中根据方程 (5) 计算的边际效应显示,对于受教育程度大于或等于 9 年的样本,收入差距上升对幸福感的边际效应均为正,且随受教育年限增加而变大。

表9.8 示范效应的人际差异(分户籍)

被解释变量:幸福感	(5)全部样本	(6)本地居民	(7)外来居民	(8)就业的本地居民	(9)就业的外来居民
社区平均收入	0.279** (0.125)	0.218* (0.128)	0.650 (0.400)	0.075 (0.182)	0.720 (0.460)
社区收入差距	0.037 (0.077)	−0.046 (0.070)	0.598** (0.283)	−0.279 (0.262)	0.348 (0.331)
教育年限×社区收入差距	0.004 (0.006)	0.010* (0.006)	−0.045* (0.026)	0.029* (0.017)	−0.027 (0.030)
外来居民	−0.325** (0.146)				
年龄	−0.040** (0.020)	−0.064*** (0.021)	−0.049 (0.055)	−0.083*** (0.032)	0.116 (0.138)
年龄的平方/100	0.053*** (0.018)	0.070*** (0.019)	0.105* (0.056)	0.089*** (0.033)	−0.114 (0.176)
女性	0.172* (0.098)	0.064 (0.105)	0.588** (0.268)	0.066 (0.138)	0.654** (0.291)
健康	0.315*** (0.094)	0.354*** (0.098)	0.165 (0.309)	0.208 (0.138)	0.115 (0.330)
党员	0.041 (0.129)	−0.038 (0.134)	0.192 (0.406)	−0.036 (0.182)	0.046 (0.529)

---

① Brambor, Clark and Golder (2006) 也提供了相应的计算程序,不过,在 STATA 12 中,margins 命令已经可以直接给出边际效应及其显著性,感谢刘志阔博士提供的相关信息。

(续表)

被解释变量：幸福感	(5) 全部样本	(6) 本地居民	(7) 外来居民	(8) 就业的本地居民	(9) 就业的外来居民
婚姻状况（已婚为参照组）：					
单身	-0.357* (0.186)	-0.424** (0.204)	-0.283 (0.434)	-0.407* (0.225)	-0.053 (0.479)
离异	-0.746* (0.402)	-0.846** (0.417)	-0.129 (1.292)	-0.524 (0.652)	-1.080 (1.621)
丧偶	-0.425** (0.202)	-0.421** (0.197)	2.250***① (0.514)	-0.511** (0.229)	
就业状态（就业为参照组）：					
退休	0.026 (0.142)	0.061 (0.144)	-0.364 (0.617)		
失业	-0.632** (0.268)	-0.748*** (0.276)	-0.360 (0.792)		
学生	-0.234 (0.382)	-0.260 (0.437)	-0.619 (0.901)		
教育年限	-0.048** (0.021)	-0.071*** (0.022)	0.061 (0.063)	-0.126*** (0.045)	0.040 (0.071)
家庭人均收入	0.421*** (0.101)	0.402*** (0.106)	0.400 (0.312)	0.362** (0.158)	0.275 (0.355)
截距项	0.102 (0.934)	1.787* (0.966)	-4.888** (2.442)	4.409*** (1.218)	-7.046** (3.275)
样本量	1 036	878	158	445	130
调整后 R^2	0.107	0.103	0.158	0.043	0.090

注：***，** 和 * 分别表示回归方程的系数在1%，5%和10%水平上显著。由于社区数量较少且与社区平均收入相关性强，所以此处没有控制社区固定效应。如果放入社区固定效应后，教育年限和社区收入差距交互项以及基尼系数基本上都不再显著，但其他核心变量的结果并不改变。

表9.9 收入差距上升对不同受教育样本的边际效应

教育年限（年）	方程(5)	方程(6)	方程(7)	方程(8)	方程(9)
6	0.058 (0.044)	0.016 (0.038)	0.328** (0.150)	-0.103 (0.162)	0.184 (0.180)
9	0.069** (0.032)	0.047* (0.027)	0.193* (0.110)	-0.015 (0.114)	0.102 (0.131)

---

① 样本中，外来人口丧偶者仅1位，且报告的满意度为最高水平，这导致此处外来样本中丧偶者反而满意度显著更高。如果删去该样本，方程(7)中其他的回归结果几乎不变。

(续表)

教育年限（年）	方程（5）	方程（6）	方程（7）	方程（8）	方程（9）
12	0.080***	0.078***	0.058	0.073	0.019
	(0.029)	(0.026)	(0.119)	(0.072)	(0.133)
15	0.091**	0.109***	−0.077	0.161***	−0.063
	(0.037)	(0.036)	(0.169)	(0.051)	(0.184)
16	0.095**	0.120***	−0.122	0.191***	−0.090
	(0.042)	(0.041)	(0.190)	(0.054)	(0.207)
19	0.105*	0.151***	−0.257	0.279***	−0.172
	(0.057)	(0.056)	(0.260)	(0.086)	(0.282)

注：括号内为 delta 法标准误。

下面，我们将样本按户籍分组进行回归，结果如方程（6）和（7）所示。从方程（6）可以看到，对于本地居民，教育年限和社区收入差距的交互项系数显著为正。表9.9中边际效应的计算显示出受教育程度较高者收入差距的边际效应显著为正且较高，这与假设二的判断一致，即高教育水平的本地居民更可能认为自己的收入将会随着社区内其他高收入者收入的提高而提高，因此对他们而言，示范效应大于攀比效应。方程（7）的结果则与假设一相符。对于外来居民，教育年限和社区收入差距的交互项系数显著为负，表9.9中边际效应的计算显示，仅教育年限为6年或9年的样本收入差距上升对其幸福感有显著的提升作用，且最低受教育年限者（6年）这一边际效应更强。也就是说，当自己高收入邻居的收入水平上升时，低教育水平的外来居民更可能认为这对自己而言是一种机会。因此，对于外来人口，反而是低教育水平者的示范效应大于攀比效应。

由于我们的样本中还包含非就业状态的居民[①]，而上述机制应该主要是在就业人群中发挥作用，因此作为一个稳健性检验，我们又尝试了仅保留就业样本进行回归。如方程（8）和（9）所示，对于本地居民，社区收入差距与受教育年限的交互项系数仍显著为正，但是绝对值明显增大，这进一步证实了前述假设二的机制主要体现在本地户籍的就业人群中。但在方程（9）中，社区收入差距与教育年限的交互项系数不再显著，这很有可能与所剩样本量过少有关。由表9.9中基于方程（8）的边际效应计算可得：收入差距扩大的示范效应显著存在于本地的高教育水平者中。但方程

---

① 特别是本地居民样本中只有一半左右是处于就业状态的。

(9) 的边际效应并不显著。①

表 9.8 中本地居民样本和外来居民样本之间这种结果上的差异，证实了前述两个假设的判断。城市内部存在着基于户籍划分的劳动力市场分割。由于户籍制度主要是对非本地户籍的居民起限制作用，因此可以认为城市劳动力市场对本地户籍的居民是不存在壁垒的，而高教育水平的本地居民更有可能把握住劳动力市场上的机会，当看到社区中更高收入的居民收入提高，他们更有可能形成自身收入将增加的预期，所以从回归结果中可以看到对于城市本地户籍的居民，教育年限与社区收入差距的交互项系数为正。但是，对于非城市本地户籍的外来居民，各种基于户籍划分的制度安排对他们构成了显性或隐形的限制，他们面临的是存在壁垒的劳动力市场，而且这种壁垒更多地存在于回报较高、需要较高教育水平的职业或岗位。相反，在那些回报相对较低，需要教育水平不那么高的职业或岗位，城市劳动力市场可能在一定程度上是欢迎外来居民加入的。因此，正如我们在实证结果中发现的那样，外来居民中教育年限与社区收入差距的交互项系数为负。②

接下来，我们再对表 9.8 的结果进行稳健性检验。Knight，Song and Gunatilaka（2009）以及 Jiang, Lu and Sato（2012）的研究分别发现，在农村和城市，基尼系数对居民的幸福感有正向的影响，他们认为收入的不平等对居民来说也意味着一种机会，因此可以将其解释为示范效应。下面，我们仍选取就业的样本，计算每个社区的基尼系数，然后用它替代社区收入差距变量来进行示范效应的稳健性检验，结果如表 9.10 所示。表 9.10 中的方程（10）-（12）针对本地居民，方程（13）-（15）针对外地居民，这两组方程都分别考察收入差距对幸福感的平均影响、在不同收入的家庭以及在不同受教育程度人群中的差异性影响。方程（10）显示，平均

---

① 表 9.8 的方程中收入差距的边际效应显著性与交互项的显著性反映的结果一致，限于篇幅，我们不再按受教育程度分别报告边际效应及其显著性。

② 我们并不排除高教育水平者可能因为对收入的愿望较高而没有去从事那些进入壁垒低的工作，并因此造成较低的幸福感。但本文的独特发现是：对于本地户籍，收入差距上升使高教育水平者幸福感提高；对于外地户籍，收入差距上升却使高教育水平者幸福感下降。这一发现就难以仅仅由收入的愿望来解释。除非我们认为：外来高教育水平者对收入的愿望明显高于本地高教育水平人群。我们认为：一个更为合理的解释是：高教育水平人群对收入的愿望都较高，但相对于外地户籍的高教育水平者，本地户籍高教育水平人群对收入的愿望更可能被实现。其背后的原因则来自户籍制度导致的城市劳动力市场上对外来高教育水平者的进入壁垒。

而言社区基尼系数的增大会使本地居民的幸福感显著增加,社区基尼系数增大一个标准差(0.103),本地居民的幸福感等级平均增加 0.257 (60.103×2.501)。方程(11)和(12)则再次显示上述效应在本地户籍群体内的人际差异,即基尼系数对幸福感的正向影响随着家庭人均收入的增加和教育水平的提高而增大。通过方程(13),可以计算得到社区基尼系数增大一个标准差(0.081),外来居民的幸福感等级平均增加 0.076 1 (0.081×0.940)。可能由于样本量较小,针对外地居民的回归方程(13) -(15)中,仅方程(14)的基尼系数与交互项显著。并且,其含义与我们在表 9.8 中的结果一致,即对于外来居民,社区基尼系数对幸福感的正向影响更多地体现在低收入家庭上。虽然基尼系数本身也会捕捉一些攀比效应的影响,但是我们在本章中所发现的基尼系数对幸福感影响的人际差异在本地居民和外来居民之间恰恰相反的事实,则无法只通过攀比效应来解释。一个更为合理的解释是:基尼系数的作用同时也反映了示范效应,并且由于户籍制度造成的劳动力市场进入壁垒对不同受教育程度的本地与外来居民的影响不同,因此这一示范效应在不同受教育程度(收入)的本地及外来居民中是完全不同的。这正是本章前述两个假设所表述的含义。

表 9.10 基尼系数对居民幸福感的影响(工作样本,分户籍)

被解释变量:幸福感	(10) 本地居民	(11) 本地居民	(12) 本地居民	(13) 外来居民	(14) 外来居民	(15) 外来居民
基尼系数	2.501*** (0.764)	-10.36* (5.618)	-2.899 (3.118)	0.940 (1.932)	21.01** (9.898)	4.327 (7.487)
家庭人均收入×基尼系数		1.687** (0.728)			-2.587** (1.243)	
教育年限×基尼系数			0.388* (0.221)			-0.245 (0.520)
其他变量	已控制	已控制	已控制	已控制	已控制	已控制
样本量	476	476	476	148	148	148
调整后 R^2	0.055	0.064	0.060	0.092	0.103	0.087

注:(1)其他控制变量包括:年龄及其平方项、性别、主观健康程度、政治身份、婚姻状况、受教育年限、家庭人均收入的对数值,以及小区的平均家庭人均收入对数值;(2)***,** 和 * 分别表示回归方程的系数在 1%,5% 和 10% 水平上显著。(3)和表 9.8 中对应方程相比,本表中样本量稍多,这是因为在表 9.8 的回归样本中,根据收入差距指标的定义,无法得到小区内收入最高者的收入差距指标,因此缺失一部分样本。

9.4 结论

基于2006—2007年收集的来自上海与深圳社区的入户调查数据，本章研究了城市居民幸福感的决定因素。我们发现，社区平均收入和（与更高收入居民的）收入差距对居民本人的幸福感都有正向影响。前者与现有的利用国外社区收入对幸福感的研究结果一致，表明在本章样本中进行数据取样的上海与深圳，社区层面上收入上升所产生的正的外部性超过了攀比效应。后者表明，在中国经济快速增长和居民收入水平快速提高的大环境下，收入差距更多地反映了示范效应而非攀比效应。

本章研究还发现收入差距的示范效应存在人际差异，且本地与外来居民之间恰好相反。具体而言，我们发现：较高教育水平的本地居民和较低教育水平的外来居民相比，社区收入差距的示范效应要强于攀比效应。我们从户籍制度与城市劳动力市场分割的角度为示范效应的人际差异提供了一个合理的解释：本地居民面对的是不存在户籍壁垒的劳动力市场，因此高教育水平的本地居民更能够感受到高收入居民收入提高带来的示范效应；低教育水平的本地居民因教育门槛无法进入高收入职业或岗位，从而更多地将富人收入的提高转化为攀比效应。对于外来居民，由于户籍壁垒的存在，高教育水平者无法平等获得与本地居民相同的进入高收入职业或岗位的机会，因此，在他们身上体现的攀比效应强于示范效应；低教育水平的外来居民面对较为低端的劳动力市场，反而较少存在进入壁垒，他们能够借助与高收入者之间的互补性从而将周围更高收入居民的收入提高转化为较强的示范效应。

本章的发现对于城市内部促进社会和谐、提高居民幸福感有一定的政策含义。随着越来越多的农村劳动力进入城市，现行的户籍制度在城市常住人口中人为地造成了"城市新二元结构"或"二元社会"的局面。户籍制度产生的社会分割不仅存在于城市本地的公共服务上，还存在于劳动力市场中。本章发现，总体而言户籍制度的存在不利于提高城市内外来人口的幸福感。尤为重要是，对于高教育水平（往往也是高收入）的外来居民，机会的不均等降低了他们的幸福感。然而现实中，高教育水平的外来居民恰恰更愿意在城市安家，更可能在城市长期居留，这一群体的幸福感对于实现城市未来的社会和谐与提高居民的幸福感尤其重要。因此，在未来的大城市户籍制度改革过程中，帮助较高教育水平的外来居民获得户籍，并融入城市，应成为政策的重点。

本章的研究中也存在着一些不足：首先，我们使用的是横截面数据，因此无法控制居民自身的一些无法观测的特征；其次，我们没有考虑居民的居住地选择问题，虽然在既有的大多数居民幸福感的研究中，居住地也都被假设为是外生的；最后，我们发现社区的平均收入对居民幸福感有正向影响，但受数据所限，我们没能对此进行更加详细的分析。以上都是值得进一步研究的问题。

参考文献

蔡昉、都阳、王美艳，2001，"户籍制度与劳动力市场保护"，《经济研究》，第12期，第41-49页。

陈钊、陆铭，2008，"从分割到融合：城乡经济增长与社会和谐的政治经济学"，《经济研究》，第1期，第21-32页。

陈钊、陆铭、佐藤宏，2009，"谁进入了高收入行业？——关系、户籍与生产率的作用"，《经济研究》，第10期，第121-132页。

何立新、潘春阳，2011，"破解中国的'Easterlin悖论'：收入差距、机会不均与居民幸福感"，《管理世界》，第8期，第11-22页。

刘晓峰、陈钊、陆铭，2010，"社会融合与经济增长：城市化和城市发展的内生政策变迁"，《世界经济》，第8期，第60-80页。

罗楚亮，2006，"城乡分割、就业状况与主观幸福感差异"，《经济学（季刊）》，第2卷第3期，第817-840页。

汪汇、陈钊、陆铭，2009，"户籍、社会分割与信任：来自上海的经验研究"，《世界经济》，第10期，第81-96页。

Alesina, A., R. D. Tella, and R. MacCulloch, 2004, "Inequality and Happiness: Are Europeans and Americans Different?" *Journal of Public Economics*, 88 (9-10), 2009-2042.

Appleton, S., and L. Song, 2008, "Life Satisfaction in Urban China: Components and Determinants," *World Development*, 36 (11), 2325-2340.

Benjamin, D. J., O. Heffetz, M. S. Kimball, and A. Rees-Jones, 2010, "Do People Seek to Maximize Happiness? Evidence from New Surveys," NBER Working Paper No. 16489.

Blanchflower, D. G., and A. J. Oswald, 2008, "Is Well-Being U-Shaped over the Life Cycle?" *Social Science & Medicine*, 6 (8), 1733–1749.

Brambor T., W. R. Clark, and M. Golder, 2006, "Understanding Interaction Models: Improving Empirical Analyses," *Political Analysis*, 14, 63–82.

Cai, F., and Y. Du, 2011, "Wage Increases, Wage Convergence, and the Lewis Turning Point in China," *China Economic Review*, 22 (4), 601–610.

Caporale, G. M., Y. Georgellis, N. Tsitsianis, and Y. P. Yin, 2009, "Income and Happiness across Europe: Do Reference Values Matter?" *Journal of Economic Psychology*, 30 (1), 42–51.

Clark, A. E., P. Frijters, and M. Shields, 2008, "Relative Income, Happiness, and Utility: An Explanation for the Easterlin Paradox and Other Puzzles," *Journal of Economic Literature*, 46 (1), 95–144.

Clark, A. E., N. Kristensen, and N. Westergård-Nielsen, 2009a, "Job Satisfaction and Co-worker Wages: Status or Signal?" *The Economic Journal*, 119, 430–447.

——, 2009b, "Economic Satisfaction and Income Rank in Small Neighbourhoods," *Journal of the European Economic Association*, 7 (2–3), 519–527.

Clark, A. E., and A. J. Oswald, 1994, "Unhappiness and Unemployment," *The Economic Journal*, 104 (424), 648–659.

Démurger, S., M. Gurgand, S. Li, and X. Yue, 2009, "Migrants as Second-class Workers in Urban China? A Decomposition Analysis," *Journal of Comparative Economics*, 37 (4), 610–628.

Dungan, P., T. Fang, and M. Gunderson, 2010, "Macroeconomic Impacts Of Canadian Immigration: An Empirical Analysis Using The Focus Model," University of Toronto Working Paper.

Easterlin, R. A., 1974, "Does Economic Growth Improve the Human Lot? Some Empirical Evidence," in P. David and M. Reder (eds.), *Nations and Households in Economic Growth: Essays in Honor of Moses Abramowitz*, NY: Academic Press.

Easterlin, R. A., 2011, "Income and Happiness: Towards a Unified Theory," *The Economic Journal*, 111 (473), 465–484.

Ferrer-i-Carbonell, A., and P. Frijters, 2004, "How Important Is Methodology for the Estimates of the Determinants of Happiness," *Economic Journal*, 114 (497), 641-659.

Frey, B. S., and A. Stutzer, 2002a, *Happiness and Economics: How the Economy and Institutions Affect Well-Being*, NJ: Princeton University Press.

——, 2002b, "What Can Economists Learn from Happiness Research?" *Journal of Economic Literature*, 2002b, 40 (2), 402-435.

Gao, W., and R. Smyth, 2010, "Job Satisfaction and Relative Income in Economic Transition: Status or Signal? The Case of Urban China," *China Economic Review*, 21 (3), 442-455.

Hirschman, A., 1973, "The Changing Tolerance for Income Inequality in the Course of Economic Development," *Quarterly Journal of Economics*, 87 (4), 544-566.

Jiang, S., M. Lu, and H. Sato, 2012, "Identity, Inequality, and Happiness: Evidence from Urban China," *World Development*, 40 (6), 1190-1200.

Kingdon, G. G., and J. Knight, 2007, "Community, Comparisons and Subjective Well-Being in a Divided Society," *Journal of Economic Behavior & Organization*, 64 (1), 69-90.

Knight, J., and R. Gunatilaka, 2010, "Great Expectations? The Subjective Well-being of Rural-Urban Migrants in China," *World Development*, 38 (1), 113-124.

Knight, J., L. Song, and R. Gunatilaka, 2009, "Subjective Well-Being and its Determinants in Rural China," *China Economic Review*, 20 (4), 635-649.

Meng, X., and J. Zhang, 2001, "The Two-Tier Labor Market in Urban China: Occupational Segregation and Wage Differentials between Urban Residents and Rural Migrants in Shanghai," *Journal of Comparative Economics*, 29 (3), 485-504.

Moretti, M., 2004, "Human Capital Externalities in Cities," in J. V. Henderson and J. Thisse (eds.), *Handbook of Regional and Urban Economics*, Vol. 4, Amsterdam, North-Holland: Elsevier, 2243-2291.

Ravallion, M., and M. Lokshin, 2010, "Who Cares about Relative Deprivation?" *Journal of Economic Behavior & Organization*, 73 (2), 171-185.

Senik, C., 2004, "When Information Dominates Comparison: Learning from Russian Subjective Panel Data," *Journal of Public Economics*, 88 (9 – 10), 2099 – 2123.

Senik, C., 2008, "Ambition and Jealousy: Income Interactions in the 'Old' Europe versus the 'New' Europe and the United States," *Economica*, 75 (299), 495 – 513.

Stutzer, A., and B. S. Frey, 2006, "Does Marriage Make People Happy, or do Happy People Get Married?" *Journal of Socio-Economics*, 35 (2), 326 – 347.

Smyth, R., Q. Zhai, and X. Li, 2009, "The Impact of Gender Differences on Determinants of Job Satisfaction among Chinese Off-farm Migrants in Jiangsu," *Journal of Chinese Economic and Business Studies*, 7 (3), 363 – 380.

Yamamura, E., 2011, "Effect of Social Capital on Income Distribution Preferences: Comparison of Neighborhood Externality between High-and Low-income Households," MPRA Paper No. 32557.

Zhang, D., and X. Meng, 2007, "Assimilation or Disassimilation? ——The Labour Market Performance of Rural Migrants in Chinese Cities," paper presented at the 6th conference on Chinese economy, CERDI-IDREC, Clermont-Ferrand, France, Oct. 18 –19.

附录

变量的描述性统计

变量	全部样本		本地户籍		非本地户籍		两组样本均值之差
	均值	标准差	均值	标准差	均值	标准差	
年龄	48.327	16.467	50.653	15.936	36.367	13.774	14.287***
女性	0.504	0.500	0.503	0.500	0.508	0.501	-0.005
健康	0.523	0.500	0.492	0.500	0.683	0.466	-0.191***
党员	0.191	0.394	0.192	0.394	0.186	0.391	0.006
已婚	0.776	0.417	0.801	0.399	0.644	0.480	0.157***
单身	0.145	0.353	0.109	0.312	0.333	0.473	-0.225***
离异	0.018	0.134	0.019	0.135	0.017	0.129	0.002
丧偶	0.061	0.239	0.071	0.258	0.006	0.075	0.066***
就业	0.574	0.495	0.523	0.500	0.836	0.371	-0.313***

（续表）

变量	全部样本		本地户籍		非本地户籍		两组样本均值之差
	均值	标准差	均值	标准差	均值	标准差	
失业	0.039	0.193	0.040	0.195	0.034	0.181	0.006
退休	0.373	0.484	0.423	0.494	0.113	0.317	0.310***
学生	0.015	0.120	0.014	0.119	0.017	0.129	-0.003
教育年限	12.517	3.357	12.424	3.305	12.994	3.581	-0.570**
家庭人均收入	2 182.677	3 625.506	2 032.625	3 141.661	2 954.127	5 423.546	-921.502***
社区平均收入	2 182.677	1 596.552	2 176.249	1 626.016	2 215.722	1 439.358	-39.473
社区收入差距	1.615	1.946	1.619	1.954	1.595	1.908	0.023
基尼系数	0.339	0.097	0.339	0.100	0.338	0.081	0.001
基尼系数（工作）	0.343	0.098	0.344	0.103	0.342	0.081	0.002

注：** 和 *** 分别表示两组样本的均值之差在5%和1%的水平上显著异于0。

第十章

社会融合与经济增长
——城市化和城市发展的内生政策变迁理论

在经典的发展经济学理论中，城市化和工业化是发展的主题（Lewis，1954）。而在马克思看来，不同利益群体之间的矛盾和冲突是社会发展的持续动力。对于中国来说，当第二和第三产业的GDP比重已经接近90%的时候，城镇人口占总人口的比重尚不足45%[①]，实证研究也发现，中国的城乡收入差距持续扩大（蔡昉、都阳、王美艳，2003；陆铭、陈钊，2004；Lu and Chen，2006），城市内部有无本地户籍的劳动力之间的工资差距和教育回报差距也在扩大（Meng and Bai，2007；Zhang and Meng，2007），这意味着，发展并不只是工业化和城市化。传统的发展理论所忽视的一个重要方面是：工业化和城市化进程往往是在城乡分割的背景下进行的（陈钊、陆铭，2008），因此，经济发展理论应该是一个同时包含社会融合和经济增长的城市化和城市发展的理论，而且，这个理论应该能够解释从社会分割到社会融合的政策转变是如何内生地实现的。

本章将构建一个城市化和城市发展的理论，其中社会融合和经济增长的关系是模型的重点。我们将证明：在经济发展和城市化的早期，对于移民的政策歧视有利于城市居民更多地获取经济增长的成果。但是，对移民的歧视性政策会造成城市内部不同户籍身份的劳动力之间的福利差距和社会冲突，并且进一步导致社会资源的非生产性消耗。当城市化进程达到一定阶段，城市内的移民规模达到一定水平时，通过社会融合来减少收入差距和社会冲突，可能会更有利于城市部门的资本积累和经济增长。今天的中国，面对着日益扩大的城乡间收入差距和城市内部不同户籍身份的人群间的收入差距，惠农政策与和谐社会的构建正在成为新的政策取向，一个通过社会融合来推动城市化和经济持续增长的时代正在到来。本章的研究

---

① 据2007年《中国统计年鉴》，2006年全国第二和第三产业的GDP比重为88.3%，城镇人口比重为43.9%。

从理论上刻画了这种内生政策变迁的内在形成机制，是内生的制度变迁理论在发展经济学中的一个运用。

本章研究的意义并不只局限于中国本身。事实上，在经济发展的过程中，社会分割以及社会不同群体间的横向不平等（horizontal inequality）是广泛存在的（Stewart, 2002）。在当今众多的发展中国家，当农村移民向城市流动时，移民的财产权或享受公共服务的权力往往得不到与城市居民相同的保障（de Soto, 2000, 2002），经济政策的城市倾向性也普遍存在（Lipton, 1977）。在不同的国家，社会分割往往与种族、肤色、种姓等结合在一起。在欧美国家，一百年前也曾经有过对于低收入阶层、黑人和女性的歧视，今天的欧美国家又在全球化进程中面对着日益严重的移民问题，新的社会分割再次出现。随着城市人口在2008年超过全球总人口的一半，与社会分割联系在一起的城市发展问题将越来越重要，社会融合和经济增长将成为发展理论的新的焦点。

本章其余部分安排如下：第一部分对有关城市化、社会分割以及内生政策（或制度）变迁的相关文献进行回顾；第二部分构建了存在社会分割的二元经济模型，其中社会分割表现为移民不能平等地享受提供给城市居民的公共服务，从而造成与身份差异有关的福利（实际收入）差距；第三部分考察社会分割向社会融合的内生政策变化，及其对经济增长的影响；第四部分是结论以及相应的政策含义。

10.1 文献评论

对于本章所涉及的主题而言，文献评论是一件非常困难的工作，因此，我们仅从三个方面来对主要的相关文献进行总结：第一，经济发展和城市化理论的进展如何？第二，有关中国的城市化和城市发展，我们知道些什么？第三，经济政策的调整是如何内生地实现的？

Lucas（2004）提出，一个成功的城市化理论应该包含这样一些方面：首先，它应该能够描述传统的农业在移民过程中逐渐消失的过程；其次，这个过程应该持续几十年，并且在相当长的时期里，传统农业和现代经济是并存的；最后，在这个过程中，那些进入城市工作的人之间应该能够获得均等化的收入。在Lewis（1954）和Ranis and Fei（1961）的二元经济理论中，移民过程以及传统农业和现代经济的长期并存得到了刻画，但他们只是将城市内部的发展简化成一个现代工业部门的资本积累过程。Todaro（1969）和 Harris and Todaro（1970）注意到城市中的失业问题，他们的解释是：虽然面临失业风险，那些进城的移民的期望工资可能仍然高于（或等于）农村的收入，所以他们仍然不愿意离开城市。而 Lucas（2004）则认为：来自农村的移民在城市中进行着人力资本积累，在城市化进程中，城市现代经济中的技术工人与传统农业中的非技能劳动力之间的收入差距是逐渐扩大的。然而，这些文献都没有足够地重视在现代城市内部持续存在的社会分割和收入差距。如果考察一下发达国家曾经走过的城市化进程，或者发展中国家（如印度和菲律宾）正在进行的城市化进程（参见 de Soto，2000，2002），或者全球化进程中在发达国家出现的国际移民浪潮，我们将发现，假设移民与城市的原有居民天然享有同样的权利是非常不现实的。恰恰相反，移民与城市原有居民之间的社会分割是理解城市化进程的重要视角。因此，随着城市化理论的发展，我们有理由要求一个成功的城市化理论还应该具备第四个特征，那就是刻画城市内部从社会分割到社会融合的变迁过程。这正是本章要做的工作。

在中国，伴随着城市化进程，不仅城乡之间的收入差距在日益扩大（蔡昉、都阳、王美艳，2003；陆铭、陈钊，2004；Lu and Chen，2006；万广华，2006），而且城市内部的收入差距（李实、佐藤宏，2004），特别是不同户籍身份的人群之间的收入差距也在持续扩大（Knight and Song，2003；Meng and Bai，2007），其中的原因之一是他们的教育回报差距在扩大（Zhang and Meng，2007）。在这些现象的背后，与户籍制度相伴的社会分割是非常重要的制度背景。这样的制度环境究竟将对中国城市化以及城市的经济社会发展产生怎样的影响？对这个问题，现有的研究通常都侧重于从劳动力市场不完善的角度加以考虑，如蔡昉、都阳、王美艳（2003）对城市劳动力市场户籍歧视现象的研究。然而，城市内部的社会分割和收入不平等，以及由此产生的对城市化进程的阻碍却很少被正式纳入城市化理论中去。陈钊、陆铭（2008）在城市的经济增长模型中引入了不同户籍人群之间的收入差距所带来的社会冲突，证明了持续扩大的城市内部收入差距可能阻碍城市化进程和城市持续发展，但他们所考察的城市收入差距来源主要是劳动力市场的歧视性政策，而且也没有考虑这种基于户籍的歧视性政策发生内生变迁的可能性。虽然对外来劳动力的歧视在中国是长期存在的现象，但是，近年来这种劳动力市场上的制度性分割已经有了较大的变化。① 于是，接下来的一个问题就是：在消除了劳动力市场上对非城市户籍人口的歧视，实现了城市内部的平等就业之后，城市的社会和谐就能够因此实现吗？本章将说明：除了劳动力市场上的制度性歧视之外，不同户籍身份的人群之间在享受城市公共服务方面的不平等地位是造成两类人群事实上的收入和福利差距的更为长期的原因。这种公共服务享受方面的不均等本质上是一种权力的不均等，它对于收入（福利）差距、社会冲突、城市化进程和城市发展的影响几乎完全被现有理论所忽视。

本章将要研究城市内部从社会分割到社会融合的转变，即城市公共服务的提供从不均等到均等化这样一个政策的内生转变过程。近来的经济学理论研究特别注意刻画政策的内生变化，但现有文献尚未将政策（制度）变迁的动力建立在不同群体间的收入差距这样的微观基础之上。Acemoglu and Robinson（2000）曾经提供了一个类似的理论，解释了为什么在欧洲历史上会出现公民权的扩大，他们的观点是：掌权阶级推动社会融合是为了避免收入差距过大，从而导致革命发生，但这个内生的政策变迁理论并没有被纳入一个经济增长或发展的过程中加以考虑，因而不是一个有关经济发展的动态理论。陈钊、陆铭（2008）研究了收入差距对社会稳定的影响，并认为消除劳动力市场的歧视有利于缩小收入差距，推动城市化和城市发展，但是，他们的理论没有刻画政策变迁的内生过程。

与本章研究较为接近的是将内生政策与经济增长结合在一起的研究。Acemoglu, Aghion and Zilibotti（2006）构造了一个制度变迁内生于经济发展的模型，他们认为较为落后的经济体可以通过模仿获得经济增长，但领先的经济体的增长则依赖于创新。模仿与创新这两种增长机制需要不同的制度来匹配，如企业组织形式、合同安排、信贷体制等。因此随着落后经济体的经济发展，创新将越来越重要，原本作为经济增长保证的适宜的制度就需要进行变革，以获得进一步的经济增长。Galor and Moav（2004，2006）的内生经济政策理论试图解释欧洲历史上政府扩大公共教育覆盖面的政策变化。他们认为：在经济发展的早期，较大的收入差距恰好有利于富人进行物质资本的积累。但是在经济发展到一定阶段后，人力资本的回报将超过物质资本，这时，政策制定者将有动力通过公共教育的提供来提

---

① 2008年新《劳动合同法》的实施更是在法律层面上为城乡劳动力的平等就业提供了制度保证。

高劳动者的人力资本，并追求更高的利润。与这些理论相比，本章首先将内生的政策变迁纳入城市化和城市发展的理论之中。

随着城市化水平的不断提高，城市内部的社会分割，以及由此导致的城市内部收入差距不断扩大和社会不和谐程度的提高，使得中国站在了对城市化和城市发展的重大调整的历史时期。本章将证明，在这个关键的转折阶段，如果政府能够主动地推动公共服务均等化和社会融合，那么，城市的收入差距将缩小，生产性资本积累和经济增长都可以被加快。对于城市居民来说，虽然他们的相对经济地位会下降，但由于城市经济更快增长，他们的实际收入水平在政策转型之后也将获得更快的增长。认识到当前社会融合与经济增长两大目标的一致性，对于中国的可持续发展来说具有至关重要的实践意义。

10.2 基本模型

假设与均衡

我们考虑一个城乡二元经济，劳动力分布在城市与农村两个部门中，并且总量保持不变。假设其中具有城市户籍的劳动力即城市居民的数量也保持不变，并标准化为 1。随着城市化的进程，农村劳动力开始进入城市部门务工，假设初始时农村劳动力数量为 $N>0$，而 t 时期进入城市部门务工的农村劳动力数量记为 $m(t)$，显然，$0 \leqslant m(t) \leqslant N$。城市部门在 t 时期的产出由如下 Cobb-Douglas 形式的生产函数决定[①]：

$$Y(t) = [1+m(t)]^{\alpha} K(t)^{1-\alpha} \qquad (10.1)$$

其中，$K(t)$ 为城市部门在 t 时期的资本积累[②]，$0<\alpha<1$。而同期农村部门的产出则表示为：

$$Y_r(t) = [N-m(t)]^{\beta} \qquad (10.2)$$

其中，$0<\beta<1$。这里我们假设农村部门的生产以劳动力和土地为投入，土地的数量固定不变，也被标准化为 1。

正如我们在本章引言中提到的，城市劳动力市场上针对农村移民的工资的制度性歧视正在逐渐消除，因此，本章并不着重分析这种劳动力市场上的政策

---

① 这就隐含地假定了劳动力是同质的。
② 在以下分析中可以发现，K 的取值也可代表城市的经济规模。

歧视。我们假定在城市就业的劳动力按其劳动边际产出获得相同的工资，即
$$w(t) = \alpha [1 + m(t)]^{\alpha-1} K(t)^{1-\alpha} \qquad (10.3)$$

然而，在城市就业平等化实现的同时，基于户籍的歧视性的公共服务提供政策仍然使农村劳动力难以平等地获得来自城市公共服务的收益。具体表现在四个方面：第一，长期以来，中国教育资源的配置严重向城市地区倾斜，特别是优质的基础教育仅向当地户籍的城市人口开放，而农村移民能享受的基础教育条件则相对较差。[①] 第二，在高等教育方面，中国的高等院校获得了大量来自地方政府的财政支持，于是优质高等教育资源集中的省级行政单位实际上拥有了更多获得优质教育资源的机会，这些机会并不能被非户籍人口所获得。第三，直到我们完成此文的2009年，社会保障仍然不能跨地区接续，地方政府提供的社会保障（主要是医疗和养老）基本上只覆盖本地城市居民，农村移民很难通过参加社会保障来同等地获益，即使有些地方为外来农村移民提供特殊类型的社会保障，其待遇也低于本地居民。[②] 第四，政府提供的其他公共服务也主要服务于本地居民，甚至存在为维护部分城市居民利益，对农村移民进行限制或损害其利益的情况，一个典型的代表就是"城管"。[③] 另外，一直以来农村地区居民相对缺乏影响政策的话语权，这也使得在制度环境上不利于农村劳动力平等地分享城市的公共服务。从政策操作的层面看，减轻公共服务分享上的不平等程度也需要较长的时间与复杂的政策措施。于是，一个在理论上需要回答的问题是：如果劳动力市场上的歧视性政策已经消除，但城市公共服务的分享仍然存在户籍上的歧视，那么这将对城市的经济增长以及城市内部的社会和谐产生怎样的影响？为便于分析，我们假设进城务工者完全不能分享城市的公共服务，因而其实际的人均收入就等于劳动工资，即
$$c_m(t) = w(t) \qquad (10.4)$$

类似地，我们也不考虑城市政府对农村移民数量的控制，即假定农村

---

① 尽管面向城市居民的教育资源分配也存在诸如"划片入学"等基于户籍所在的歧视性制度，但城市居民可以利用购买房产来获得进入优秀学校的途径，而这对于农村移民而言几乎是不可能的。

② 即使最近社会保障开始覆盖农民工群体，但由于保险金跨地区转移的制度障碍使得流动性较大的农民工受益有限。在2008年11月人民网和中国工会新闻网推出的"中国职工十大期待"调查中，35.25%参与调查的网友希望"实现农民工养老保险转移"。

③ 城市政府部门的执法更倾向于本地居民的现象在各国城市化发展过程中屡见不鲜，见de Soto（2002）。

劳动力可以自由选择进城务工或者继续留在农村部门。在陈钊、陆铭（2008）的模型中，城市政府对移民数量加以控制，这也等价于对城乡劳动力之间的工资差距进行控制。在本章中，城市内部就业的平等化意味着城乡劳动力能够获得相同的工资水平，因此这种对移民数量的控制机制也就不存在了。随着现实中农村劳动力流动的制度障碍越来越少，这样的假定也就变得更为接近现实，且能够把我们的分析集中到公共服务不平等这一点上来。对于留在农村部门的劳动力，我们将其收入简化为农村部门的人均产出，即假定农村部门是按劳动力数量进行平均分配的：

$$c_r(t) = \frac{Y_r(t)}{N - m(t)} = [N - m(t)]^{\beta - 1} \qquad (10.5)$$

农村劳动力是选择进城务工还是留在农村部门，取决于哪种情况下的实际收入比较高。显然，在均衡状态下，进城务工与留在农村部门的实际收入将是相等的，即 $c_m(t) = c_r(t)$，由上述式（10.5），我们有：

$$c_m(t) = \alpha [1 + m(t)]^{\alpha - 1} K(t)^{1 - \alpha} = [N - m(t)]^{\beta - 1} \qquad (10.6)$$

即在农村劳动力可以自由选择进城务工或者留在农村部门时，均衡的移民数量与城市的资本存量必然满足如下关系：

$$\frac{[1 + m(t)]^{1 - \alpha}}{\alpha [N - m(t)]^{1 - \beta}} = K(t)^{1 - \alpha} \qquad (10.7)$$

注意到 $\frac{\partial m}{\partial K} > 0$，如果比较两种资本存量 $K_1 < K_2$ 的情况，则均衡的移民数量也满足 $m_1 < m_2$，如图 10.1 所示。

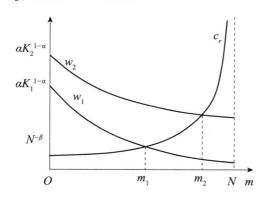

图 10.1　城市资本存量与均衡移民数量的关系

由此我们可以得到如下命题：

命题一：随着城市的资本积累，进城务工的移民数量也将增加。

另外，拥有城市户籍的城市劳动力由于享有城市政府提供的公共服务而获得了工资以外的收入。由于不拥有城市户籍的进城务工者无法分享这一来自公共服务的福利，事实上就导致了城市内部这两类劳动力之间实际的收入或福利上的差距。这种由不同社会身份所导致的两类群体间的横向不平等很可能成为他们之间产生社会冲突的重要原因（Stewart，2000，2002），城市社会的和谐程度将因此而受到影响。城市部门需要更多地投资以防范社会冲突的发生或保护居民财产，这种非生产性的投资事实上构成了对城市产出的耗费。

收入差距的上升会引起社会和政治的动荡，恶化社会投资环境，并且使更多的资源用于保护产权，从而降低具有生产性的物质资本积累（如 Benhabib and Rustichini，1996）。实际的收入不平等所导致的城市社会产出的损耗既包括实际发生的损失，如犯罪带来的损失（Blau and Blau，1982；Kelly，2000；Fajnzylber，Lederman and Loayza，2002）[1]，又包括为防止这种损失而付出的代价，如社会在制定法律、防止犯罪过程中动用的资源。据统计，在20世纪90年代中期，城乡收入差距处在一个阶段性的低谷，此时，侵财案件数也相对较低。之后，城乡收入差距与侵财案件的发生率同步上升，每10万人侵财案件数已经从1996年的103上升到了2004年的289，两者的上升过程都呈类似的"W"形，并且侵财案件数的变化相对滞后（陈钊、陆铭，2008）。陈春良、易君健（2009）利用1988—2004年的省级面板数据对中国的刑事犯罪率进行了研究，发现在控制时间固定效应、省份固定效应以及其他相关社会经济变量以后，城乡收入差距、城市化水平以及跨省迁移人口比例都与刑事犯罪率显著正相关。在防止犯罪方面，1988—2004年，中国各省公安财政经费支出——各县（包括市辖区）、市及省级公安财政经费开支总和——占地方GDP的比例的平均水平从低于4‰提高到接近7‰。[2] 在犯罪率相同的情况下，经济发展程度越高以及外

---

[1] 现实中当然存在着犯罪率较高同时经济增长速度也相对较快的城市，以及犯罪率较低但投资及经济增长速度都较为缓慢的城市，但影响城市经济增长的因素是复杂的（地理显然是十分关键的因素之一），而本文的目的仅在于分析其中的一种机制，并且我们认为在中国目前的城市化进程和社会转型过程中，这种机制对城市的和谐发展起着至关重要的作用。

[2] 如果以2008年的GDP来计算，县、市、省的公安财政经费占7‰，相当于中国13亿人口每人负担约166元。

来人口比例越高的地区，地方公安财政经费支出增长的幅度越大（樊鹏、易君健，2009）。事实上，由于户籍身份的差异而产生的间接影响还会带来其他一系列的后果。例如，Knight and Gunatilaka（2008）发现，中国的农村移民在进入城市以后其生活上的比较对象是城市居民，他们对生活的满意程度不仅低于城市居民，也低于农村居民。陆铭、蒋仕卿（2008）的研究发现，相比于城市居民，非城市户籍的农村移民会因为身份收入差距的扩大而更加不满意，并且农村移民不会因为在移民群体中相对收入的提高而更加满意。汪汇、陈钊、陆铭（2009）的研究也发现，农村移民对城市社会及城市政府的信任水平较低，并且这种低信任水平还可能由于城市的居住区划分所导致的同群效应而进一步放大。

无论是两类劳动力之间显性的冲突还是对城市产出的隐性耗费，城市内部这种"用拳头投票"的机制无疑将对城市社会的转型与发展产生极大的负面影响。① 在本章中，我们用如下形式的函数来描述由于实际的收入不平等所导致的城市社会产出的损耗：

$$\Delta(t) = \theta \left[\eta(t) m(t) \right]^{\phi} \tag{10.8}$$

其中，$\eta(t)$是对城市内部两种劳动力之间收入不平等程度的刻画，$\eta(t)$的取值越大，这种收入不平等越严重，我们将其标准化为如下的函数形式：

$$\eta(t) = 1 - \frac{c_m(t)}{c(t)} \geq 0 \tag{10.9}$$

这里的$c(t)$为城市劳动力的人均实际收入（包括工资收入与公共服务福利）。这里我们把对城市内收入差距的考察集中在本地居民和农村移民之间，因为与一般意义上的个体收入差距相比，这种两类社会群体之间的横向不平等对城市社会的和谐稳定具有更大的影响（Stewart，2000，2002）。

式（10.8）中的中括号内是城乡劳动力之间的收入不平等程度与进城务工的农村劳动力数量的乘积，我们用其度量城市内部社会不和谐的程度$G(t)$，因此有：

$$G(t) = \eta(t) m(t) = \left[1 - \frac{[N - m(t)]^{\beta-1}}{c(t)} \right] m(t) \tag{10.10}$$

---

① 我们把社会冲突引发政策变迁的机制称为"用拳头投票"。经济学通常只研究"用手投票"和"用脚投票"，而较少关注弱势阶层"用拳头投票"这种机制。

我们后面讨论各种相关因素对城市社会和谐程度的影响都将基于对这个变量的影响。显然，城乡劳动力之间的实际收入差距越大，则 $\eta(t)$ 的取值越大（越接近于1），$G(t)$ 的取值也越大，城市社会的和谐程度越低。

参数 $\theta(\theta>0)$ 度量的是城市中的农村移民对城乡劳动力之间收入差距的敏感程度，例如，我们可以将参数 θV 取值变大理解为：如果城市内部两个群体间的收入差距持续存在（即使没有持续扩大），随着农村移民在城市中获得越来越丰富的信息以及在城市社会中主体意识的增强，他们对此将更为不满，这将造成更多的城市部门产出被消耗于控制城市社会潜在冲突的非生产性投资上。参数 $\phi(\phi\geqslant1)$ 表示城市内部不平等对社会的潜在影响不只是不平等程度在人际间的简单加总，而是具有某种放大效应，这源于城市具有较强的集聚效应以及较为密集的社会网络，城市人口的相对集中以及信息传播的便捷快速使得城市社会内部的矛盾与冲突更容易积聚与爆发。

从支出角度看，城市部门的总产出由消费、投资以及上述由潜在社会冲突造成的损耗构成：

$$Y(t) = C(t) + C_m(t) + I(t) + \Delta(t) \tag{10.11}$$

其中，$C(t) = c(t)$，为拥有城市户籍数量为1的劳动力的总收入，$C_m(t) = c_m(t) m(t)$ 为进城务工的农村劳动力的总收入。① 为简单起见，我们不妨假设每期的城市资本投资占当期总产出的比例为一个固定的值 s，

$$I(t) = sY(t) \tag{10.12}$$

其中，$0 < s < 1 - \alpha$，即在每一期，城市都会按一定比例进行资本积累。于是我们有：

$$c(t) = (1-s)[1+m(t)]^{\alpha}K(t)^{1-\alpha} - [N-m(t)]^{\beta-1}m(t) - \theta G(t)^{\phi} \tag{10.13}$$

而由 G 的函数形式，我们可以得到：

$$c(t) = \frac{[N-m(t)]^{\beta-1}}{1-G(t)/m(t)}$$

于是，式（10.13）可以进一步写成：

$$\frac{1}{1-G/m} = (1-s)(1+m)^{\alpha}(N-m)^{1-\beta}K^{1-\alpha} - m - \theta(N-m)^{1-\beta}G^{\phi} \tag{10.14}$$

---

① 也就是说，城市部门的资本所得在扣除了投资和社会冲突损耗之后的部分，就是拥有城市户籍的居民得到的公共服务收益。

对于任意一个城市资本存量 K，式（10.13）确定了均衡的移民数量，在此基础上，式（10.14）确定了城市内部社会不和谐的程度 G。如图 10.2 所示，图中的曲线 AA 和 BB 分别代表式（10.14）等号的左右两边，它们分别是 G 的增函数与减函数，它们的交点就决定了均衡状态下 G 的大小。事实上，式（10.14）等号的左边，即曲线 AA，表示的是在其他条件给定的情况下，收入差距对社会不和谐程度的影响；而等号右边，即曲线 BB，则是社会不和谐程度对收入差距的影响。将式（10.7）代入式（10.14）等号右边不难发现，无论城市资本存量 K 是多少，只要城市的资本收益没有完全用于投资，$s<1-\alpha$，那么 BB 曲线在纵轴上的截距就是大于 1 的，曲线 AA 和 BB 必然会相交，因而必定有 $G>0$。由此，我们得到本章的第二个命题：

> 命题二：即使不存在劳动力市场上的工资歧视，只要城市政府不能提供均等的公共服务，那么城市内部的社会不和谐就必然存在。

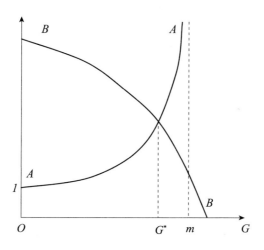

图 10.2　城市社会不和谐程度的确定

比较静态分析

命题二也意味着：城市公共服务分享不平等所导致的社会不和谐并不会随着城市经济的发展而自动消失。那么其严重程度是否会随城市经济的发展而逐渐减轻，甚至能够降低到可以忽略的程度呢？如果这样，那就意味着城市公共服务提供的均等化可能并不是城市发展过程中一个必须考虑的重要政策措施。因此，我们接下来考察城市资本存量 K 的变化对均衡的社会不和谐程度的影响。

我们把式（10.7）代入式（10.14）可以得到：

$$\frac{1}{1-G/m} = \frac{1-s}{\alpha} + \frac{(1-\alpha)-s}{\alpha}m - \theta(N-m)^{1-\beta}G^{\phi} \quad (10.15)$$

由命题一，均衡时的移民数量将随城市资本存量的增加而增大，即 K 的增加将使 m 的值变大。由于城市社会的不和谐程度与收入差距和移民数量相关，在相同收入差距的情况下，均衡移民数量的增加将使社会不和谐程度上升，因此如图 10.3 所示，曲线 AA 将向右移动至 AA'。与此同时，由于城市资本的积累，在给定城市社会不和谐程度时，城市居民收入的增加大于农村移民收入的增加，因此收入差距将扩大，即式（10.15）右边所代表的曲线 BB 向上移动至 $B'B'$。显然，此时由曲线 AA' 与曲线 $B'B'$ 的交点决定的社会不和谐程度 G' 的值将更大。由此，我们可以得到本章的第三个命题：

命题三：随着城市的经济增长，公共服务不均等所导致的城市社会的不和谐程度将越来越为严重。

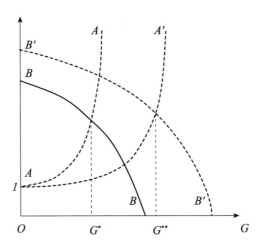

图 10.3　城市经济增长与公共服务分享不平等的负面影响

综合命题二和命题三，我们可以看到，即使城乡劳动力的工资水平不存在差异，公共服务的不均等提供所造成的收入差距仍然将导致城市社会的不和谐，并且这种社会不和谐将随城市的经济增长而持续存在并不断扩大。这与中国城市不和谐因素日益增多的观察是相吻合的。

10.3 城市公共服务提供的均等化：内生的政策变迁

城市公共服务提供的均等化

根据上文的分析，在农村劳动力可以自由流动并且获得与城市居民相同工资水平的条件下，城市社会公共品分享的不平等是影响社会和谐程度的重要因素。那么接下来我们不妨来考察另一种公共服务提供的政策，即城市内的农村移民也能与城市居民一样平等地享用城市的公共服务。此时，城市部门同时实现了就业的平等化与公共服务提供的平等化，因此城市内部的收入差距将不再存在，城市内两类劳动力的收入均为：

$$c^E(t) = c_m^E(t) = \frac{(1-s)\ Y(t)}{1+m^E(t)} = (1-s)\ K(t)^{1-\alpha}\ [1+m^E(t)]^{\alpha-1}$$

(10.16)

这里的上标 E 表示公共服务提供的平等化。而农村移民的均衡条件下的要求收入满足如下等式：

$$c^E(t) = c_m^E(t) = (1-s)\ K(t)^{1-\alpha}\ [1+m^E(t)]^{\alpha-1} = [N-m^E(t)]^{\beta-1}$$

(10.17)

与式（10.6）对比，式（10.17）的右边没有发生变化，而左边显然满足对于任意的移民数量 $0 \leqslant m(t) \leqslant N$ 均有：

$$(1-s)K(t)^{1-\alpha}\ [1+m(t)]^{\alpha-1} > \alpha K(t)^{1-\alpha}\ [1+m(t)]^{\alpha-1}$$

即图 10.1 中的 c_r 曲线没有移动，但 w 曲线现在上升了，因此均衡的移民数量将增加。同时由于现在 $c^E(t) = c_m^E(t)$，始终有 $G=0$。

而根据前面的分析，我们知道当城市居民单独享有城市的公共服务时，城市居民的收入由上文中的式（10.13）所示，即

$$c(t) = (1-s)\ [1+m(t)]^\alpha K(t)^{1-\alpha} - [N-m(t)]^{\beta-1}m(t) - \theta G(t)^\phi$$

其中：

$$G(t) = \left[1 - \frac{[N-m(t)]^{\beta-1}}{c(t)}\right]m(t)$$

而移民数量 $m(t)$ 满足式：

$$\alpha\ [1+m(t)]^{\alpha-1}K(t)^{1-\alpha} = [N-m(t)]^{\beta-1}$$

我们可以利用数值模拟来对提供这两种公共服务的政策进行讨论。我们设定相关参数的取值情况如表 10.1 所示。事实上，我们的模拟结果对所

取参数在取值附近范围内的变化并不敏感。

表 10.1 数值模拟参数取值

α	β	s	N	$K(0)$	θ	ϕ
0.3	0.5	0.1	5	5	1.6	1.9

在上述参数结构下,两种公共服务提供政策下城市经济的不同发展路径将如图10.4所示。其中的横轴都表示时期,而(a)、(b)、(c)、(d)各自的纵轴分别表示城市居民的收入、城市部门的总产出、城市的资本存量以及农村移民的数量。其中的实线都表示仅有城市居民能从城市公共服务中获益的情况,而虚线则表示农村移民能够与城市居民平等分享城市公共服务的情况。我们可以清楚地看到,如果城市公共服务只向城市居民提供,那么在城市经济增长的早期阶段,即城市资本积累较少时,城市居民可以获得相对较高的收入,但是随着城市经济的增长,虚线所代表的公共服务提供均等化政策下的城市居民收入将以较快速度上升,并最终超越前者(见图10.4(a))。而从城市部门的产出和资本存量上看,即使在城市经济增长的早期,实行对城市居民有利的公共服务提供不均等政策也会使得城市部门的资本积累速度较慢,总产出较低(见图10.4(b)、(c))。这意味着,即使在城市经济增长的早期阶段,城市政府实行不均等的公共服务提供政策看似是保护了城市居民的利益,但事实上是以牺牲城市部门的产出和经济增长为代价的。此外,实行城市公共服务平等提供的政策也将使农村移民的数量大大增加(见图10.4(d)),这将极大地推进城市化的进程。由此,我们可以得到本章的第四个命题:

  命题四:城市公共服务提供的完全均等化能够推进城市化进程,并且能够消除由公共品分享不平等带来的收入差距以及由此而导致的城市社会的不和谐,并促进城市的经济增长和城市居民长期收入的提高。

尽管上述分析表明城市公共服务提供的均等化将有利于城市的经济发展,并且在一定的发展阶段以后也有利于城市居民的福利,但是在城市户籍人口左右政策制定这个前提下,公共服务提供政策从不平等向平等的转型仍然可能遭遇阻力。如果在平等地向城市居民和移民提供公共服务以后,城市居民的收入有较大幅度的下降,那么政策转型的阻力势必会比较大。但如果政策转型以后,城市居民的收入并没有下降甚至还有所上升,那么,

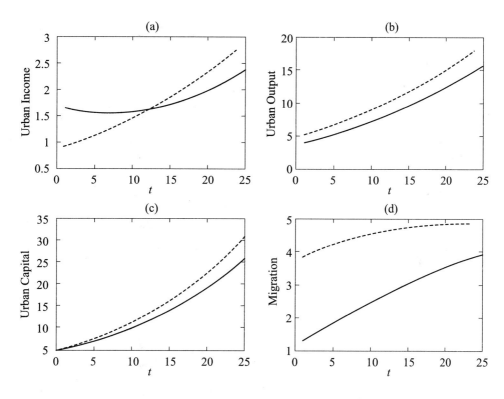

图 10.4 两种公共服务提供政策的比较

这样的政策转型就相对容易实现。对于一个以城市居民福利为主要目标的城市政府而言，这种对城市居民有利的政策转型将更有可能是一个自发选择的内生变迁过程。因此，在公共服务提供均等化以后，城市居民的收入变化将是决定这种转型能否自发实现的重要参数。此外，由于公共服务提供的均等化将在城市经济发展的较高阶段为城市居民带来更大的收入增幅，因此在何时选择进行政策转变也与政府对居民长期福利的关注程度有关。下面我们将通过考察公共服务提供政策的转变对城市居民当期收入及长期收入的影响，来分析公共服务的均等化能否在城市经济增长的过程中自发实现，以及这种自发转型可能发生的时机。

政府关注城市居民当期收入时的内生政策转型

我们首先考虑城市政府以最大化城市居民的当期收入为主要政策目标的情况。事实上，本地居民对减少其当期收入的政策变迁的反对很有可能是阻碍公共服务提供均等化的最大阻力。但如果在经济发展的某个阶段，公共服务提供政策的均等化转型在当期就提高了城市居民的收入，那么这种阻力也就不再存在，城市政府将有可能自发地选择这样的政策转变。事实上在图 10.4（a）中我们已经可以看到，代表两种公共服务提供政策下城市居民收入的两条曲线存在交点，在这个交点之后的时期内，虚线所代表的向农村移民平等地提供公共服务的政策会使城市居民获得更高的收入。之所以出现这样的结果，是因为随着城市经济的增长，进城务工的农村移民数量将增加，如果维持公共服务只向城市居民提供的政策，那么由收入差距带来的社会冲突损失将持续增加，而这种损失将减少城市居民从公共服务中所获得的收益。也就是说，即使城市政府出于维护本地居民当期福利的考虑，在城市资本存量较低时只向城市居民提供公共服务，在一定的经济增长阶段以后，实行城市公共服务提供的均等化也有可能是更优的。因为这不仅会提高农村移民的收入，也会提高城市居民的实际收入，在这个意义上，我们说城市公共服务提供由不均等向均等化的转变就有可能是一个可以自发实现的内生变迁过程。

但图 10.4 中描绘的是两条单独的发展路径，而城市政府在做政策变迁时机的选择时，事实上面临的并不是这样两条路径之间的选择。我们不妨假设每一期在给定城市资本存量的情况下，城市政府都可以准确地"计算"在该期只向城市居民提供公共服务和向农村移民平等提供公共服务两种情况下城市居民的收入，并选择其中城市居民收入更高的一种政策。图 10.5 中的实线利用与表 10.1 中所列完全相同的参数取值模拟了在上述设定下城市的最优发展路径，其中的虚线及点划线仍然表示我们上面讨论的两条单独的发展路径（即图 10.4 中的各条曲线）。这里我们很清楚地看到，虽然在城市经济发展的早期，城市政府将选择只向城市居民提供公共服务（在图 10.5 中表现为各条实线都与虚线轨迹重合），但随着城市经济的增长，存在着一个政策转型的"临界点"（对应于图 10.5（a）中实线开始偏离虚线轨迹的那个拐点），在这个临界点以后，实行向农村移民平等地提供公共服务的政策将更有利于城市居民收入的提高。与此同时，城市部门的产出增长以及资本积累也将以更快的速率进行（见图 10.5（b）、（c）），而城市化进程也会因为城乡移民数量的大幅增加而加速（见图 10.5（d））。事实上，此时由于收入差距的消失，城市社会的发展将不再因此而受影响，社会的和谐稳定得到了有效的保证。而农村移民收入的提高将加速农村劳动力向城市的流动，这一方面加快了城市化进程，另一方面在劳动力自由流动的条件下也使得农村地区劳动力的收入得到了相应的提高。上述分析可以归纳为如下命题：

命题五：即使城市政府只考虑本地户籍人口的当期利益，在城市经济增长过程中仍然存在着一个公共服务提供政策转型的临界点，此时，城市公共服务提供的均等化转型将是一个可以自发发生的、有利于提高城市居民和农村移民收入并促进城市化与城市经济发展的内生过程。

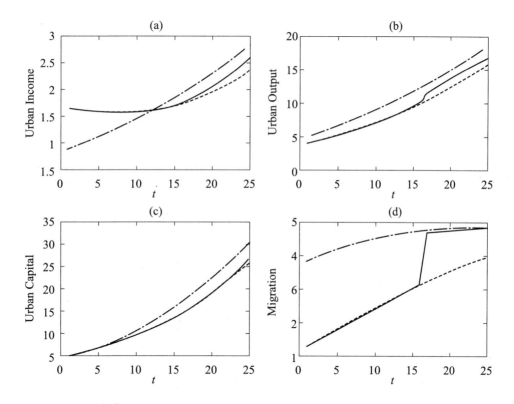

图 10.5　考虑本地居民当期收入时公共服务提供政策的最优选择与城市的发展路径

图 10.5 揭示的另一个很有意思的现象是：城市政府出于保护本地居民利益而在经济发展早期阶段实施公共服务的不均等提供政策，但由此需要付出的代价是城市长期经济发展的放缓和城市居民长期收入的下降。很明显，在图 10.5（b）、（c）中，尽管公共服务均等化的政策转型使城市部门的总产出和资本积累更快增长，但与一直实施公共服务均等提供的路径（即图中的点划线）相比，仍然是偏低的，而城市居民的收入也有类似现

象（见图 10.5（a））。事实上，在我们的模型中，社会冲突所造成的损失主要不是其成本本身。换句话说，即使社会冲突直接带来的损失——社会冲突（犯罪等）造成的破坏以及防范冲突的非生产性投入——并不大，但只要这种损失阻碍了城市化进程，那么，由城市化进程的放缓所造成的损失将更大，这使得图 10.5 中，城市化和产出水平在政策未调整的第一阶段被严重压低了，并由此对资本积累以及城市的长期经济发展产生更为严重的影响。值得注意的是，图 10.5（a）中的政策转型临界点是晚于两条单独发展轨迹的交点的，这也可以理解为由于资本积累路径的影响，前一阶段政策的负面影响会被进一步放大。

政府关注城市居民长期收入时的内生政策转型

上面的分析说明，当城市居民因为政策转型可能带来短期内的收入下降而反对公共服务的均等提供，在长期来看对他们的福利事实上是不利的。认识到这一点，一个真正考虑城市居民福利的政府是否有可能采取更优的政策设计呢？我们不妨考虑一种理想的情况，假设政府以城市居民的长期总收入为目标函数，那么公共服务提供政策最优的转型时机是否会有所改变呢？即现在政府的选择问题为：

$$\max_T \sum_{t=0}^{T} c(t) + \sum_{t=T}^{\infty} c^E(t)$$

其中，$c(t)$ 为政策转型前，即公共服务仅向城市居民提供时城市居民的收入，满足式（10.13）及式（10.6）；而 $c^E(t)$ 则为实现公共服务平等提供后城市居民的收入，满足式（10.16）及式（10.17）。该问题的数值模拟结果如图 10.6 所示。与只考虑城市居民的当期收入（图 10.5）相比，考虑城市居民的长期收入将会使转型临界点提前，即城市部门经济加速增长和城市化水平提高的时间会更早地到来。但在转型临界点后，城市居民的收入会经历短暂的下降，而其带来的收益是城市社会的和谐融合，以及城市经济更快的发展速度，城市居民的收入也因此而以更快的速度增长。这可以总结为如下命题：

> 命题六：当城市政府考虑本地居民的长期利益时，不仅城市公共服务提供的均等化转型是一个可以自发发生的、促进城市化与城市经济发展的内生过程，而且公共服务提供政策转型的临界点会较早到来。

城市居民收入在短期内的下降换来长期内更快的增长，这体现了一个

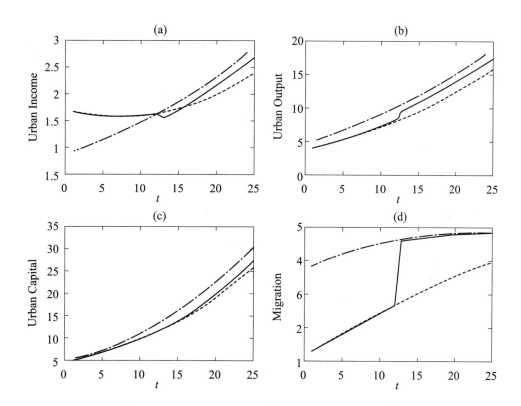

图 10.6 考虑本地居民长期收入时公共服务提供政策的最优选择与城市的发展路径

有远见的政府在政策选择中的智慧。需要指出的是,我们并没有在模型中为这个有智慧的政府设置时间偏好,如果考虑到政府往往更偏好当前利益的话,那么,实际的政策转折的临界点将介于图 10.5 和图 10.6 的模拟结果的中间。

值得注意的是,图 10.5 及图 10.6 中转型临界点处出现的斜线表示的是临界点前后两期的突变,并不是政策的渐变过程。我们的模型将城市政府的政策选择简化为一种 0—1 选择,政策的转型是离散的、突变的,因此图 10.5 和图 10.6 中的转型临界点都表现为函数值的跳跃。事实上,现实中的政策变迁更可能是连续的、渐变的,图 10.5 和图 10.6 中跳跃的曲线在现实中可能是逐渐升高的。

内生政策转型时点的比较静态分析

我们进一步考察了各参数取值的变化对转型临界点的影响。这里我们仅仅改变某个参数的取值,令其他参数保持表 10.1 中的取值不变,每个参数都是从较小的取值开始，逐渐增大，并且取值范围限定在表 10.1 取值的附近。转型临界点的变化情况如表 10.2 所示。从表 10.2 中我们可以发现，至少在我们的取值范围中，各参数对结果的影响都是单调的。其中，α 和 β 分别表示城市生产函数和农村生产函数中劳动的产出弹性，如果在城市的劳动产出弹性越大，那么，限制移民的流入就损失越大，城乡融合的政策转型就来得更早。反之，如果在农村的劳动产出弹性越大，那么，城乡融合的政策转型来得就越晚。N 是农村的总劳动力，如果其数量越大，那么，农村的人均收入水平相对越低，这时，就需要更早地实现城乡融合来避免由城乡差距造成的损失。更多的城市初始资本存量 $K(0)$ 同样使城乡差距造成的损失更早达到临界规模，从而要求城乡融合提早到来。人们对收入差距的敏感度（θ）和移民规模对收入差距的负面影响的放大系数（ϕ）都会提高城市的资本损耗，城市化受限所带来的损失就越大，城乡融合也会提前。限于篇幅，我们不作详细的证明了。

表 10.2　各参数取值增大对转型临界点的影响

参数	α	β	N	$K(0)$	θ	ϕ
转型临界点到来的时间	提前	推迟	提前	提前	提前	提前

10.4　结论

发展的过程不只是城市化和工业化的过程，它还是一个移民与原有城市居民之间的社会融合过程。本章构建了一个城市化和城市发展的内生政策理论，社会融合和经济增长的关系是模型的重点。我们证明了：在经济发展和城市化的早期，对于移民的歧视可能是有利于城市居民的，但当城市化进程达到一定阶段，城市里移民规模达到一定水平时，对于移民的公共服务歧视就可能加剧城市内部不同户籍身份的劳动力之间的收入差距和社会冲突，而这又将造成社会资源的非生产性消耗，这时，通过社会融合来减少收入差距和社会冲突，就可能有利于城市部门的资本积累、城市化进程、经济增长和城乡居民收入的共同提高。

在中国的城市化和城市发展进程中，城乡间和城市内部的"从分割到融合"有三个层次。传统的经济发展理论所刻画的是最基本的"空间融合"，即通过工业化和城市化进程将农民"搬到"城市里工作和居住。而陈钊、陆铭（2008）的理论工作说明，消除劳动力市场的歧视是实现不同户籍身份人口间的"社会融合"的一个重要方面，这将有利于城市化进程和城市和谐发展，从而有利于经济增长。在此基础上，本章进一步说明，即使劳动力市场的歧视消除了，户籍身份差异所造成的公共服务不均等仍然可能加剧社会冲突，给城市和谐发展带来隐患，这时，通过公共服务提供的均等化政策，实现不同户籍人口间的"权力融合"将最终消除城市内部的社会分割，进一步促进城市化和城市和谐发展，并推动经济持续增长。在陈钊、陆铭（2008）的研究中，"权力融合"必须借助于外生的政治体制改革，赋予不同户籍人口同等的决策参与权，而在本章研究中，"权力融合"也能够通过城市决策者的内生的政策变迁来实现。

最后需要特别说明的是，为了将分析集中于由户籍身份差异导致的公共服务不均等和福利差异，本章研究没有考虑与户籍相关联的劳动力市场分割（陈钊、陆铭，2008；陈钊、陆铭、佐藤宏，2009）。因此，在我们模型的结果中，社会融合政策实施之前，不同户籍身份的人口之间的收入差距是有所缩小的，这与经验事实不符。这既是本章的一个理论上的不足，同时也反过来说明，劳动力市场分割对于理解不同户籍身份人口之间的收入差距是至关重要的。当然，如果将公共服务的享受计入实际所得（或福利），那么，社会融合政策的实施将缩小不同户籍身份的人口之间的收入和福利差距。[①] 我们的模型也没有考虑拥有城市户籍的居民在享受城市公共服务方面的差异，而将分析的重点放在不同户籍身份的居民之间。因为在城市公共服务与户籍挂钩的制度下，前者在很大程度上仅是公共服务质量方面存在的差异，并且与居民的收入等各方面相关，而后者则是一种"有"与"无"的差别，而且完全是由于公共服务提供的制度安排造成的。此外，出于简化分析的目的，我们也没有考虑城市内不同区域之间的差异。

中国的城市化体现了政治、经济和社会的互动，也说明了发展不应只是经济的发展，而应是政治、经济和社会的全面发展。在既定的政治结构和政策形成机制下，社会的强势群体往往会制定更有利于自己的经济政策，但这却会同时带来社会分割、不平等和冲突，最终对可持续的发展不利。如果不认识到这一点，就可能使发展陷于停滞。我们的理论虽然说的是中

---

① 在这个意义上，城市内部的社会冲突与城市经济发展之间的"倒 U 形"关系是完全有可能存在的，而公共服务的制度安排上出现的转变很有可能是转折点出现的原因之一。

国城市化的故事，但其刻画的理论机制却对于社会融合与经济增长之间的互动具有一般的意义。在拉丁美洲、印度和非洲，持续的社会分割已经对经济发展的可持续性形成了危害；在欧盟东扩中的西欧国家，在国际移民浪潮之下的美国，由身份差异所造成的矛盾与冲突也备受关注。在当今世界，"和谐发展"不再只是一句口号，而应该成为政策制定者的现实选择。

参考文献

蔡昉、都阳、王美艳，2003，《劳动力流动的政治经济学》，上海：上海三联书店、上海人民出版社。

陈春良、易君健，2009，"收入差距与刑事犯罪：基于中国省级面板的经验研究"，《世界经济》，第1期，第13-25页。

陈钊、陆铭，2008，"从分割到融合：城乡经济增长与社会和谐的政治经济学"，《经济研究》，第1期，第21-32页。

陈钊、陆铭、佐藤宏，2009，"谁进入了高收入行业？——关系、户籍与生产率的作用"，《经济研究》，第10期，第121-132页。

樊鹏、易君健，2009，"地方分权、社会犯罪与国家强制能力增长——基于改革时期中国公安财政经费发展的实证分析"，《世界经济文汇》，第2期，第99-120页。

李实、佐藤宏，2004，《经济转型的代价——中国城市失业、贫困、收入差距的经验分析》，北京：中国财政经济出版社。

陆铭、陈钊，2004，"城市化、城市倾向的经济政策与城乡收入差距"，《经济研究》，第6期，第50-58页。

陆铭、蒋仕卿，2008，"城市'二元社会'里的悲喜：户籍、身份收入差距和参照对象差异"，工作论文。

万广华，2006，《经济发展与收入不均等：方法和证据》，上海：上海三联书店、上海人民出版社。

汪汇、陈钊、陆铭，2009，"户籍分割与信任：来自上海的实证分析"，《世界经济》，第10期，第81-96页。

Acemoglu, Daron, Philippe Aghion, and Fabrizio Zilibotti, 2006, "Growth, Development, and Appropriate Versus Inappropriate Institutions," Working Paper.

Acemoglu, Daron, and James A. Robinson, 2000, "Why Did the West Extend the Franchise? Growth, Inequality and Democracy in Historical Perspective," *Quarterly Journal of Economics*, 115 (4), 1167−1199.

Benhabib, J., and A. Rustichini, 1996, "Social Conflict and Growth," *Journal of Economic Growth*, 1 (1), 129−146.

Blau, Judith R., and Peter M. Blau, 1982, "The Cost of Inequality: Metropolitan Structure and Violent Crime," *American Sociological Review*, 47 (1), 114−129.

de Soto, Hernando, 2000, *The Mystery of Capital: Why Capitalism Triumphs in the West and Fails Everywhere Else*, Basic Books.

de Soto, Hernando, 2002, *The Other Path: The Economic Answer to Terrorism*, Basic Books.

Fajnzylber, Pablo, Daniel Lederman, and Norman Loayza, 2002, "Inequality and Violent Crime," *Journal of Law and Economics*, 45 (1), 1−40.

Galor, Oded, and Omer Moav, 2004, "From Physical to Human Capital Accumulation: Inequality and the Process of Development," *Review of Economic Studies*, 71 (4), 1001−1026.

Galor, Oded, and Omer Moav, 2006, "Das Human-Kapital: A Theory of the Demise of the Class Structure," *Review of Economic Studies*, 73 (1), 85−117.

Harris, John R., and Michael P. Todaro, 1970, "Migration, Unemployment and Development: A Two-Sector Analysis," *The American Economic Review*, 60 (1), 126−142.

Kelly, Morgan, 2000, "Inequality and Crime," *The Review of Economics and Statistics*, 82 (4), 530−539.

Knight, John, andRamani Gunatilaka, 2008, "Aspirations, Adaptation and Subjective Well-Being of Rural-Urban Migrants in China," Working Paper, http://www.economics.ox.ac.uk/research/WP/pdf/paper381.pdf.

Knight, John, and Lina Song, 2003, "Increasing Urban Wage Inequality in China," *The Economics of Transition*, 11, 597−619.

Lewis, William A., 1954, "Economic Development with Unlimited Supplies of Labour," *The Manchester School*, 22 (2), 139−191.

Lipton, Michael, 1977, *Why Poor People Stay Poor: Urban Bias in World Development*, Cambridge, MA: Harvard University Press.

Lu, Ming, and Zhao Chen, 2006, "Urbanization, Urban-Biased Policies and Urban-Rural Inequality in China: 1987~2001," *Chinese Economy*, 39 (3), 42-63.

Lucas, Robert E., 2004, "Life Earnings and Rural-Urban Migration," *Journal of Political Economy*, 112, S29-S59.

Meng, Xin, and Nansheng Bai, 2007, "How Much Have the Wages of Unskilled Workers inChina Increased: Data from Seven Factories in Guangdong," in Ross Garnaut and Ligang Song (eds.) *China: Linking Markets for Growth*, Asia Pacific Press, 151-175.

Ranis, Gustav, and John CH Fei, 1961, "A Theory of Economic Development," *The American Economic Review*, 51 (4), 533-565.

Stewart, Frances, 2000, "Crisis Prevention: Tackling Horizontal Inequalities," *Oxford Development Studies*, 28 (3), 245-262.

Stewart, Frances, 2002, "Horizontal Inequalities: A Neglected Dimension of Development," CRISE Working Paper, http://www.crise.ox.ac.uk/pubs/workingpaper1.pdf.

Todaro, Michael P., 1969, "A Model of Labor Migration and Urban Unemployment in Less Developed Countries," *The American Economic Review*, 59 (1), 138-148.

Zhang, Dandan, and Xin Meng, 2007, "Assimilation or Disassimilation? ——The Labour Market Performance of Rural Migrants in Chinese Cities," paper presented at the 6th conference on Chinese economy, CERDI-IDREC, Clermont-Ferrand, France, Oct. 18-19.

第十一章

面向和谐发展的城乡融合：目标、难点与突破

城市化是一国经济发展、社会进步的必然过程，也是当前中国经济和社会全面可持续发展最为重要的动力。这一过程需要大量乡村人口迁往城市，涉及城市的公共服务向外来人口的覆盖，也是一个城市新移民市民化的过程。当今中国的城市化正以年均1个百分点的速度推进，然而，中国快速的城市化并没有实现广大农村人口进城后的真正市民化，城市公共服务仍不能向外来人口平等覆盖。这种城市化模式能否持续？如果不能，那么改变这种局面的阻碍何在？作为本书的最后一章内容，本章着眼于政策，将围绕公共服务提供、城市承载力提升这两大难点，结合城市化的国际经验与中国城市化现状，从扩大公共服务、完善付费机制、措施先易后难这三个方面提供农民工市民化的政策解决思路。

11.1 国际经验与中国现状：中国会是一个特例吗？

纵观不同国家的城市化经历，对城市外来人口权利的限制，甚至是对人口自由迁移的限制并非没有出现过。苏联就曾借助通行证（又称"内部护照"）对人口迁移加以限制，并曾影响到波兰、立陶宛、拉脱维亚、爱沙尼亚等东、中欧国家（接栋正，2009）。即使苏联1974年的立法改革将内部护照扩展到全体公民，向大城市的迁移仍受限制（接栋正，2009；Dutton, 1992）。在英国，伴随"羊吃人"的圈地运动，大量失地农民涌入城市，准备不及的城市也因此采取了阻止农民离开土地、限制城市发展和惩治流民等措施（江立华，2000）。另一种类型的限制源于种族歧视。自1910年黑人第一次大迁移以来，美国政府就曾通过立法对黑人与白人的居住区进行强制性隔离。在1949年《住宅法》颁布后的公共住房提供中，黑人也被排除在外。南非曾是种族隔离的典型，特别是自1948年南非国民

党单独执政以来，种族隔离被以法律的名义实施，城市化也成了排斥黑人的"白人城市化"（Hindson，1987）。

然而，上述对人口自由迁移或城市公民权限制的做法早已成为历史。在中国，计划经济早已被摒弃，野蛮的资本主义原始积累方式也不会大规模出现，更不存在明显的种族对立，因此，社会分割在中国应当只是一个短暂的现象。那么，具体到户籍制度，中国会成为一个特例，以致城市常住人口中与户籍相关的权利限制持续存在吗？显然不会，特别是当人口大规模流动成为工业化、城市化、全球化进程中的常态之时，与户籍有关的社会分割更不可能持续存在。

事实上，中国改革开放以来的历史就已经告诉了我们，户籍制度的内涵并非一成不变。20世纪90年代的中国，随着城市工业化的加速，制造业、建筑业以及餐饮业等服务领域对进城务工人员产生大量需求，特别是在1993年前后，粮票在全国各地被先后取消，于是，城乡间劳动力流动的地理或空间上的分割被打破，民工潮应运而生。① 由此可见，城市工业化的需要是打破城乡分割的最原始的动力。

伴随工业化带来的人口流入，中国的城市化进程也在加速推进。然而，城市内部仍存在着公共服务上的分割，城市中特别是大城市中的进城务工者在成为城市常住人口的同时，却并不拥有平等分享城市公共服务的权利。时至今日，虽然各级政府都已经做了多方面的努力，外来务工者在城市仍有两项重要权利无法平等分享：其一，子女受教育的发展权利，特别是子女在当地城市参加高考的权利；其二，享受城市的保障性政策，特别是保障性住房政策的权利。② 于是，在城市内部就出现了"二元社会"的分割局面。

一系列现有的实证研究都表明，户籍所产生的城市内部的分割并不利于城市自身的发展：城市化过程中农村剩余劳动力的转移因此受阻（Knight and Gunatilaka，2010；Golley and Meng，2011）；城市外来人口对他人、社会及政府更不信任（王小章，2009；汪汇、陈钊、陆铭，2009），并且这种不信任会随着外来人口在城市中的聚居及行为间的相互影响而可能产生更严重的后果（汪汇、陈钊、陆铭，2009；陈钊、陆铭、陈静敏，2012）；如果不是

---

① 当然，城市内部也仍然存在"城中村"这样的外来人口聚居区，因此在城市内部出现了一定程度的空间分割（陈钊、陆铭、陈静敏，2012）。

② 需要指出的是，虽然本报告主要针对我们通常称为农民工的外来务工者，但事实上，不能平等分享城市公共服务的群体并不一定限于这一群体。下文讨论中会涉及这一点。

户籍制度给人群带上不同的"标签",那么,城市常住人口的增长本身并不会提高犯罪率(陈硕,2012);最终,城市中外来常住人口的幸福感不仅显著低于城市户籍人口(Jiang, Lu and Sato, 2012;陈钊等, 2012),而且也显著低于留在农村的居民(Knight and Gunatilaka, 2010)。

城市和谐发展的需要让城市内部不同户籍身份群体间的融合显得十分迫切。在经济快速发展的一些新兴城市,外来常住人口的规模已经超过了本地户籍人口,二元社会的持续存在对于这些城市的和谐发展将是一个极大的隐患。数量上占大多数的外来群体,在城市中的权利却因户籍而受到限制,在这样的环境下,一些纯属个案的突发事件也很可能会演变成群体间的矛盾与冲突,从而引发危害社会的群体性事件。即使是在外来人口并不占多数的大城市,由二元社会分割所导致的不信任、不满意,也直接增加了城市的治理成本。从理论上来说,随着城市常住人口中外来非户籍人口比重的增加,城市内二元社会分割所带来的福利不均等越来越严重,其造成的资源消耗对城市发展的负面影响也会越来越大,因此,即使是从城市自身的利益出发,向外来人口无歧视地提供城市的公共服务也将成为城市的一种最优选择(刘晓峰、陈钊、陆铭,2010)。这种制度变迁的另一个动力来自城市间对进城务工者的竞争。在招工难、民工荒频繁出现之际,一些制造业企业试图以更好的员工福利来吸引外来务工人员,也有些企业不得不因招不到人而搬迁。那么,城市政府在试图留住 GDP、留住税源之时,是否也应该考虑通过平等地提供城市公共服务来为企业留住包括农民工在内的各种人才呢?事实上,城市已经离不开所谓的低端人才。没有他们提供各种服务,所谓高端人才在城市的生活质量将显著下降,城市对他们的吸引力也将降低。从这一角度而言,城市为了创造吸引各种人才的生活环境,对于外来务工人员也应更平等地提供城市基本的公共服务。

而在全球化背景下,经济政策的调整就特别需要考虑对中国国际竞争力的影响。就户籍制度而言,城市的产业升级迫切需要从分割到融合的制度变迁。中国的城市,特别是大城市,正面临着劳动力成本上升的巨大压力。消除户籍制度的二元分割,能够直接起到增加劳动力供给、缓解成本上升的作用。但大城市劳动力成本的上升是一个必然的趋势,更根本的应对之道是通过提高劳动生产率来增加产品附加值,实现大城市的产业升级。为此,中国制造业劳动力的技能水平需要全面提升,这就要求员工在稳定的岗位上借助"干中学"机制进行长期的人力资本积累。近来农民工在城市的就业特征变化也的确显示出这样的趋势，即就业形势日趋稳定、劳动力流动"家庭化"、在流入地居住趋于长期化（《我国农民工工作"十二五"发展规划纲要研究》课题组，2010）。然而，户籍制度却没能及时顺应这一来自现实的迫切需要，大城市的户籍门槛仍然阻碍着进城农民的市民化，这使他们没有动力在城市进行长期的人力资本积累。不仅如此，对进城农民工子女受教育权利的有形或无形的歧视（崔世泉、王红，2012；谢建社、牛喜霞、谢宇，2011），使得这些"农二代"即使居留在城市，也不能充分利用城市良好的教育条件来为今后的职业生涯寻找一个良好的开端。如果新一代的农民工和今天仍然未成年的农村孩子不能得到良好的教育和技能培训，他们将难以适应未来中国制造业和服务业的产业升级对劳动力越来越高的要求，成为失业和收入差距扩大问题的隐患。

鉴于现实中户籍放开的主要障碍在大城市，那么中国有没有可能通过将农民工向二、三线城市引导，从而继续维持目前大城市户籍分割的局面呢？这种思路恐怕行不通。首先，对中国产业空间转移的研究发现，东部沿海地区的市场潜力仍是吸引企业集聚的重要因素，向中西部地区的产业转移并没有大规模出现（Bao, Chen and Wu, 2013）。因此，未来制造业的就业机会仍将在东部沿海地区。其次，中国最有效率的企业主要集聚于东部的沿海大都市圈，而对劳动力要素流动的限制必将影响中国最有效率的企业参与全球竞争，影响中国企业的国际竞争力。最后，中国的劳动力流动现状表明，东部沿海地区的大城市对外来人口最有吸引力。2010年第六次人口普查数据表明，近80%的流动人口选择流向东部沿海地区的城市，且主要向大城市集中。

既然在城市常住人口平等分享城市公共服务权利这一问题上，中国不太可能成为一个特例，并且城市和谐发展与产业升级的需要又使户籍制度的改革显得越来越紧迫，那么，为什么在现实中这样的制度变迁并没有在中国的城市，特别是大城市中发生？这就需要我们从城市政府的视角出发，考察户籍制度改革中可能存在的政策阻碍，分析如何通过进一步的政策调整来减少这样的阻碍。

11.2 户籍制度改革的两大政策难点

户籍制度的内涵是在不断变化的。从最初对城乡劳动力流动的空间分割到民工潮的出现，户籍制度的演变体现出城市发展的需要。但是，与二、三线的中小城市相比，在最迫切需要外来劳动力的东部沿海地区大城市，尤其是以北京、上海为代表的特大城市，户籍制度改革的步伐却极为缓慢。其背后反映的是大城市在这项改革中所面临的两大政策难点：对城市公共服务能力的担心，以及对城市人口承载能力的担心。

人们担心，由于城市公共服务能力有限，外来人口的分享将导致本地户籍人口所能享有的公共服务被稀释，来自户籍人口的抱怨将对本地政府产生压力。所以，我们看到，在中国的特大城市，虽然进城农民工也被纳入社保体系①，但是其子女受教育的发展权利仍受到限制。一方面，虽然义务教育阶段的农民工随迁子女可以在本地的中小学申请借读②，但事实上，大量的经验事实告诉我们，农民工子女想要拥有平等的入学权利并不容易（李晓丽，2007；崔世泉、王红，2012；谢建社、牛喜霞、谢宇，2011）。另一方面，对于高中阶段适龄人口，如果没有本地的户籍，他们仍然难以就地入学。以上海为例，除非父母拥有"人才引进类"居住证③，否则外来人口的孩子难以在上海的高中借读。接下来的问题是，非城市本地户籍人口的随迁子女，在城市高中借读后，能否继续参加城市当地高考并报考当地大学？这就引出了异地高考这个争论已久的话题。中国最好的大学主要集中于东部沿海地区的大城市，特别是外来人口较为集中的长三角、珠三角以及北京等地集中了大量的名牌高校，而每所高校往往会给当地的考生分配更多的入学名额。对异地高考的限制意味着外来人口虽然在城市中就业、纳税、缴纳社会保障，但他们的子女却必须回到户口所在省份参加高考，难以享有大城市考生易于被本地名牌高校录取的"特殊优待"。这一制度背后所反映的恰恰是对稀缺的优质教育资源享有权利可能被稀释的担忧。在这一点上，上海的做法略有突破，但仍存在类似的政策

---

① 但保障力度仍有一定差异。
② 2006年4月1日起试行的《上海市中小学学籍管理办法》规定：借读生是指非本市户籍、但具备在本市中小学就读条件的学生。即本市蓝印户口；持有一年及以上《上海市居住证》，且在有效期内人员的义务教育阶段适龄子女；持有效期内《上海市居住证》的引进人才高中阶段适龄子女。
③ 上海人口登记类型原为三类：本市户籍、居住证与暂住证。其中居住证适用对象为引进人才。从2004年10月起，上海的居住证适用范围有所扩大，在上海市居住的境内来沪人员中，有稳定职业和居所的，都可以申领《上海市居住证》。但新的居住证按人才引进类、就业类、投靠类对持有者进行区别对待。

阻碍。上海市人力资源和社会保障局和教育局文件规定，持有人才引进类居住证的外来人才子女，属于高中生的可以转学到上海居住证所属地区普通高中或重点高中就读，参加高考的可报考任何外地大学在上海招生的学校，并享受20分加分政策①，同时也可报考上海任何一所部属院校，享受与上海户籍学生同等的高考政策待遇。在这一规定中，我们可以看到，非部属的本地高校，似乎理所当然地被视为本地的一种公共资源，即使是仅占非户籍人口少数的引进人才，其子女也被排除在这一稀缺资源之外。

除了子女高考机会之外，城市的保障性政策也难以平等地惠及外来人口。例如，随着城市住房价格的不断上涨，越来越多的城市推出了面向住房困难群体的经济适用房、廉租房政策，但外来人口基本被排除在这一政策惠及面之外，从而导致城市公共服务在城市常住人口中的又一区别性对待。类似地，这一制度背后所体现的，仍然是对非户籍人口挤占稀缺资源的担忧。

不能忽视的是，有时公共服务能力有限的背后所隐藏着的原因可能是城市的偏见。以教育为例，由于中国大城市的户籍人口自然出生率是偏低的，如果只是服务于城市本地户籍人口，公办的中小学资源总量上并非真正稀缺。然而，我们所看到的却是，城市中心的一些公办学校招生不足。这其中的一部分原因在于教育资源往往集中于城市中心区域，而城市人口导入区往往在次中心或郊区；另一部分原因则是一些公办学校对外来人口女子入学设置了无形的障碍。甚至一部分城市户籍人口不愿意让自己的子女与外来人口的子女成为同班同学。这些现象所反映的是对外来人口在心理上的排斥或偏见。消除这种现象的最好办法就是让户籍不再成为区分人群的特定标签。此外，我们也应该意识到，外来人口进入城市分享公共服务这块"蛋糕"的同时，也在为城市做大公共服务的"蛋糕"，这其中的机制既包括基于个人付费的直接机制，也包括加快城市经济增长的间接机制，更包括城市内消除社会分割、增进社会和谐所带来的潜在好处。

导致大城市户籍制度改革步伐缓慢的另一大政策阻碍来自对城市承载能力的担心。更为具体的类似担心是，户籍门槛降低后外来人口涌入将拉大城市内部的收入差距，甚至可能出现拉美国家的城市贫民窟难题。然而，通过与国际大都市的比较，特别是借助进一步的配套政策措施，对城市承

---

① 从历年情况来看，上海本地的高中毕业生，不太愿意报考在上海招生的外地大学。

载能力的顾虑就可以有所缓解。对此，我们分以下两方面阐述。

首先，就认识上而言，与国际性大都市相比，目前中国的大城市仍有进一步成长的空间。陈钊、陆铭（2012）对上海、北京、广州与东京、纽约的城市人口密度比较后发现，以面积相当的"上海+苏州"与东京圈作比较，两者的人口密度相差不大，而特大城市中的北京与广州，其人口密度与国际大都市仍有一定差距。抛开这一现状，从未来变化趋势而言，城市的规模扩张还取决于基础设施改善以及产业结构向服务业转化的空间，相比之下，中国的特大城市在这方面更有潜力。事实上，在讨论城市的承载能力时，还有一点因素被我们忽视。我们只关注外来人口的进入对城市承载能力造成的压力，却很少讨论城市现有人口的退出对城市承载能力的释放。这一点之所以被忽视，是因为现有的本地户籍人口很少愿意离开城市，而这恰恰又与目前公共服务的提供水平在地区间存在较大差距有关。因此，在北京这样的大城市，即使有些人愿意在退休后去郊县甚至更远的地方居住，但等到年老体弱有了更多的医疗服务需求时，他们又不得不回到市区。也就是说，通过加快推进地区与城乡间的公共服务均等化，那么城市的承载能力就更不会成为限制城市人口流入的瓶颈。此外，在讨论城市人口承载能力时，我们有必要区分物理空间的承载能力与城市实际的人口承载量（均衡的人口规模）。前者受自然、技术条件的制约，在短期内或许并不容易改变，但事实上，城市均衡的人口规模不太可能突破物理空间的承载能力。市场机制会借助城市的生活成本、宜居程度等因素，使实际人口承载量处于一个均衡水平，这也是我们在本文最后的政策讨论环节中希望突出在相应的机制设计中注重发挥市场协调功能的用意所在。

其次，外来人口的自由流入并不必然导致城市贫民窟的出现。拉丁美洲、非洲出现城市贫民窟的根本原因，是城市倾向政策导致的城乡人口福利的巨大差异以及城市公共服务对农村转移劳动力的排斥。拉丁美洲国家土地占有的高度集中产生大量失地农民，而非洲国家农业生产状况不景气，再加上拉丁美洲、非洲国家在其城市化历史上都实行了城市倾向的政策，因而农村人口大量过剩并进入城市滞留（Hermann and Khan，2008）。此外，许多拉丁美洲与非洲国家城市与农村人口的社会保障水平相差较大，进入城市的农民由于无法享受城市的社会保障而转化为城市贫民，最终导致城市病的出现（ECLAC，2006）。上述逻辑至少给我们提供了以下几点相关的政策启示：第一，城市贫民窟在中国没有出现，是因为农村"耕者有其田"的土地制度给了农民起码的生活质量。然而，随着征地现象越来越普遍，失地农民不断出现，如果他们难以通过合理的征地补偿来分享土地增值的收益，又不能获得与城市相当的公共服务的话，就可能成为未来城市病的诱因之一。第二，户籍政策对农村剩余劳动力转移所起的限制作用，使农民更多滞留于土地上，其结果是城乡收入或福利差距的扩大（陈钊、陆铭，2008；刘晓峰等，2010），如果较低收入的农民进城后不能获得平等的公共服务，这反而会成为诱发城市贫民窟出现的原因之一。

11.3 未来户籍制度改革的政策突破口

既然户籍制度改革是大势所趋，又迫在眉睫，那么，我们应当如何看待以上的两大政策阻碍？如何从现实出发为户籍制度的改革寻求可行的突破？苏联的计划经济，英国、南非的经验告诉我们，公共服务的付费机制与权利的平等是打破社会分割的关键所在。苏联在计划经济体制下，以计划手段为部分居民提供福利性的公共服务，由于缺乏付费机制，这种公共服务必然只能向部分人群开放，社会分割相应产生。英国圈地运动中大量人口涌入城市，对城市原有居民的利益产生极大冲击的原因之一，是当时很多城市都通过强制性的地方税收对贫民提供救济，当大规模的农村贫困人口流入城市，付费机制的缺失使这样的救济措施无法持续。南非历史上社会分割的背后则还有权利平等的缺失。相应地，中国的户籍制度改革应当从以下三个层次加以突破，即扩大公共服务、完善付费机制、措施先易后难，其中付费机制的建立完善是关键的突破口。

扩大公共服务

短期内难以完全放开户籍的城市，应当通过扩大公共服务受益面而对原有制度加以突破。当今中国，一旦获得城市户籍身份，就能够平等分享城市的公共服务。也正因此，给定城乡与地区间公共服务水平的较大差距，大城市在短期内就难以完全放开户籍。因此，户籍制度改革现实可行的突破口就是首先向外来人口扩大公共服务的提供。这样做的好处是不同城市可以根据各自的公共服务提供能力，有选择、分步骤地扩大公共服务提供范围与力度。一旦公共服务在本地户籍人口与外来人口之间的差异足够小，放开户籍也就水到渠成了。

由于城乡与地区间公共服务提供水平极不均衡，城市扩大公共服务之后，可能导致外来人口出于分享公共服务的目的而流入大城市。这就需要中央政府借助城乡间、地区间公共服务均等化的配套措施来缓解大城市的人口导入压力，使政策的变迁更易平稳进行。

完善付费机制

建立与完善公共服务的付费机制，则是当前户籍制度改革的关键突破口。理论上来说，如果我们能够建立有效的城市公共服务付费机制（可能是间接的付费机制），那么就不必担心因外来人口的分享而挤占原有户籍人口所享有的公共服务。

事实上，城市中的创业者与就业者即使没有本地户籍，也在以诸如纳税（如地方的教育费附加）这样的方式付费，循此思路，只要外来人口在城市中拥有一定年限的就业、纳税与缴纳社会保障费用的记录，他们有权分享部分的公共服务。此外，现实中也存在一些市场的手段提供付费机制，例如，择校费便是更为针对性的对子女教育的付费机制，但容易引起社会的不满。从另一方面看，简单地禁止择校费，采用按片划分、就近入学的做法，则导致优质学校周边的房价上涨[①]，对于家长而言，付费并没有消失，只是这笔费用转而付给了房地产开发商乃至土地拥有者。如果这样的付费不能让优质教育提供者受益，就可能导致城市中心区域的好学校面对招生压力却没有经费来扩张，从而无法满足居民对优质教育的需求。解决类似问题的途径之一是建立基于居住物业的付费方式。接下来我们就从两个方面，更为一般地从公共服务的公共资金来源考虑如何建立与完善可行的付费机制。

第一，建立可灵活使用公共资金的付费机制以适应人口流动的需要。一部分公共服务，如基础教育，具有较强的正外部性，并且由于劳动力的跨地区流动使地方政府缺乏投入的激励，因此，国家应当对这类公共服务有所投入，而不是依赖户籍所在地的地方政府。对于中央财政投入的这部分公共服务资金，可以划拨到个人专用的账户之中，随着劳动力的流动该资金就可以由个人携带到人口导入区作为当地的公共服务投入。可跨地区

---

① 冯浩、陆铭（2010）用上海市的数据提供了好学校周边房价上涨的证据。

使用的"教育券"制度就具有这样的性质。个人社会保障账户资金的跨地区可衔接也具有类似特点。① 在实际操作中，这需要中央政府的投入划拨到个人而非户籍所在地政府，这样，伴随劳动力跨地区流动，公共服务的异地"购买"才可能实现。

第二，建立与居住地挂钩的付费机制。城市中部分的公共服务是与居住地挂钩的，如幼儿园、义务教育阶段的公办中小学校教育。现实中，这些公共服务往往根据事先划定的居住范围，首先满足落户于该居住范围内的本地户籍人口的需要。由于此类服务与落户地挂钩，对优质服务的偏好就会最终体现为该居住范围内房价的提高，于是，更高的房价又以房地产交易税费的形式成为地方政府的收入，使之成为事实上的某种付费机制。这一机制显然并不必然与户籍相关，外来人口在该地买房同样需要支付更高的成本。因此，这类公共服务不应对外来人口区别对待。更一般地，由房屋的实际居住者按照房价定期缴纳物业税②，是提供类似付费机制的一种常设办法。由于这种付费方式是常设机制，地方政府改善当地公共服务质量后，房价的上涨就能带来物业税税收收入的增加。这就对地方政府形成激励来提高公共服务的质量，或者说，至少能够做到各地区之间的良性竞争。

措施先易后难

对于无法建立付费机制的公共服务，则应当根据推进阻力的大小，按照先易后难的原则寻求突破环节。事实上，对于前面涉及的最为棘手的高考与保障性政策的难题，以上两方面的付费机制难以有所针对地加以解决。

对于高考，如果我们视高等教育机会为一种全国性的纯公共品，那么每个公民都应机会平等。但中国最优秀的高校绝大多数集中于大城市，事实上，大城市的居民长期以来享受着子女更易考入本地优质高校的好处，所以他们并不愿意将这种好处向外来人口开放。从另一方面来说，大城市往往也对本地的高等学校有大量的投入，因而自然也就倾向于偏向本地户籍生源的招生规则。

至于保障性政策，付费机制可能存在，但难以完全建立，因为本质上

---

① 这一点目前已经确立，只是在实践中，个别地区仍存在着操作上的障碍。
② "物业税"是英语"property tax"的汉语翻译，具体的名称可能有所变化。

而言，此类政策的受益者是弱势的低支付能力群体。最为明显的例子是，对于享受城市最低生活保障费这项政策，其背后的逻辑一定是较高收入群体对最低收入群体的一种转移支付，所以，对于这类城市公共服务，不可能有完全的付费机制。只要付费机制不完全，向外来人口完全放开公共服务的阻力就一定存在，这同时也就意味着，促进城乡与地区间公共服务均等化以便减少大城市的压力仍然是十分必要的。

对于无法建立付费机制的公共服务，我们应当遵循先易后难的原则寻求政策的突破。下面我们针对有限的高考机会和保障房政策的分享这两个具体的现实问题，提出如何加以突破。

高考机会的分享是一个长期争论的问题，目前政策讨论的聚焦点是实行所谓的允许异地高考的制度。教育部下发的《国家教育事业发展第十二个五年规划》提出："推动各地制定非户籍常住人口在流入地接受高中阶段教育，省内流动人口就地参加高考升学以及省外常住非户籍人口在居住地参加高考升学的办法。"这里所说的，"省外常住非户籍人口在居住地参加高考升学的办法"即我们通常所说的异地高考。然而，对于异地高考，我们有必要认清以下两点：第一，这一规划的精神要在地方落实成为政策面临极大的阻力。在上文中提到的上海市，部属高校的高考报名机会也只向一小部分的非本地户籍人口开放。理论上而言，部属高校由全国纳税人共建，因而不存在前面所说的付费机制这个障碍，但现实中地方也往往会对部属高校有较多的配套性投入。对于非部属高校，想要放开高考报名机会，阻力只会更大。第二，必须防止允许异地高考后可能出现的高考移民。异地高考必须以父母在城市一定年限的就业记录为前提，否则，就会出现纯粹为了提高入学率而形成的高考移民，这与纯粹为了享有公共服务而想要在大城市落户是一回事。关于异地高考政策的最新动态是：2012年8月31日，中国政府网公布了一项国务院办公厅转发教育部等部门《关于做好进城务工人员随迁子女接受义务教育后在当地参加升学考试工作意见》的通知（国办发〔2012〕46号），要求"在因地制宜的方针指导下，各省、自治区、直辖市有关随迁子女升学考试的方案原则上应于2012年年底前出台"。教育部等部门的意见在第三条中指出，"随迁子女升学考试工作要'统筹考虑进城务工人员随迁子女升学考试需求和人口流入地教育资源承载能力等现实可能，积极稳妥地推进'。各省、自治区、直辖市人民政府要根据进城务工人员在当地的合法稳定职业、合法稳定住所（含租赁）和按照国家规定参加社会保险年限以及随迁子女在当地连续就学年限等情况，确定随迁子女在当地参加升学考试的具体条件，制定具体办法。"①

从这一措词简洁的通知看来，由于各地可能提出的教育资源承载能力等现实约束，外来人口的适龄子女恐怕只有小部分有可能享受异地高考的好处。当然，对于异地高考的含义，我们可以从两个层面进行理解：其一，让在异地接受高中教育的考生能够不必回原籍所在地就能参加高考。这一层面的矛盾，可以通过技术性的手段加以解决，如全国统一高考命题，或者是由迁出地划拨名额后按迁入地的考试成绩排名给予录取。然而，现实中异地高考的矛盾焦点主要集中于另一层面，即优质高校资源较为集中的大城市是现有招生名额分配规则的受益者，但是大城市中的随迁子女却无法分享这一好处。虽然本文作者也支持针对后一矛盾焦点进行异地高考改革的原则，但出于更小的政策阻力、更大的政策受益面、政策更快的生效考虑，我认为在现阶段有一个很重要但被大家忽视的做法，是引导在城市工作的农民工的子女接受城市高质量的职业教育。这是现阶段让外来人口子女分享城市教育资源的突破口。职业教育长期以来都不受城市本地户籍人口的青睐，因而在政策上鼓励农民工子女报考城市职业教育学校并不会引起当地户籍人口的反对。陈钊、冯净冰（2015）基于 CFPS 数据的实证研究表明，在东部沿海地区接受高等职业教育能够带来显著更高的人力资本回报。这就意味着，如果进城务工者的下一代能够接受城市的优质职业教育，那么城市的产业升级就有更多的技能劳动力作为保障，农民工子女也就能在城市有更好的职业前景，真正实现市民化。

当然，就目前情况而言，在一些大城市中外来人口子女是能够参加迁入地的职业教育入学考试的。但现实中仍然存在以下问题：第一，缺乏主动积极的政策态度。以上海为例，外来人口的子女是能够参加本地的中等职业教育入学考试的，在此基础上，在迁入地继续接受高等职业也是现实可行的。但是，政府对此既不宣传也不鼓励。第二，中国的职业教育普遍存在教育质量落后的现状。这一点明确之后，接下来的政策突破就应当是在鼓励外来人口就读城市职业教育的同时，全面提升职业教育的质量，使

---

① http://www.gov.cn/zwgk/2012-08/31/content_2214566.htm。

之更好地适应当今大城市产业升级对高技能人才的需要。为此，一个最为有效的办法是全面开放职业教育市场，吸引海内外资金、优质办学机构在国内开办职业教育机构。向海外机构开放职业教育市场，应该比普通高等教育领域更少碰到意识形态方面的障碍①，也能够在更短时间内改变人们对国内职业教育低端化的认识，并且更好地借鉴国外先进的职业教育发展理念。与此同时，鼓励国内民间资金投资职业教育领域或与海外机构合办职业教育，则能够发挥本地机构在职业教育发展上的市场信息优势。循此思路，积极从海外引进应用技术类高等教育机构到国内合作或独立办学，并且在招生中打破对本地户籍人口的倾斜，也是一个应当尝试的做法。这既能够使现有的高校人才培养模式更为多元化，也能够在体制外寻求平等高考机会的突破，同在传统体制内寻求异地高考相比，这是更为现实的，更易于推行的做法。

对于保障房政策，如果向外来人口扩大政策受益面，那么本地户籍人口的利益肯定会受损。因此，虽然2011年9月国务院提出要将在城镇稳定就业的外来务工人员纳入公租房保障范围，但真正能落实这一政策的大城市却很少。毕竟，中国目前的大城市，房价上涨过快，在户籍人口中也仍然存在着大量的住房困难人群。所以，面向外来人口的保障房政策该如何制定的确是一个非常棘手的问题。为了寻求政策上的突破，我们不妨按以下思路化繁为简。

我们首先需要询问：什么原因导致保障房政策应当对本地户籍人口与外来人口区别对待？对于在住房改革前的城市户籍人口而言，他们已经通过福利性住房分配或改革后"售后公房"的低价购买而获得了住房保障政策的扶持。对于新近获得城市户籍的人群，如果他们对城市有什么贡献，那么这样的贡献首先应体现为城市愿意为他们支付较高的收入，既然如此，他们就不应该是住房保障政策需要重点考虑的对象。是因为外来人口流动性过高所以政策需要区别对待吗？由于现有的保障房政策已经从最初的产权性质的经济适用房转变为租用性质的廉租房，所以，流动性也不应成为区别对待的理由。这样的话，区别对待的理由就只剩下身份差异本身。这里唯一合理的解释是：如果向外来人口平等提供保障房政策，一些城市可能会不堪重负。明确这一点之后，我们就有了以下政策思路：向外来人口

---

① 事实上，在普通高等教育方面，国内也已经有诺丁汉大学宁波分校这样的成功案例在先。

平等提供保障房是未来的政策发展方向，但短期内的政策调整仍然只能是渐进性的。这样的渐进性体现在以下两个方面：第一，就如前面所指出的逐步扩大公共服务这一原则，可以根据外来人口在城市的就业年限、纳税纪录等信息实施有条件地扩大保障性住房的提供。第二，对现有的面向外来人口的住房提供机制加以完善。目前，外来人口主要通过就业单位的宿舍或市场途径解决居住问题。针对前者，政府对于一些大型企业、工业园区中建造的外来员工宿舍，只要符合规划与居住安全，政策上应予鼓励。对于后者，政策上也可以考虑在企业聚集区配套性的提供一定比例的廉租房供外来员工申请，在企业招工越来越困难的时候，这也可以成为政府营造环境替企业留住员工的一种办法。但是，与上述措施相比，更为重要的一点是，随着城市公共服务逐渐向符合条件的外来人口扩大，政策就需要对房屋产权持有人与承租人在子女入学等方面一视同仁。当然，本文并没有讨论保障房政策的最优力度应当怎样，也没有讨论与保障房政策相比，是否存在更迫切需要政府提供的其他公共政策。这是一个有待进一步分析的问题。对于保障房政策，本文只是想说明，将户籍人口与外来人口区别对待的主要理由只是因为短期内向外来人口提供保障房的现实压力很大，但这不应成为尽快向一部分外来人口提供保障房政策的障碍。上海已经开始尝试实施以户籍积分管理为基础，将户籍积分与公共服务分享相联系的做法就是一种可行的尝试。

最后，需要说明的是，虽然本文并不以提供户籍制度改革的具体操作性建议为目的，那毕竟是政策制定与执行部门的具体工作，但是，本文仍然想强调一点，所有具体的政策措施，都应当在其机制设计中始终注重发挥市场的协调功能。以户籍积分制为例，在二、三线城市的实施中，较为普遍存在着农村人口有了足够积分却不愿意转入城市户籍的现象，这是因为现有的制度没有对农民在土地上的利益有所考虑，因而在二、三线城市的户籍与土地利益的权衡中，绝大多数人都一边倒地选择了后者。这类似于一个"角点解"的结果，导致现行积分管理中所涉及的众多变量都无法起到在边际上影响个人选择的作用，市场的协调机制暂时失效。另一种情形则往往出现在特大城市，如果只有相当少的外来人口能够仅凭积分入户，那么这一机制的市场协调效果仍然不理想。此时，将户籍积分率先与部分（特别是子女教育）挂钩的做法就尤为重要，这能够使积分制尽早让更多人受益。

11.4 总结性政策评论

中国不会成为一个特例，以致城市常住人口中与户籍相关的权利限制长期持续存在。伴随工业化、城市化与全球化，城市和谐发展与产业升级的需要使得相应的户籍制度改革变得越来越迫切。并且，大城市的户籍制度改革是必然的方向。然而，对城市有限的公共服务能力与人口承载能力的担忧构成这一制度变迁的政策阻碍。本文分析认为：以公共服务付费机制为核心，未来户籍制度改革可以从扩大公共服务、完善付费机制、措施先易后难这三个层次上加以突破。短期内难以完全放开户籍的城市，可以通过扩大城市公共服务的受益面对原有制度加以突破。只要外来人口在城市中拥有一定年限的就业、纳税与缴纳社会保障费用的记录，他们就有权分享部分的公共服务。通过建立个人可异地使用的公共服务资金账户，通过征收与本地公共服务相对应的物业税，可以完善现有的公共服务付费机制。这将有助于城市向常住人口扩大公共服务的提供，为最终放开户籍打下基础。对于高考机会与保障房政策这两项改革难点，短期内应避开现实矛盾，最大限度地寻求城乡融合的政策突破。具体的政策措施包括：（1）吸引国内外资金投资于高水平的职业教育，鼓励外来人口子女报考城市的职业教育学校；（2）积极从海外引进应用技术类高等教育机构到国内合作或独立办学，并且在招生中打破对本地户籍人口的倾斜；（3）保障房政策逐步向外来人口延伸。此外，加强维护农民的土地权益，以及户籍制度改革的深入进行，也是预防出现城市贫民窟现象的重要措施。而借助中央政府的力量，加快实现公共服务水平在城乡与地区间的适度均等化，始终是户籍制度改革顺利进行所需要的外部条件。

最后，从根本上而言，城市内部社会融合的实现需要为外来人口提供有效的利益诉求渠道。一个可行的做法是：城市的人大代表不按户籍人口而是由全体常住人口选举产生，使异地进城务工人员在其居住和工作地行使其政治权力。作为总结，我们提出城市内部社会融合与城市和谐发展的四条标准，即利益诉求有机制、社会保障广覆盖、公共服务无歧视、发展机会能均等。所谓"利益诉求有机制"是说要让城市中的每一个人都能有利益代言者，使他们的意愿能够直接影响政府的决策，使他们在利益受损或受到不平等对待时拥有利益诉求的渠道。"社会保障广覆盖"是指基本的社会保障制度应该将城市内的常住人口全部纳入其中，无论居民是否拥有本地户籍或是否拥有城市户籍。"公共服务无歧视"要求政府加大公共财政投入，无歧视地提供公共服务，特别是子女受教育的机会。"发展机会能均等"意味着即使人与人的身份、收入有差异，但制度给予每个人的发展机会应该均等，与个人能力无关的如户籍这样的因素不应成为个人发展的障碍。

参考文献

陈硕，2012，"转型期中国的犯罪治理政策：堵还是疏？"，《经济学（季刊）》，第2期，第743-764页。

陈钊、冯净冰，2015，"应该在哪里接受职业教育：来自教育回报空间差异的证据"，《世界经济》，第8期，第132-149页。

陈钊、陆铭、陈静敏，2012，"户籍与居住区分割：城市公共管理的新挑战"，《复旦学报（社会科学版）》，第5期，第77-86页。

陈钊、陆铭，2008，"从分割到融合：城乡经济增长与社会和谐的政治经济学"，《经济研究》，第1期，第21-32页。

陈钊、陆铭，2012，"兼顾效率与平等的城市化和区域发展战略"，载于胡永泰、陆铭、杰弗里·萨克斯、陈钊（主编），《跨越"中等收入陷阱"：论中国未来经济增长的持续性》，上海：上海人民出版社、格致出版社。

陈钊、徐彤、刘晓峰，2012，"户籍身份、示范效应与居民幸福感——来自上海和深圳社区的证据"，《世界经济》，第4期，第79-101页。

崔世泉、王红，2012，"建立农民工子女义务教育经费保障机制的思考——以广州市为例"，《教育发展研究》，第7期，第38-44页。

冯皓、陆铭，2010，"通过买房而择校——教育影响房价的实证证据"，《世界经济》，第12期，第89-104页。

江立华，2000，"转型期英国人口迁移与城市发展研究"，首都师范大学博士学位论文。

接栋正，2009，"国外民事登记制度及其对我国户籍制度改革的启示"，华东师范大学博士学位论文。

李晓丽，2007，"城市化进程中的农民工市民化问题研究——以济南市为例"，山东大学硕士论文。

刘晓峰、陈钊、陆铭，2010，"社会融合与经济增长——城市化和城市发展的内生政策变迁理论"，《世界经济》，第6期，第60-80页。

汪汇、陈钊、陆铭，2009，"户籍、社会分割与信任：来自上海的经验研究"，《世界经济》，第10期，第81-96页。

王小章，2009，"从'生存'到'承认'：公民权视野下的农民工问题"，《社会学研究》，第1期，第121-137页。

《我国农民工工作"十二五"发展规划纲要研究》课题组，2010，"中国农民工问题总体趋势：观测'十二五'"，《改革》，第8期，第5-29页。

谢建社、牛喜霞、谢宇，2011，"流动农民工随迁子女教育问题研究——以珠三角城镇地区为例"，《中国人口科学》，第1期，第92-100页。

Bao, Chengchao, Zhao Chen, and Jianfeng Wu, 2013, "Chinese Manufacturing on the Move: Factor Supply or Market Access?" *China Economic Review*, 26, 170-181.

Dutton, Michel R., 1992, *Policing and Punishment in China: From Patriarchy to the People*, Cambridge University Press.

Economic Commission for Latin America and the Caribbean (ECLAC), 2006, *Shaping the Future of Social Protection: Access, Financing and Solidarity*, United Nations, 107-138.

Golley, Jane, and Xin Meng, 2011, "Has China Run Out of Surplus Labour?" *China Economic Review*, 22 (4), 555-572.

Herrmann, M., and H. A. Khan, 2008, "Rapid Urbanization, Employment Crisis and Poverty in African LDCs: A New Development Strategy and Aid Policy," http://mpra.ub.uni-muenchen.de.

Hindson, D. C., 1987, *Pass Controls and the Urban African Proletariat in South Africa*, Ravan Press.

Jiang, Shiqing, Ming Lu, and Hiroshi Sato, 2012, "Identity, Inequality, and Happiness: Evidence from Urban China," *World Development*, 40 (6), 1190-1200.

Knight, J., and R. Gunatilaka, 2010, "Great Expectations? The Subjective Well-being of Rural-Urban Migrants in China," *World Development*, 38 (1), 113-124.

Knight, John, Quheng Deng, and Shi Li, 2011, "The Puzzle of Migrant Labour Shortage and Rural Labour Surplus in China," *China Economic Review*, 22 (4), 585-600.